A HISTÓRIA DA MÁFIA

Nigel Cawthorne

A HISTÓRIA DA MÁFIA

Tradução:
Guilherme Miranda

MADRAS

Publicado originalmente em inglês sob o título *The History of the Mafia*, por Arcturus.
© 2011, Arcturus Publishing Limited.
Direitos de edição e tradução para todos os países de língua portuguesa.
Tradução autorizada do inglês.
© 2012, Madras Editora Ltda.

Editor:
Wagner Veneziani Costa

Produção e Capa:
Equipe Técnica Madras

Tradução:
Guilherme Miranda

Revisão da Tradução:
Fabíola Cardoso

Revisão:
Arlete Genari
Aparecida Pereira S. Maffei

Dados Internacionais de Catalogação na Publicação (CIP)
(Câmara Brasileira do Livro, SP, Brasil)

Cawthorne, Nigel
A história da Máfia/Nigel Cawthorne; tradução Guilherme Miranda. – São Paulo: Madras, 2012.
ISBN 978-85-370-0801-0

Título original: The history of the Mafia.
1. Máfia – Itália – História I. Título.

12-08864   CDD-364.10609

Índices para catálogo sistemático:
1. Máfia: Crime organizado: História
364.10609

É proibida a reprodução total ou parcial desta obra, de qualquer forma ou por qualquer meio eletrônico, mecânico, inclusive por meio de processos xerográficos, incluindo ainda o uso da internet, sem a permissão expressa da Madras Editora, na pessoa de seu editor (Lei nº 9.610, de 19.2.98).

Todos os direitos desta edição, em língua portuguesa, reservados pela

MADRAS EDITORA LTDA.
Rua Paulo Gonçalves, 88 – Santana
CEP: 02403-020 – São Paulo/SP
Caixa Postal: 12183 – CEP: 02013-970
Tel.: (11) 2281-5555 – Fax: (11) 2959-3090
www.madras.com.br

Índice

Introdução	6
Capítulo 1: As Vésperas Sicilianas	9
Capítulo 2: A Mão Negra	33
Capítulo 3: A Lei Seca	65
Capítulo 4: A Guerra Castellammarese	92
Capítulo 5: A Comissão	110
Capítulo 6: A Máfia Contra Mussolini	131
Capítulo 7: As Guerras da Máfia	155
Capítulo 8: A Strip e o Boardwalk	182
Capítulo 9: A Conexão Francesa	207
Capítulo 10: Os Pentiti	228
Epílogo	245
Índice Remissivo e Créditos	251

A HISTÓRIA DA MÁFIA

As associações criminosas da Itália, conhecidas coletivamente hoje como Máfia, evoluíram gradativamente na pequena ilha da Sicília. É provável que gangues de bandidos perambulassem pela ilha há séculos, talvez sobrevivendo de roubos em castelos e sequestros em troca de resgate. Em torno do século XVIII, os nomes das gangues e de seus líderes começaram a ser registrados, mas ainda havia pouca ou nenhuma comunicação entre eles.

Então, em meados do século XIX, esses grupos isolados descobriram um objetivo em comum ao começar a se unir contra a casa de Bourbon, os execrados governantes da ilha. Foi em torno dessa época também que eles passaram a ser conhecidos como a Máfia.

Vale dos Templos, Sicília, 1786; os viajantes temiam as viagens noturnas, mas as jornadas diurnas também poderiam ser perigosas.

Em meados da década de 1860, o banditismo tradicional tinha dado lugar a uma cultura gângster que permeou toda a sociedade siciliana. A Máfia assumiu papéis na cobrança de impostos e no cumprimento da lei, e passou a controlar o sistema financeiro da ilha. Todos que se opunham à Máfia encontravam um destino rápido e sangrento, de modo que as pessoas passaram a temê-la. Como resultado, os membros da Máfia se tornaram imunes à justiça e puderam garantir que políticos de sua escolha fossem eleitos. A Máfia tornou-se ainda mais imune à autoridade quando começou a conspirar com a Igreja. Por fim, um agressivo código de honra, a *omertà*, possibilitou que os assuntos disciplinares fossem tratados dentro da associação, e não pelas autoridades. Também se exigia dos membros que obedecessem a um código de silêncio rigoroso. Qualquer violação dessas regras era punida com a morte.

A influência da Máfia logo se expandiu para além das fronteiras da Itália e da Sicília. No começo do século XX, milhares de personagens do crime organizado entraram nos Estados Unidos, em sua maior parte ilegalmente. Em pouco tempo, os tentáculos da Máfia cercaram todos os aspectos da vida norte-americana. E, tendo em vista seu papel central na indústria do tráfico de drogas, a Máfia logo expandiu sua rede à Grã-Bretanha, ao Canadá e à Austrália.

Introdução

Apesar de os membros da Máfia serem criminosos implacáveis e antissociais, seu estilo de vida supostamente "glamoroso" captou a imaginação do público, tanto na vida real como na ficção. Milhares de cidadãos comuns e cumpridores da lei reuniam-se para assistir a filmes de gângsteres como *O poderoso chefão* e *Os bons companheiros*, e muitas personalidades conhecidas foram cortejadas pelos galanteios de criminosos importantes.

Muitos tentaram aniquilar a Máfia. Entre eles, estiveram o chefe de polícia de Palermo, Cesare Mori, o ditador fascista Benito Mussolini, o policial em campanha, Joe Petrosino, o procurador-geral Robert F. Kennedy, os promotores da RICO (Lei de Combate a Organizações Corruptas e Influenciadas pelo Crime Organizado – em inglês, Racketeer Influenced and Corrupt Organizations Act), além de Giovanni Falcone e Paolo Borsellino, os juízes da cruzada. Alguns perderam a vida nessa luta. No entanto, recentemente, a campanha contra a Máfia foi facilitada pelo fato de a *omertà*, o código de silêncio, ter sido quebrado. O testemunho dos *pentiti*, os "penitentes", levou a prisões em massa na Sicília e nos Estados Unidos, e as pessoas na Sicília estão dizendo agora *addiopizzo*, "adeus *pizzo*" (o pagamento pela proteção da Máfia).

A organização tradicional da Máfia pode estar em declínio atualmente, mas os criminosos sempre encontram uma saída. Nos Estados Unidos, a máfia russa e a Yakuza, a máfia japonesa, estão se infiltrando, ao passo que as antigas famílias da Máfia, como os Lucchese, estão criando novas alianças com gangues afro-americanas, como os Bloods.

Apesar de a história da Máfia não ter chegado ao fim, ela é uma narrativa longa e fascinante, banhada de sangue e marcada por traições. Supostamente, os mafiosos seguem um código de honra rígido, porém, apunhalam pelas costas qualquer pessoa pelo bem do progresso. São homens de negócios implacáveis que eliminam a concorrência com homicídios, soldados que vão à guerra nas ruas.

A história da Máfia está repleta de personagens atrozes: *Don*

Opor-se à Máfia sempre foi arriscado. Em maio de 1922, o juiz Giovanni Falcone morreu em seu carro após a explosão de uma bomba à beira da estrada.

Vito Cascio Ferro, o gângster de Nova York responsável pela morte de Joe Petrosino, em Palermo; Al Capone, que controlou Chicago na era da Lei Seca; Lucky Luciano, que escapou à morte e à prisão perpétua ao oferecer o apoio da Máfia à campanha de guerra; *Don* Calogero Vizzini, que eliminou o inimigo quando os Aliados invadiram a Sicília; Vito Genovese, que ganhou dinheiro de ambos os lados durante a guerra; Meyer Lansky, o extorsionário que nunca passou um dia na cadeia; os pistoleiros Louis "Lepke" Buchalter e Albert Anastasia, que chefiavam a Murder, Inc.; Benjamin "Bugsy" Siegel, que transformou Las Vegas na terra dos jogos de azar; Giuseppe "Joe Bananas" Bonanno, que traiu as Cinco Famílias e saiu impune; Tommaso Buscetta, o "chefe dos dois mundos"; Salvatore "Totò" Riina, o "chefe dos chefes"; John Gotti, o "Teflon *don*"; Bernardo "The Tractor" Provenzano, que se escondeu em uma fazenda por 43 anos. A lista segue em frente.

Todos eles foram homens extraordinários que viveram em tempos extraordinários, tempos esses que estão desaparecendo rapidamente. *A História da Máfia* reconta a vida deles, de suas famílias, seus códigos, crimes e homicídios a sangue-frio.

Nigel Cawthorne

1
As Vésperas Sicilianas

As Vésperas Sicilianas, 1282

Giuseppe Bonanno foi criado em Castellammare del Golfo, um forte da Máfia. Ao crescer, tornou-se o chefe de uma das Cinco Famílias de Nova York, onde ficou conhecido como "Joe Bananas". Quando criança, ouvia a história das Vésperas Sicilianas.

No século XIII, a Sicília estava sob dominação francesa. Quando a população de Palermo se dirigia ao culto de fim de tarde, Vésperas, na semana de Páscoa de 1282, havia coletores de impostos esperando do lado de fora das igrejas. Seu trabalho era prender aqueles que estavam em atraso. Eles algemavam os devedores e os levavam para a prisão, envergonhando-os publicamente ao lhes baterem no rosto, um insulto intolerável para um siciliano.

Joseph "Joe Bananas" Bonanno passa por um grupo de repórteres, Nova York, 1966.

Uma jovem de rara beleza, que tinha o casamento marcado para breve, estava a caminho da igreja com sua mãe quando um soldado francês chamado Droetto a agarrou, sob o pretexto de ajudar os coletores de impostos. Em seguida, ele arrastou a jovem para os fundos da igreja e a estuprou. Angustiada, a mãe da jovem correu pelas ruas, gritando: "Ma fia, ma fia!" (Minha filha, minha filha, no dialeto siciliano). O noivo da jovem encontrou Droetto e o esfaqueou até a morte. Enquanto isso, o grito da mãe, "Ma fia", correu pelas ruas de Palermo e por toda a Sicília. De acordo com Bonanno, "Ma fia" tornou-se o lema do movimento de resistência, que o declarou como um acrônimo para "Morte ala Francia, Italia anela" (Morte à França, a Itália Grita).

Essa história é baseada em uma verdade histórica. De fato, houve uma insurreição chamada Vésperas Sicilianas, que começou na segunda-feira da Semana Santa de 1282, quando soldados franceses foram mortos nas Vésperas na Basílica do Espírito Santo, na Sicília. No entanto, estudiosos descartam a noção de que o incidente representou o início da Máfia. Mas isso não importava para Bonanno, que estava menos interessado na veracidade da história do que no espírito siciliano exemplificado por ela.

Os meninos de rua de Palermo aclamam a chegada de Garibaldi, em 1860.

Bonanno também contou a história de outra insurreição que estaria relacionada às origens da Máfia, mas, dessa vez, seu relato pode ter sido mais próximo da verdade. Nos tempos de seu avô, a Itália ainda não tinha sido unificada, já que era uma miscelânea de Estados rivais. Naquele tempo, a Sicília e Nápoles (então conhecidas conjuntamente como o Reino das Duas Sicílias) estavam sob o comando da dinastia Bourbon, uma família real que também dominava na França e na Espanha. Então, em 1860, o patriota italiano Giuseppe Garibaldi e mil seguidores, vestindo suas características camisas vermelhas, desembarcaram na Sicília. Apesar de os camisas-vermelhas serem muito inferiores em número ao exército dos Bourbon, os homens da Sicília uniram-se a Garibaldi, não porque queriam uma Itália unificada, mas porque queriam livrar-se dos Bourbon. Com a ajuda de Garibaldi, a Sicília foi libertada. Em seguida, Garibaldi e seus camisas-vermelhas atravessaram o Estreito de Messina e seguiram com o objetivo de unificar a Itália sob o comando do rei Vítor Emanuel de Saboia. Mas a população da Sicília logo descobriu que havia simplesmente trocado um governante externo por outro. Nada mais havia mudado.

De acordo com Bonanno, o conceito de nação italiana nunca agradou muito os sicilianos.

Era um conceito vago que exigia que os homens dessem sua mais nobre lealdade a uma entidade abstrata, a nação, no lugar de suas famílias, que eram sua carne e seu sangue. Exigia que jovens combatessem guerras estrangeiras em nome do Estado nacional, combatessem estranhos de quem nunca haviam recebido uma afronta ou um insulto pessoal, combatessem pessoas que eles sequer conheciam (…). Os sicilianos estão

entre os povos mais idealistas da Terra, mas não são abstracionistas. Eles gostam das coisas em uma escala humana. Mesmo nas transações comerciais mais simples, gostam de lidar uns com os outros de homem para homem, olho no olho. Não é diferente quando combatem. Eles levam a luta para o lado pessoal. Acreditam na honra pessoal, não em uma honra abstrata.

As Origens da Máfia

A violenta independência dos sicilianos tem raízes na sua história. Por sua posição no centro do Mediterrâneo, a Sicília foi invadida diversas vezes: pelos fenícios, gregos, romanos, bizantinos, ostrogodos, cruzados, árabes e normandos, além de franceses, espanhóis e britânicos. Bonanno também afirmou que os sicilianos formaram sociedades secretas no século XV, a fim de se proteger dos saqueadores catalães. Sem um Estado independente em que confiar, restava aos sicilianos serem fortemente leais às suas extensas famílias. Eles tinham pouca consideração pela lei que lhes era imposta em grande parte por estrangeiros, e o crime era considerado uma expressão de patriotismo, uma demonstração de resistência contra os ocupantes. Os criminosos executados eram vistos como mártires. Seus ossos eram guardados em santuários, e os fracos e oprimidos vinham orar para eles, pedindo sua intercessão.

> "Sem um Estado independente em que se fiar, restava aos sicilianos serem fortemente leais às suas extensas famílias. Eles tinham pouca consideração pela lei que lhes era imposta em grande parte por estrangeiros."

A Sicília era uma sociedade feudal desde os tempos normandos. Apesar de os camponeses terem recebido o direito de propriedade no início do século XIX, três quartos da terra ainda estava sob a posse dos aristocratas no começo do século XX. Eles passavam seu tempo nos palácios em Palermo, quando não viviam no exterior, e contratavam exércitos particulares, ou *mafie*, para proteger sua propriedade contra os bandidos, que existiam em abundância. Sem estradas e com poucos policiais na zona rural, os bandidos e os *mafie* entraram em um acordo. Depois de juntar forças, passaram a se sustentar exigindo o tradicional *u pizzu* (posteriormente, *pizzo*), ou dinheiro de proteção, que precisava ser pago até mesmo para a polícia.

Essa arrecadação era baseada no sistema em que os proprietários de terra tinham o direito de se apropriar de uma quantia de grãos dos

camponeses na época da colheita. *Pizzu* significa "bico" em siciliano, e a expressão *fari vagnari u pizzu* significa "molhar o bico", tradicionalmente com uma taça de vinho ou qualquer refresco leve oferecido em reconhecimento de um serviço bem feito. Os criminosos sicilianos adotaram esse princípio em termos práticos. Em vez de pedir grandes quantidades de dinheiro, que geravam o risco de falir a vítima, valia mais pedir uma quantia pequena, que a vítima pudesse pagar, e, então, retornar depois em busca de mais dinheiro. *Pizzu* logo se tornou um jargão prisional para extorsão. Um dicionário siciliano de 1857 dá apenas um significado, "bico", mas a edição de 1868 já menciona o emprego criminoso da palavra.

Os nomes das gangues sicilianas, como os Beati Paoli, de capuzes pretos, foram registrados pela primeira vez no século XVIII, assim como os nomes de bandidos individuais, como *Don* Sgerlazza, um seminarista que se tornou criminoso por conta de uma vendeta familiar. Como sacerdote, porém, ele era imune à lei. Esses bandoleiros viviam de roubos em castelos e sequestros em troca de resgate.

As gangues da Sicília reuniram-se pela primeira vez em 1848, durante uma rebelião contra a dinastia Bourbon. Uma gangue de 30 a 40 homens foi liderada por uma camponesa conhecida como "Testa di Lana" ("Cabeça de Lã") e seus três filhos. Os dois outros filhos tinham sido mortos por autoridades da dinastia Bourbon, criando nela um ódio profundo contra a força policial. Durante a revolta, ela liderou uma multidão de 4 mil homens contra o convento de Santa Ana, em que inúmeros oficiais da polícia Bourbon estavam sendo mantidos. Depois de um julgamento sumário, os oficiais que haviam cumprido seus deveres de maneira compassiva e ponderada foram absolvidos por aclamação do público, porém, todos os que foram condenados pela multidão foram mortos. Todavia, quando se estabeleceu um governo provisório, chegou-se à conclusão de que Testa di Lana era uma ameaça à ordem social; por isso, ela foi encarcerada na fortaleza de Castellammare. Ela foi libertada quando os Bourbon retomaram o poder na ilha, porém, depois disso, ela e sua família foram mantidas em vigilância constante.

O Estado siciliano quase tinha afundado no meio do turbilhão político, e gangues como os Pastorinhos e os Gargantas Cortadas estavam em conluio com a polícia. Giuseppe Scordato, o rústico e iletrado chefe político de Bagheria, e Salvatore di Miceli, de Monreale, foram empregados como coletores de impostos e guarda-costas, e enriqueceram, enquanto a aplicação da lei em Misilmeri, na província de Palermo, foi entregue ao famoso bandido Chinnici. Homens assim prosperaram no

Calascibetta, uma cidade antiga colina no coração da Sicília.

meio liberal que acompanhou a unificação italiana em 1861. As pessoas os temiam, eles conseguiam manipular a votação a favor de qualquer político que aceitasse fazer negócios com eles e jurados apreensivos concediam-lhes imunidade jurídica. Eles também controlavam o sistema financeiro: os diretores do recém-fundado Banco da Sicília viviam com medo de sequestro ou assassinato. Os tentáculos dos criminosos exerciam um pulso forte em toda a sociedade, como registrou um cônsul britânico na década de 1860:

"As sociedades secretas são onipotentes. Camorre e *maffie*, juntas autoeleitas, dividem os rendimentos dos trabalhadores, mantêm relações com os párias, e protegem e amparam os malfeitores".

Então, em 1863, os criminosos ganharam uma imagem glamorosa quando o autor siciliano Giuseppe Rizzotto escreveu a popular peça chamada *I mafiusi di la Vicaria* (Os mafiosos da Vicária). A peça se ambientava na prisão central de Palermo e os personagens eram os bandidos de rua da cidade. Foi um sucesso tão grande que Rizzotto acrescentou dois atos e colocou em cartaz uma nova produção chamada simplesmente de *I Mafiusi*.

> "A MAFIE PROTEGIA AS FAZENDAS DE CITROS DOS ARISTOCRATAS AUSENTES E CONSPIRAVAM COM A IGREJA, A QUAL BUSCAVA A PRESERVAÇÃO DA VELHA ORDEM."

Mafiusi é o plural de *mafiusu*, que significa "fanfarrice". Também pode ser traduzido como "coragem" ou "bravata" e, quando usado pejorativamente, descreve um déspota. Alguns acreditam que ela derive da gíria árabe *mahyas*, que significa "agressivo, jactante, vaidoso", ou *marfud*, "enjeitado", enquanto outros consideram que ela descende da palavra árabe *mu'afah*, que significa "isento da lei", ou *mahfal*, "encontro ou reunião". E, em francês normando, existe o verbo *méfier*, que pode ser traduzido como "desconfiar". Há ainda o nome próprio Maufer, que os Cavaleiros Templários da Idade Média usavam para se referir ao "Deus do Mal".

Os criminosos da Sicília não apenas prosperaram sob o liberalismo da Itália recém-unificada como também se aliaram aos que se opunham a ela. A *maffie* protegia as fazendas de citros dos aristocratas ausentes e conspiravam com a Igreja, a qual buscava a preservação da velha ordem. Na década de 1870, um membro toscano do parlamento escreveu o seguinte relato:

"Existe a história de um ex-sacerdote que se tornou líder criminoso em uma cidade próxima a Palermo e ministrava a extrema-unção a algumas de suas próprias vítimas. Depois de algumas histórias como essa, o perfume de laranja e limão começa a emanar dos cadáveres".

O conluio entre a Igreja e a Máfia seguiu em frente. Tanto era que, no fim da década de 1940, o criminoso Salvatore Giuliano frequentava os chás no palácio do arcebispo depois de receber licença da prisão Ucciardone, em Palermo. Quando o chefe da Máfia, Tommaso Buscetta, se voltou contra a Cosa Nostra (Coisa Nossa) em 1983 e tornou-se *pentito* (delator), o arcebispo da época o condenou como inimigo da Sicília.

Para as autoridades, a Cosa Nostra sempre foi um problema. Em 1864, Niccolò Turrisi Colonna, chefe da Guarda Nacional de Palermo,

escreveu que uma "seita de ladrões" operava por toda a Sicília. Ela existia havia mais de 20 anos e era um fenômeno principalmente rural que abrangia ladrões de gado, contrabandistas, fazendeiros ricos e seus guardas. No entanto, havia uma grande suspeita de que Colonna protegesse mafiosos importantes em Palermo na época. Na sequência, afirmou que os jovens mais brilhantes na zona rural estavam tornando-se membros dessa "seita". Eles ganhavam dinheiro com esquemas de proteção e quase não temiam as autoridades. De acordo com Colonna, membros da seita tinham sinais especiais com que se reconheciam, zombavam da lei e tinham um código de lealdade e não interação com a polícia, que ele chamou de *umirtà* (humildade). Em seguida, explicou o conceito em detalhes:

Acima, à esquerda, o criminoso siciliano Salvatore Giuliano, que participava dos chás no palácio do arcebispo de licença da prisão de Palermo; acima, o *pentito* Tommaso Buscetta chega à Itália em 1984 como o primeiro líder da Máfia a quebrar a *omertà*, ou código de silêncio.

Em seus preceitos, essa seita perversa vê todo cidadão que se aproxime de um carabineiro (policial militar) e fale com ele, ou mesmo troque uma palavra ou cumprimento, como um patife punível com morte. Tal homem deve ser punido por um crime hediondo contra a "humildade" (...) A "humildade" envolve o respeito e a devoção à seita. Ninguém deve cometer qualquer ato que possa, direta ou indiretamente, prejudicar os interesses de outros membros. Ninguém deve fornecer à polícia ou ao poder judiciário fatos que ajudem a expor um crime de qualquer espécie.

Essa é a origem da *omertà*, um brutal código de honra que fazia com que os mafiosos nunca, em hipótese alguma, se dirigissem às autoridades para prestar queixa. As vítimas e suas famílias tinham o direito de se vingar de qualquer ofensa, mas todo aquele que quebrasse o código de silêncio seria julgado pela própria Máfia. Colonna sabia disso porque era parte dela. O capitão de sua Guarda Nacional era Antonino Giammona, chefe de uma vila chamada Uditore, na província de Palermo.

A Máfia tornou-se cada vez mais organizada quando, no final do XIX, várias "famílias", ou *cosche*, no oeste da Sicília se uniram em uma confederação indecorosa e impuseram um código vexatório. A morte era castigo a toda infração e os cadáveres eram mutilados como um aviso simbólico aos demais. Um cadáver sem língua significava que a vítima tinha violado a *omertà*, um corpo com a mão cortada indicava um ladrão irrelevante, ao passo que um cadáver com os genitais mutilados e enfiados na boca era um sinal de que o morto havia "desonrado" a mulher de um membro.

Em 1865, o prefeito de Palermo enviou uma missiva a Roma em que descrevia como

A Via Maqueda, em Palermo, Sicília, na virada do século passado. Muito de Palermo foi construído com dinheiro da máfia.

vários homens da cidade de Monreale invadiram Palermo e declararam a cidade como uma república independente. Eles mantiveram suas posições por uma semana enquanto resistiam a um ataque do governo e, então, retiraram-se depois de pôr fogo aos registros policiais e tributários. Esses rebeldes ficaram conhecidos como *mafiusi* ou, na ortografia italiana, *mafiosi*. A palavra, então, entrou na linguagem comum. Um relatório de polícia descreveu um elegante mafioso jovem:

"[Ele] veste uma camisa de cores vibrantes, usa chapéu em um ângulo jovial, tem o cabelo bem empomadado e penteado de modo que um cacho lhe caia sobre a testa; seu bigode é bem aparado. Quando caminha, balança os quadris e, com o charuto na boca e a bengala na mão, guarda sua faca bem escondida".

Acima da Lei

No entanto, a conspiração criminosa era muito mais funesta do que isso. Em 1872, o doutor Gaspare Galati herdou uma fazenda de limões e tangerinas de quatro hectares em Malaspina, a 15 minutos de Palermo. O antigo proprietário era seu cunhado, que falecera por conta de um ataque cardíaco depois de receber cartas com ameaças. A propriedade do doutor Galati vinha com um encarregado, Benedetto Carollo, que afanava de 20 a 25% do valor de venda da produção, e muitos pensavam ser o responsável pelas cartas. Em uma tentativa de evitar problemas, o doutor Galati se esforçou para arrendar a propriedade, mas Carollo dissuadiu possíveis arrendatários; então, o novo proprietário o demitiu.

"Em 1874, pelo menos 23 pessoas tinham sido assassinadas, incluindo duas mulheres e duas crianças, e mais dez foram gravemente feridas. Mesmo assim, a polícia não fez nada (...)."

Os amigos de Galati, que nada sabiam de seus negócios, aconselharam-no a readmitir Carollo. Mas Galati não estava disposto a ser ameaçado, então, contratou um novo encarregado, que levou um tiro nas costas. Afundando-se na lama, Galati empregou outro administrador. Em seguida, recebeu cartas com ameaças perguntando-lhe por que havia contratado um "espião abjeto" no lugar de um "homem de honra". Galati levou as cartas à polícia, que nada fez. Na sequência, descobriu que Carollo era camarada do amigo de Colonna, Antonino Giammona.

Tendo nascido como um pobre camponês, Giammona serviu-se de sua participação nas revoltas de 1848 e 1860 para construir alianças importantes. Em torno de 1875, possuía terras que valiam cerca de 150 mil

liras, de acordo com o chefe de polícia de Palermo. O mais interessante era que ele era um criminoso suspeito de dar abrigo a fugitivos antes de assassiná-los. Ele também recebia para cumprir tarefas em nome de um homem de Corleone que havia fugido para os Estados Unidos a fim de evitar a instauração de processo. Ficou claro que Giammona estava tentando assumir o controle do setor cítrico, não apenas na propriedade de Galati, mas em todo o distrito. Então, o novo encarregado levou um tiro em plena luz do dia. Gravemente ferido e pensando estar à beira da morte, conseguiu identificar os homens que o atacaram para o magistrado local e Carollo foi preso. Todavia, quando o doutor Galati conseguiu tratar o encarregado, o homem fez as pazes com Giammona e o caso foi arquivado.

Esse acontecimento foi sucedido por um banquete de celebração em Uditore, depois do qual o doutor Galati abandonou sua propriedade e fugiu para Nápoles. Em seguida, escreveu uma carta ao ministro do Interior em Roma, na qual descrevia a situação em Uditore, uma vila com apenas 800 habitantes. Só em 1874, pelo menos 23 pessoas tinham sido assassinadas, incluindo duas mulheres e duas crianças, e mais dez foram gravemente feridas. Ainda assim, a polícia não fez nada para investigar. O ministro do Interior ordenou que o chefe da polícia em Palermo inspecionasse o caso. Nesse ínterim, Carollo seguiu à caça das terras de Galati, acompanhado por um juiz do tribunal de apelação de Palermo.

O chefe da polícia de Palermo enviou uma resposta oficial ao ministro do Interior, em que descrevia a cerimônia de iniciação de um "homem de honra". Na presença de diversos chefes e subchefes, o *padrino*, ou padrinho, picava o dedo do iniciado e pingava o sangue sobre a imagem de um santo. Enquanto o noviço fazia um juramento de lealdade, a imagem era queimada e as cinzas, esparramadas, como um símbolo do destino de todos os traidores. A mesma cerimônia era usada um século depois. Tudo indica que ela tenha sido apropriada dos Carbonari, ou "carvoeiros", uma seita maçônica revolucionária que chegou à Itália com o exército de Napoleão.

Os membros eram identificados por um "homem de honra", que dizia: "Ele é um amigo nosso" ou "Vocês dois são iguais a mim". Se dois membros se encontrassem sem se terem conhecido, começavam uma conversa sobre dor de dente, na qual diziam onde e quando ela começou, o que era um código para onde e quando foram iniciados, ou "feitos".

A Fraternidade

Em 1876, um caso da Máfia chegou às manchetes internacionais. John Forester Rose, o gerente inglês de uma companhia de enxofre, foi sequestrado. Depois do pagamento do resgate, ele foi solto. O *Times* disse que ele havia sido bem tratado, mas a imprensa norte-americana revelou depois que a esposa dele só havia pagado o resgate depois de ter recebido as orelhas do marido pelo correio. Ficou claro também que os sequestradores tinham contatos nos altos escalões da sociedade palermitana e que o resgate foi pago por um mediador da Máfia.

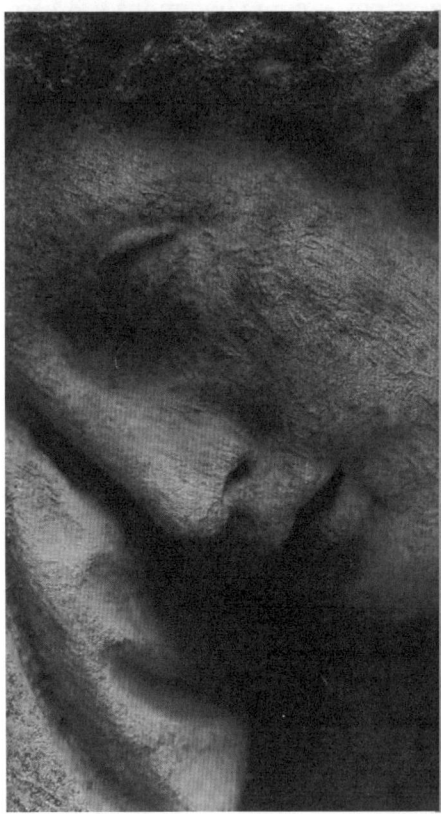

INICIAÇÃO

"Marsala amarrou o indicador da minha mão direita com um barbante. Ele picou o dedo com um alfinete, fazendo o sangue pingar sobre a imagem de uma santa. Ele queimou a imagem, dividiu-a em partes e me deu uma. Nós juntamos nossas partes nas mãos e, em seguida, atiramos o conjunto no ar.

Como parte da cerimônia, jurei que seria membro da Sociedade que tem como *capo Don* Vito Vita e que tem por objetivo cometer crimes contra pessoas e propriedades. Disseram-me que a Sociedade tem afiliados em outras cidades, cada qual com seu próprio *capo*, e que, se um afiliado não cumprir os deveres a ele atribuídos, ele seria julgado pela Sociedade e condenado à morte. Então, ensinaram-me como reconhecer outros afiliados."

Testemunho da interrogação policial de Leo Pellegrino, da vila de Sciacca, província de Agrigento, 15 de março de 1876.

Ofensiva

O ministro italiano do Interior, Giovanni Nicotera, concluiu que as classes altas na Sicília "estavam fortemente comprometidas com a Máfia", então, instituiu uma ofensiva. Durante a campanha, o sequestrador do senhor Rose foi assassinado e, em menos de um ano, Nicotera declarou

que os criminosos haviam sido totalmente derrotados, mas, na realidade, tinham sido recebidas informações sobre apenas uma dúzia de arruaceiros. Enquanto 12 sentenças de mortes eram executadas na família Piazza Montalto, os Stuppagghieri saíram impunes. Aqueles com as conexões políticas certas escaparam à condenação, enquanto o restante recebia ordens de manter crimes de alta visibilidade em um nível politicamente aceitável. Nicotera foi removido do cargo um mês depois de proclamar vitória. Enquanto isso, políticos apoiados pela Máfia fizeram acordos com Roma para conseguir dinheiro a fim de construir estradas, hospitais, escolas e outras obras públicas. Ao longo dos anos que se seguiram ao afastamento de Nicotera, houve julgamentos notórios de grupos como os Stuppagghieri, ou "Queimadores de Fusíveis", em Monreale, dos Fontana Nuova, ou "Nova Fonte", em Misilmeri, e dos Fratellanza, ou "Fraternidade", em Bagheria.

Em 1883, um homem foi morto por dois assassinos encapuzados durante um batismo em Favara, um dos maiores centros de mineração de sulfúrio no sudoeste da Sicília. Os convidados afirmaram não reconhecer os assassinos, porém, no dia seguinte, um membro da gangue rival foi encontrado morto. Ele tinha levado um tiro nas costas e estava sem uma orelha. Grupos armados andavam pelas ruas e parecia que a revolta estava prestes a eclodir, mas, na sequência, a crise se dissipou.

> "Um homem que disse à polícia que seu sobrinho era um traidor teve de enfrentar uma difícil decisão: matar seu sobrinho ou ser morto (...). Então, levou o sobrinho a uma emboscada onde outros membros da Fraternidade puderam matá-lo."

Algumas semanas depois, um ferroviário foi à polícia relatar ter sido abordado pela Fratellanza, mas que achava que a organização tinha intenções criminosas. Mais de 200 pessoas foram presas. Muitos confessaram e os esqueletos das vítimas foram encontrados em cavernas, poços antigos e minas abandonadas.

Descobriu-se que a Fraternidade tinha sido formada por duas gangues rivais em Favara em uma tentativa de manter a paz após a morte do convidado no batismo, uma ocasião em que a família adota um novo padrinho. Assim como a "seita" antes dela, a Fraternidade tinha uma cerimônia de iniciação que envolvia pingar o sangue sobre uma imagem sacra, que era, então, queimada enquanto se proclamava o juramento.

"Juro pela minha honra ser fiel à Fraternidade como ela é fiel a mim. Assim como este santo e estas gotas de sangue jamais poderão voltar ao estado original, jamais poderei abandonar a Fraternidade."

Seus 500 membros nas cidades vizinhas também se identificam por uma conversa sobre dor de dente. O modelo da Máfia tinha conseguido se disseminar até Favara, uma cidade que se separava de Palermo por quase 100 quilômetros de estradas em péssimo estado de conservação.

Assim como a Cosa Nostra, cem anos depois, a Fraternidade se dividia em *decine*, grupos de dez homens. Cada *decina* era liderada por um *capodecina*. Acima do *capodecina* ficava o *sottocapo*, ou subchefe, acima do qual ficavam o *capo*, ou chefe, e seu *consigliere*, conselheiro. A obrigação de um membro para com a Fraternidade estava acima de sua lealdade familiar. Um homem que disse à polícia que seu sobrinho era um traidor teve de enfrentar uma difícil decisão: matar seu sobrinho ou ser morto. Ele concordou que seu sobrinho deveria morrer e fez um brinde: "O vinho é doce, mas o sangue de um homem é mais". Então, levou o sobrinho a uma emboscada em que outros membros da Fraternidade pudessem matá-lo. Posteriormente, o homem levou a polícia às ruínas de um castelo onde o corpo de seu sobrinho estrangulado havia sido escondido. Depois disso, enforcou-se.

Dois anos depois de a Fraternidade ter sido descoberta, 107 homens foram levados ao banco de réus da Basílica de Santa Ana, especialmente adaptada para a ocasião. Eles foram algemados em quatro fileiras. Apesar de alguns clamarem que suas confissões teriam sido extraídas sob tortura, todos foram condenados e presos.

Em 1886, o policial Giuseppe Alongi escreveu *La maffia nei suoi fattori e nelle sue manifestazioni: studio sulle classi pericolose della Sicilia*, em que condenava o "egoísmo ilimitado" e o "exagerado autointeresse" que permeavam os mafiosos, assim como sua "capacidade para o ódio e o desdém violento e tenaz (...) até que sua vendeta fosse alcançada". Entretanto, também revelou outro lado de suas personalidades.

Essas pessoas são imaginativas e suas vilas, quentes; o dia a dia delas é melífluo, exagerado e cheio de imagens. Mesmo assim, a linguagem dos mafiosos é curta e grossa. O verdadeiro mafioso se veste com modéstia, fazendo-se passar por ingênuo e estupidamente atento ao que você fala. Ele aguenta insultos e transpira paciência. Então, na mesma tarde, atira em você.

Quatro anos depois, publicou um estudo semelhante sobre a Camorra napolitana.

Membros da Camorra no início do século XX – atualmente, estima-se que existam 111 clãs Camorra na região de Nápoles, com cerca de 7 mil membros.

O Caso dos Quatro Desaparecidos

Relatórios oficiais também confirmaram a existência da Máfia. Um era de autoria do chefe de polícia de Palermo, Ermanno Sangiorgi, que era da Romanha e tinha sido enviado à Sicília para investigar as queixas do doutor Galati.

Ele organizou o acercamento da Fraternidade em Favara e, em 1898, relatou que oito gangues mafiosas estavam operando nas vizinhanças de Palermo.

A investigação de Sangiorgi se concentrou no que os jornais chamaram de "caso dos quatro desaparecidos". Em outubro de 1897, a polícia encontrou um edifício agrícola ao norte de Palermo cujo interior estava crivado de buracos de bala e coberto de sangue coagulado. De uma caverna nas proximidades, emanava um odor nauseabundo cuja origem eram os corpos em decomposição de quatro homens. Todos tinham sido mortos com múltiplos ferimentos de bala. Quando Sangiorgi chegou à Sicília, no ano seguinte, o caso ainda não tinha sido solucionado e a guerra da Máfia estava no auge.

> "Um buraco apareceu no muro em frente à loja de Giuseppa, que serviria como uma clara linha de fogo. Um tiro foi disparado, atingindo-a."

A primeira revelação aconteceu quando Giuseppa di Sano, dona de uma mercearia, se apresentou. Tudo tinha começado quando o comandante local dos carabineiros começou a cortejar sua filha, Emanuela, de 18 anos de idade. Isso não cabia nada bem em uma comunidade que era contra a ordem pública.

As mulheres locais começaram a espalhar rumores sobre ela e a boicotar sua loja; na sequência, os filhos de um empresário local tentaram pagá-la com dinheiro falso. Depois de uma série de ameaças veladas, um buraco apareceu no muro em frente à loja de Giuseppa, que serviria como uma clara linha de fogo. Às 20 horas, de 27 de dezembro de 1896, um tiro foi disparado, atingindo Giuseppa. Emanuela correu para ajudá-la, mas foi morta instantaneamente por uma segunda bala. Sangiorgi concluiu que a Máfia estava por trás disso.

Duas semanas antes do incidente, havia ocorrido uma batida policial em uma manufatura de falsificação, na qual o marido de Giuseppa havia trabalhado como faz-tudo. Os homens de honra da cidade, liderados por Vincenzo d'Alba, irmão do único mafioso preso na batida policial, deduziu que Giuseppa tinha quebrado a *omertà*, então, informaram os carabineiros. O buraco no muro tinha sido óbvio propositalmente, para que todos pudessem ver o cumprimento da sentença. Todavia, Giuseppa não morreu com aquele tiro e estava disposta a testemunhar. Então, depois de conversar com os detetives, ela notou outro buraco no muro.

Um homem chamado Giuseppe "Pidduzzo" Buscemi foi questionado. Ele tinha um álibi, mas deu a entender que Vincenzo d'Alba era o homem que a polícia estava procurando; então, D'Alba foi preso. O primo de Vincenzo, Antonio d'Alba, queixou-se de que Buscemi tinha claramente quebrado a *omertà*, então, ele foi julgado pelos homens de honra locais. Em seu julgamento, Buscemi afirmou que havia implicado D'Alba para proteger a Máfia como um todo e declarou que tinha a intenção de mudar sua história depois, para confundir ainda mais a polícia. Ele foi absolvido. Entretanto, o padrinho de Buscemi, Tommaso d'Aleo, suspeitava que Antonio d'Alba estivesse tentando se intrometer em uma de suas extorsões. Pouco depois, houve outro julgamento, desta vez em sigilo. Depois de Antonio d'Alba ser sentenciado à morte *in absentia*, ele foi levado a uma casa de fazenda, onde foi baleado.

Aliados do Alto Escalão

Com o progresso de suas investigações, Sangiorgi descobriu que a influência da Máfia se estendia até o topo da sociedade, incluindo alguns notários, como o industrial e magnata da navegação Ignazio Florio Jnr., que vivia recebendo nobres europeus em sua casa, e Joshua Whitaker, chefe da dinastia de vinho Marsala e fundador do Anglo Panormitan Athletic and Football Club. Esses dois homens eram tão distintos que receberam convites para o funeral da rainha Vitória, em 1901.

No começo de 1897, Florio e sua esposa descobriram em uma manhã que várias obras de arte valiosas tinham sido roubadas de sua vila. Imediatamente, Florio castigou seu jardineiro, Francesco Noto. Noto e seu irmão mais novo, Pietro, eram o *capo* e o subchefe do clã da Máfia local, que havia sido contratado para prestar segurança.

Algum tempo antes, os mafiosos sob o comando dos irmãos Noto haviam sequestrado a filha de Whitaker, Audrey, de 10 anos de idade. Conhecendo os costumes da ilha, Whitaker prontamente pagou a soma e a criança foi devolvida ilesa. No entanto, dois membros da gangue, Giuseppe Caruso e Vincenzo Lo Porto, cocheiros que também trabalhavam para os Florio, ficaram descontentes com a divisão dos espólios.

Eles decidiram responder com um *sfregio*, cicatriz ou desonra. Roubar da vila da família Florio era um insulto deliberado aos Noto, que tinham a função de protegê-la. Os Noto resolveram o problema dando aos ladrões uma parte maior do resgate e os itens roubados foram devolvidos, mas esse não foi o fim da história. Uma reunião dos *capos* dos oito clãs de Palermo condenou Caruso e Lo Porto, o que significava que eles eram os próximos a visitar a casa de fazenda. A quarta pessoa a morrer naquela casa foi outro jovem mafioso, acusado de roubar de seu chefe.

Depois da morte de Lo Porto, sua viúva recorreu à mãe de Ignazio Florio, a baronesa Giovanna d'Ondes Trigona, para ajudar a criar seu filho, mas o pedido foi recusado com o argumento de que o marido dela e Caruso tinham sido ladrões. Essa experiência levou as viúvas dos dois a falar com a polícia. Ao fazerem isso, Sangiorgi começou a suspeitar da conivência de Florio com o assassinato dos membros da gangue. A baronesa Trigona, considerou ele, seria uma excelente testemunha, mas seria impossível convencê-la a depor. A Máfia fez todo o possível para acabar com a investigação. Primeiro, o irmão de um dos cocheiros foi levado a se suicidar pela suspeita de que havia falado com a polícia. Um mafioso conseguiu entregar evidências, depois do que as autoridades o ajudaram a emigrar para os Estados Unidos. No entanto, um assassino o encontrou em New Orleans e o envenenou.

Mapa da Sicília de 1900 mostrando a influência da Máfia – quanto mais escura, maior a presença.

As Vésperas Sicilianas

Então, em outubro de 1899, o *capo* regional, Francesco Siino, levou um disparo. Sangiorgi conseguiu que a esposa de Siino confrontasse o atirador. Pensando que seu marido estava à beira da morte, ela teve um acesso de fúria e acusou o agressor de uma série de assassinatos. E, depois que sua mulher começou a falar, Siino também falou, assim como outras pessoas. Tudo levava a crer que se estava no meio de uma guerra entre a família Siino e a de Antonino Giammona, o chefe da Máfia do caso Galati, que tinha, então, 78 anos de idade. Isso mostrava que a Máfia não era uma operação provisória, mas tinha uma longa história.

Em abril de 1900, Sangiorgi começou a capturar suspeitos de conexão com a Máfia. Durante o ano seguinte, 89 foram a julgamento por associação criminosa no caso dos quatro homens desaparecidos. Mas o promotor-chefe concluiu que as evidências contra os outros mafiosos que Sangiorgi havia identificado, entre os quais estava Antonino Giammona, não eram fortes o bastante. Na realidade, o promotor-chefe, que era de Nápoles, sequer admitiu a existência da Máfia.

> "A Máfia fez todo o possível para acabar com a investigação. Um mafioso conseguiu entregar evidências, depois do que as autoridades o ajudaram a emigrar para os Estados Unidos. No entanto, um assassino o encontrou em New Orleans e o envenenou."

Em seguida, Siino retratou, Joshua Whitaker negou que sua filha tivesse sido sequestrada e Ignazio Florio não apareceu na corte. Em vez disso, ele enviou uma declaração negando que, em algum momento, havia discutido o roubo com os irmãos Noto. Mesmo assim, 32 mafiosos foram condenados por formação de quadrilha. Entre eles, estavam os irmãos Noto, Tommaso d'Aleo e o filho de Antonino Giammona. Mas, por causa do tempo que já havia passado na prisão, a maioria foi liberada imediatamente. Sangiorgi ficou furioso. As pessoas condenavam a Máfia à noite, disse ele, e a defendia na manhã seguinte. O problema, ele percebeu, era político, então ele começou a investigar *Don* Raffaele Palizzolo, que era um conselheiro bem-visto da comuna de Palermo e membro do parlamento siciliano.

O Caso Notarbartolo

Até 1882, apenas 2% da população da Sicília podiam votar, mas, naquele ano, o direito de voto foi estendido para um quarto dos homens adultos, o que encareceu muito a fraude eleitoral. Mesmo assim, *Don* Raffaele Palizzolo continuou a conceder cargos honoríficos de sua cama, no Palazzo Villarosa, todas as manhãs, como fazia há 40 anos.

Ele conseguia obter licenças de armas, garantir uma promoção ou fazer com que as notas de uma criança na escola fossem melhoradas. Com a mesma facilidade, conseguiu que seu amigo *Don* Francesco Crispi se tornasse primeiro-ministro. No entanto, ele tinha um inimigo, o ex-prefeito de Palermo, Emanuel Notarbartolo.

Em 1890, Notarbartolo se aposentou como diretor do Banco da Sicília e voltou à sua fortificada propriedade perto da cidade de Caccamo, dominada pela Máfia. O banco, então, envolveu-se em uma operação de compra de ações fraudulentas relacionadas a ações da empresa de

A CAMORRA E A 'NDRANGHETA

A dinastia Bourbon dominou Nápoles até 1860, com exceção de um período no início do século XIX em que uma breve república surgiu na esteira da Revolução Francesa. Apesar de a República Napolitana entrar em colapso em menos de um ano, houve um vazio de poder até a restauração dos Bourbon em 1815.

Foi nesse período que a Camorra surgiu em Nápoles. Acredita-se que as origens desse grupo nativo de oposição, semelhante à Máfia, remontem à Garduña, uma sociedade secreta fundada na Espanha no século XV e criada pelos oficiais do rei espanhol. Em 1735, mencionou-se uma casa de jogos chamada *Camorra avanti palazzo*, ou "Camorra em frente ao palácio". O nome parece uma concatenação de "*capo*", que significa chefe, e "*morra*", que era um popular jogo de rua. *Camorra* era a palavra usada para o ganho dos *camorristi*, que entregavam bens ao redor da cidade. Era, também, mais uma palavra para extorsão.

Em 1820, houve registros policiais sobre reuniões disciplinares da Camorra e, em 1842, ela tinha definido seus próprios ritos de iniciação. Seus partidários também coletavam dinheiro para as famílias dos membros presos. Depois da revolta de 1848, a organização fez um pacto com a oposição liberal, que queria que ela incitasse a população pobre a se insurgir contra a monarquia.

Apesar de sua influência crescente, a Camorra continuou como uma organização descentralizada, com poderes locais de clãs de indivíduos. Assim como a Máfia, seus membros mantinham um código de silêncio, a *omertà*.

Depois da unificação da Itália, em 1861, introduziram-se medidas para suprimir a Camorra. Apesar disso, alguns membros da organização trabalharam como deputados eleitos até as eleições napolitanas de 1901. Então, em 1911, 20 supostos camorristas foram levados a julgamento, incluindo um homem, que se dizia ser o chefe, que teve de ser extraditado para os Estados Unidos. Sentenças duras foram impostas e, então, outros camorristas fugiram para os Estados Unidos, onde deram sequência a suas rixas de ódio com a Máfia ao longo da década de 1920. Mas os gângsteres de ascendência napolitana aos poucos se aliaram a estrutura mafiosa do crime organizado nos Estados Unidos.

transporte de Florio, a Navigazione Generale Italiana (NGI). Notarbartolo foi chamado de volta ao banco, estava certo de que descobriria a fraude. Em 1º de fevereiro de 1893, ele embarcou no trem para Palermo, tendo tomado a precaução de levar consigo um rifle carregado. Quando o trem entrou em um túnel, ele foi atacado por dois homens armados com facas, que o apunhalaram até a morte e atiraram seu corpo do vagão quando este atravessava uma ponte. O corpo foi encontrado, mas demorou sete anos para que o caso fosse a julgamento. A essa altura, tinha se tornado um escândalo nacional. O julgamento ocorreu em

Milão, a fim de evitar a intimidação de testemunhas, mas apenas dois empregados da companhia ferroviária estavam presentes, o guarda-freio e o coletor de bilhetes. Mas, então, Leopoldo, filho de Notarbartolo e oficial naval, depôs e acusou Palizzolo de orquestrar a morte de seu pai.

Novembro de 2006: o chefe da Camorra, Antonio Bianco, é preso no distrito de Melito, em Nápoles, que então sofria de uma grave onda criminosa

A animosidade entre Palizzolo e o pai de Leopoldo era antiga. Quando Notarbartolo se tornou prefeito, ele havia obrigado Palizzolo a reembolsar o dinheiro separado para a compra de pão aos pobres, coisa que Palizzolo nunca esqueceu. Onze anos antes de sua morte, Notarbartolo foi sequestrado. Ele tinha bons motivos para suspeitar de Palizzolo. Na época das eleições, Palizzolo teve o apoio da cidade de Caccamo, dominada pela Máfia, e os sequestradores foram presos perto da propriedade de Palizzolo.

> "Palizzolo e Fontana foram a julgamento em Bologna em 1902, e 503 testemunhas foram ouvidas. Os advogados tiveram de ser separados diversas vezes para evitar que saíssem na mão. Um deles fez um discurso que durou oito dias."

Durante o tempo em que trabalhou no banco, Notarbartolo descobriu que grandes somas de dinheiro estavam sendo emprestadas nos nomes de crianças, pessoas mortas e personagens fictícios, porém, quando tentou pôr um fim a essas malversações, ele enfrentou a oposição de Palizzolo, que era seu chefe. E, quando Notarbartolo notificou as autoridades em Roma, Palizzolo tomou providências para que o relatório fosse roubado do Ministério do Comércio. O conselheiro-geral do banco leu, então, o documento pelas costas de Notarbartolo e ele foi forçado a se aposentar. Palizzolo era um dos beneficiados pela fraude e, mesmo assim, nunca foi questionado, apesar de Leopoldo ter relatado todos esses fatos às autoridades.

Sangiorgi agiu rápido. Um inspetor de polícia acusado de ocultar evidência foi preso na sala de tribunal e a Câmara de Deputados em Roma suspendeu a imunidade parlamentar de Palizzolo.

A linha telegráfica para Palermo foi interrompida durante o processo, para caso ele fugisse. Na sequência, Sangiorgi o prendeu. Enquanto estava na cadeia, Palizzolo candidatou-se para as eleições, na esperança de renovar sua imunidade.

Giuseppe Fontana era um dos suspeitos de matar Notarbartolo. Com o fechamento do cerco, ele buscou a proteção do dono da propriedade de que tomava conta, que era um príncipe e membro do parlamento.

O príncipe, então, ditou as condições sob as quais Fontana iria se render. Ele foi levado à casa de Sangiorgi na carruagem do príncipe e os advogados do príncipe estavam presentes durante o interrogatório. Na sequência, ele foi conduzido, sem algemas, a uma cela confortável. Fontana já tinha sido absolvido de quatro assassinatos por "evidências insuficientes", de modo que isso não era nada novo para ele.

Palizzolo e Fontana foram a julgamento em Bologna em 1902 e 503 testemunhas foram ouvidas, entre as quais estavam três ex-ministros do governo, sete senadores, 11 membros do parlamento e cinco chefes de polícia. Os advogados tiveram de ser separados diversas vezes para evitar que saíssem na mão. Um deles fez um discurso que durou oito dias, enquanto outro falou por quatro dias e meio. Houve rumores de que a Máfia tinha planos para assassinar um dos advogados de Notarbartolo, apesar de a sala do tribunal estar cercada por 50 policiais e meio destacamento de infantaria.

Mais 45 carabineiros montaram guarda no banco dos réus com baionetas em punho. No fim, Palizzolo e Fontana foram condenados em meio a cenas de regozijo. Ainda protestando sua inocência, eles foram levados embora.

No entanto, o jornal de Ignazio Florio, *L'Ora*, questionou o veredito. Seis meses depois, ele foi derrubado em Roma pela Corte de Cassação, o mais alto tribunal de recurso, e ordenou-se um novo julgamento, que ocorreu em Florença. Desta vez, Piazzolo e Fontana foram absolvidos. Piazzolo foi recebido como herói em Palermo, enquanto Fontana e sua família emigraram para Nova York, onde ele deu sequência à sua vida criminosa.

Leopoldo Notarbartolo teve de vender as propriedades de seu pai para pagar os honorários dos advogados. Ele continuou na Marinha, tendo sido promovido ao posto de almirante, e passava o tempo no mar escrevendo a biografia de seu pai.

Nos anos 1970, depois de uma guerra destrutiva e implacável que custou 400 vidas, a Camorra se aliou à Máfia em suas atividades de contrabando de drogas. Ela também controlava o contrabando de cigarros, a queima de lixo, o descarte industrial e o setor da construção. A reconstrução da região da Campânia depois do terremoto de 1980 foi especialmente lucrativa. Outras atividades da Camorra incluíam lavagem de dinheiro, extorsão, tráfico de pessoas, prostituição, roubo, chantagem, sequestro, corrupção política e falsificação. Mais recentemente, a organização formou alianças com as gangues nigerianas de tráfico de droga e com a máfia albanesa. Também existem afiliados da Camorra em

Cleveland, Los Angeles, Albânia, Springfield, Massachusetts e Aberdeen, na Escócia.

Com o declínio no prestígio da Máfia desde o Máxiprocesso da década de 1980, a Camorra se tornou a gangue mais poderosa na Itália, apesar de rivalizar com a *'Ndrangheta*, cujo nome deriva da palavra grega para coragem ou virtude. Algumas pessoas acreditam que a *'Ndrangheta* descenda da Garduña espanhola, mas o FBI afirma que ela foi formada nos anos 1860 pelos mafiosos sicilianos banidos da ilha pelo governo da Itália. A *'Ndrangheta* também preserva a *omertà* e se envolve em tráfico de drogas, assassinatos, bombardeios, falsificação, jogos de azar, fraudes, roubos, extorsão profissional, agiotagem e introdução clandestina de imigrantes ilegais. Suas células são vagamente conectadas por relações consanguíneas e casamentos; e ela tem afiliados em Nova York e na Flórida.

Existe uma organização nos moldes da Máfia na região da Apúlia chamada Sacra corona unita, ou "Sacra coroa unida". Nos anos 1970, o camorrista Raffaele Cutolo queria expandir suas operações na Apúlia, uma ação que ele supervisionou da cadeia. Em 1981, ele era tão poderoso que se afirma que conseguiu a liberação de Ciro Cirillo, um membro democrata cristão do governo regional que havia sido sequestrado pelas Brigadas Vermelhas.

No entanto, ele recebeu tanta notoriedade depois do episódio que seus apoiadores políticos se distanciaram dele. Sua facção, a *Nuova Camorra Organizzata*, perdeu a guerra da Camorra e a filial apuliana se emancipou. Com base em Brindisi, ela especializou-se em tráfico de cigarros, drogas, armas e imigrantes da Albânia, Croácia e de outros países de passado comunista, apesar de também se envolver em lavagem de dinheiro, extorsão e corrupção política, e de coletar os lucros de outros grupos políticos.

A política governamental de banir líderes mafiosos da Sicília para o norte da Itália estimulou os grupos criminosos originais a se organizarem de maneira mais eficiente. Isso é especialmente verdade na região de Vêneto, no nordeste, onde os grupos criminosos existentes passaram a ser conhecidos coletivamente como Mala del Brenta.

2
A Mão Negra

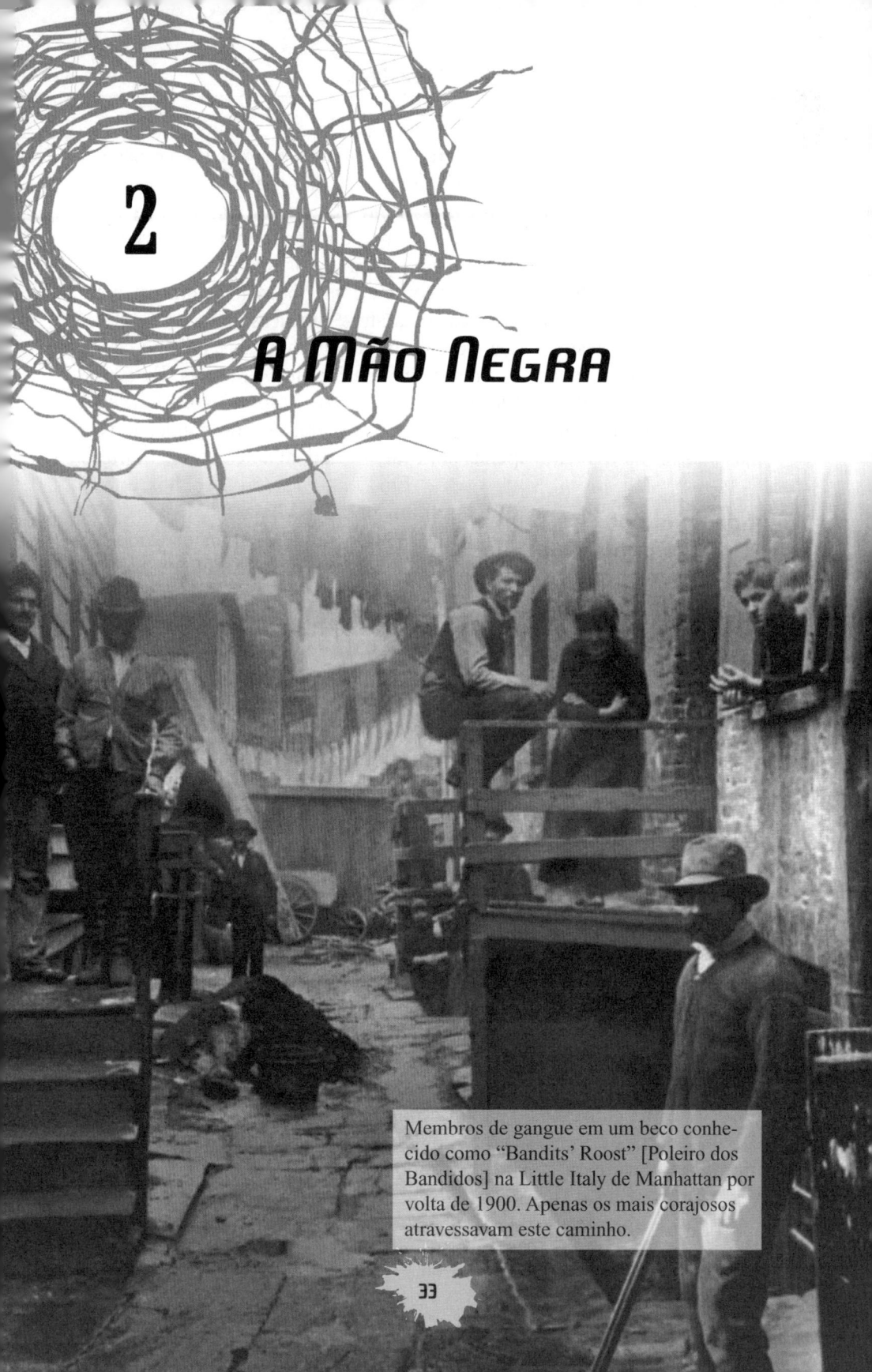

Membros de gangue em um beco conhecido como "Bandits' Roost" [Poleiro dos Bandidos] na Little Italy de Manhattan por volta de 1900. Apenas os mais corajosos atravessavam este caminho.

Já em 1878, uma gangue de imigrantes sicilianos operava uma próspera trama de extorsão entre os moradores de São Francisco de origem italiana. Ela se autodenominava "*La Maffia*". O jornal *Examiner*, de São Francisco, descreveu seus membros como "uma panelinha bem organizada de bandidos sicilianos (...) uma gangue corrupta" cujo objetivo era "a extorsão de dinheiro de seus compatriotas por meio de um sistema de chantagem que incluía ataques ao caráter e ameaças de morte". Suas atividades foram restritas quando o corpo de um imigrante italiano chamado Catalani foi encontrado perto de Sausalito, na Califórnia. Evidências apontaram contra Salvatore Messino, Ignazio Trapani, Rosario Meli e Giuseppe Bianchi. Eles foram presos e acabaram sendo condenados, mas não por assassinato, apenas por roubar Catalani antes de sua morte.

"Os mafiosos dos Estados Unidos voltaram-se à extorsão (...) fazendo de presas compatriotas italianos, que já entendiam os costumes da Máfia."

Em 1880, 12.354 italianos emigraram para os Estados Unidos e, em 1890, o número tinha chegado a 52.003. Os imigrantes italianos precipitaram-se para os Estados Unidos em números cada vez maiores: 101.135 em 1900, 230.622 em 1903 e 285.731 em 1907. De 1903 à 1ª Guerra Mundial, uma média de 200 mil italianos imigravam para os Estados Unidos todo ano. Nova York tornou-se a segunda cidade de maior população italiana depois de Nápoles. Um quarto da população da maior cidade norte-americana, mais de meio milhão de pessoas, era italiano. O número chegou a 1 milhão em 1920. A maioria dos imigrantes vinha do sul da Itália e da Sicília. Totalmente desnorteados e atarantados por sua língua estrangeira, os recém-chegados agrupavam-se nas "Little Italies" de Nova York, Filadélfia, Chicago, Nova Orleans e outras cidades. Em muitos casos, as pessoas mudavam-se em massas de suas cidades e vilas, e montavam comunidades idênticas na sua nova terra. Eles traziam consigo suas antigas lealdades, bem como suas vendetas ancestrais.

Os mafiosos e camorristas viviam entrando nos Estados Unidos com documentos falsos. Estes eram providenciados pelas autoridades da Itália, que estavam suficientemente satisfeitas em se livrar de criminosos que não conseguiam capturar ou prender.

Mesmo os criminosos que tinham sido presos e liberados tinham um bom motivo para viajar aos Estados Unidos, já que os ex-presidiários eram colocados sob *Sorveglianza Speciale*, vigilância especial.

Havia um toque de recolher severo, eles eram proibidos de visitar estabelecimentos que vendessem bebida, não podiam carregar armas, tinham de reportar-se regularmente à polícia e de pedir permissão para se empregar. Os criminosos em fuga também encontraram refúgio nos Estados Unidos.

Em suas comunidades fechadas, os imigrantes italianos viviam em um microcosmo da sociedade que haviam deixado para trás na Europa. Os sicilianos, em particular, mantiveram-se ferrenhos em sua desconfiança em relação à lei e à autoridade de modo geral.

Os mafiosos dos Estados Unidos exploraram esse fato, recorrendo à sua ocupação por excelência: a extorsão. Suas presas eram banqueiros, barbeiros, empreiteiros e comerciantes, compatriotas italianos que já entendiam os costumes da Máfia.

Em 3 de agosto de 1903, Nicolo Cappiello, um rico empreiteiro que morava no Brooklyn, recebeu uma carta:

"Se o senhor não nos encontrar na Seventy-second Street com a Thirteenth Avenue, no Brooklyn, amanhã à tarde, sua casa será dinamitada e sua família, morta. O mesmo destino o aguarda caso revele nossas intenções à polícia".

O bilhete era decorado com três cruzes negras sob o símbolo da caveira com os ossos cruzados e assinado como "*Mano Nera*", ou "Mão Negra". Cappiello tentou ignorar a carta, porém, recebeu outra dois dias depois:

"O senhor não nos encontrou como ordenado em nossa primeira carta. Caso se recuse novamente a acatar nossos termos, mas ainda quiser preservar as vidas de sua família, o senhor pode fazê-lo sacrificando a própria vida. Vá até a Sixteenth Street, perto da Seventh avenue, entre a quarta e a quinta hora desta noite".

A carta terminava com a frase: "Tema a *Mano Nera*".

Depois de Capiello ter ignorado essa segunda carta, vários homens visitaram sua casa. Alguns eram velhos amigos e outros afirmavam ser agentes da Mão Negra. Eles disseram-lhe que sua cabeça estava valendo 10 mil dólares, mas que, se entregasse mil dólares, fariam o seu melhor para convencer os chantagistas a poupar a vida dele. Capiello entregou o dinheiro em 26 de agosto, mas, poucos dias depois, quatro homens voltaram em busca de mais 3 mil dólares. Convencido de que a gangue pretendia roubar toda a sua fortuna pouco a pouco, a qual somava

em torno de 100 mil dólares, ele foi à polícia. Cinco homens, dos quais três eram amigos e dois, membros da Mão Negra, foram presos, julgados e condenados.

Capiello e os extorsores tinham nascido em Nápoles, e o Brooklyn era, em grande parte, uma província da Camorra. Até então, os jornais haviam escrito sobre as atividades criminosas de *La Società Cammorristi*, a *Mala Vita* e a Máfia. No entanto, depois de 1903, o *New York Herald* e o *Bollettino dela Sera*, de língua italiana, começaram a usar "Mão Negra" como um termo geral para as gangues criminosas de origem italiana. Ítalo-americanos poderosos preferiam assim. Havia um tempo que eles vinham pedindo aos jornais que parassem de usar o nome "Máfia" em toda parte, já que este se aplicava unicamente a um pequeno bando de assassinos sicilianos.

A partir de então, cartas exigindo dinheiro passaram a ser adornadas, regularmente, com o símbolo mal desenhado da Mão Negra. Em 24 de maio de 1911, Tano Sferrazzo, morador do número 307, da 45th Street, em Nova York, recebeu a seguinte carta:

> *"Vários homens de minha sociedade, como o senhor bem sabe, demandarão dinheiro porque dele precisamos para nossos negócios prementes e o senhor nunca consentiu em nos satisfazer para cumprir seu dever (...). Dinheiro ou morte. Se quiser salvar sua vida, amanhã, dia 25 de maio, às 22 horas, pegue o bonde da Third Avenue, vá até a 129th Street e caminhe em direção à Second Avenue. Vá até à Ponte da First Avenue que leva ao Bronx, caminhe pela ponte por um tempo; dois homens irão se apresentar ao senhor e lhe perguntar aonde está indo. A eles, o senhor deve entregar nada menos do que 200 dólares. Assinado Mão Negra".*

Mercado nova-iorquino típico na virada do século XX: os primeiros importadores e distribuidores de banana eram, em sua maioria, imigrantes italianos.

Às vezes, os extorsores eram apreendidos. Essa carta apareceu como evidência no julgamento de Salvatore Romano, que tinha sido indiciado com Antonio Lecchi e Pasquale Lopipero no Tribunal de Sessões Gerais, em Nova York, no dia 22 de setembro de 1911. Outra carta era igualmente ameaçadora:

> *"Esta é a segunda vez que lhe aviso. No domingo, às 10 horas, na esquina da Second Street com a Third Avenue, leve 300 dólares sem falta. Caso contrário, atearemos fogo a seu corpo e o explodiremos com uma bomba. Considere com cuidado, pois este é o último aviso que lhe dou. Assino com a Mão Negra".*

Típico mercado de Nova York na virada do século passado: os primeiros importadores e distribuidores de banana eram em sua maioria imigrantes italianos.

As gangues da Mão Negra também apareceram em Pittsburgh. Em 27 de maio de 1908, o senhor G. Satarano recebeu uma carta com ameaças:

> "Queira conhecer a companhia das Mãos Negras. Quero que envie 2 mil dólares, em dinheiro vivo. Um amigo lhe falará a respeito disso. Envie-o ao chefe, Johnstown. Não queremos que

conte a ninguém que fale demais. Se relatar esta carta à polícia, iremos matá-lo. Iremos matá-lo com uma faca de aço. O senhor e sua família. Dê-me o dinheiro imediatamente, pois quero usá-lo. E lembre-se: mantenha-se em silêncio – Mão Negra".

No mesmo ano, um ítalo-americano na Filadélfia recebeu uma carta com ameaças que dizia:

"O senhor jamais voltará a ver a Itália caso não entregue mil dólares à pessoa que o beliscar depois de cumprimentá-lo. (Mil, sem falta.) Carregue isso consigo e lembre-se de que sou mais poderoso do que a polícia e do que o seu Deus – Mão Negra".

Em Saint Louis, outro imigrante recebeu uma carta que o tratava como "Caro Amigo". Ela dizia:

"Esta é sua segunda carta. O senhor não respondeu a primeira, tampouco veio até nós. O que tem na cabeça? O senhor sabe o que fez no Brooklin, e que foi à Itália e, então, retornou a Dago Hill (o bairro italiano) para se esconder. O senhor pode ir se esconder no inferno que iremos encontrá-lo. Será muito ruim para o senhor e para a sua família se não chegarmos a um acordo. Então, venha na terça-feira, às 22 horas. Se não vier, iremos retalhá-lo em pedaços. Que tal isso, carinha imundo? Então, esperaremos pelo senhor. Saudações, adeus".

Sob essas palavras, havia duas figuras: uma de um homem em um caixão, e outra de uma caveira sobre ossos cruzados. Havia também um pós-escrito:

"Esta será sua aparência caso não faça como ordenamos. A maneira como o sangue corre nas minhas veias será como ele jorrará das suas".

Em Chicago, o "Notabilíssimo senhor Silvani" recebeu uma carta anônima da Mão Negra em que se lia:

"Acreditando que a apresentação de armas não o impressione tanto, será de bom tom que o senhor me envie 2 mil dólares se tiver amor à vida. Portanto, peço-lhe que, calorosamente, os coloque diante da porta em menos de quatro dias. Caso contrário, juro que, antes do final desta semana, até o pó de sua família deixará de existir. Cordialmente, tenha-me como amigo".

Normalmente, essas cartas usavam, de maneira zombeteira, uma forma respeitosa do siciliano, apesar de, às vezes, serem mais diretas:

> *"Você tem dinheiro. Eu preciso de mil dólares. Você vai colocar as notas de cem em um envelope e colocá-lo debaixo de uma tábua na esquina noroeste da 69th Street com a Euclid Avenue, às 11 horas desta noite. Se colocar o dinheiro, vive. Se não, morre. Se você relatar isto à polícia, vou matá-lo assim que sair à rua. Eles podem salvar seu dinheiro, mas não vão salvar sua vida".*

A maioria das pessoas pagava. Eles achavam que as autoridades não poderiam protegê-las, especialmente quando não falavam inglês. De acordo com um relatório da polícia, "95 de cada 100 italianos estão em posse de alguma arma letal".

O Esquadrão Italiano

A polícia levou a situação a sério em Nova York. Em primeiro lugar, foi montado um Esquadrão Italiano especial comandado pelo comissário Giuseppe "Joe" Petrosino. Imigrante da região de Salerno, Petrosino havia dado conta de tramas de extorsão antes em sua carreira com o Departamento de Polícia de Nova York (NYPD). Em 1902, ele acompanhou o rico alfaiate Stephen Carmenciti a um encontro em que tinha combinado de pagar 150 dólares a uma gangue que se autodenominava "Holy House" [Santa Casa]. Carmenciti morava na East 103rd Street no bairro italiano de East Harlem. Dois membros da Holy House – Carmine Mursuneso, da East 106th Street, e Joseph Mascarello, da East 107th Street – foram presos, mas acabaram sendo absolvidos uma vez que Carmenciti se recusou a testemunhar temendo pela segurança de sua família.

Petrosino tornou-se famoso em 1903, quando o cadáver de um homem com 17 ferimentos de faca foi encontrado em um barril em um terreno baldio perto da Little Italy, no Lower East Side, em Manhattan. A garganta da vítima tinha sido cortada de maneira tão violenta que sua cabeça estava quase separada do corpo, e seus genitais foram cortados e enfiados na garganta dele. O caso lembrava um assassinato ocorrido no ano anterior, quando o corpo parcialmente desmembrado de um merceeiro chamado Giuseppe Catania foi encontrado em um saco às margens da Baía Ridge, no Brooklyn. Os assassinos não foram encontrados, mas

> "A Maioria das pessoas paga-se. Eles sentiram que as autoridades não poderiam protegê-los, especialmente se eles não falava inglês."

O comissário Petrosino (à esquerda) e os inspetores Carey e McCafferty escoltam o matador da Máfia "Petto, o Boi" (segundo à esquerda) até o tribunal.

pareciam estar cobrando a vingança de um julgamento em Palermo 20 anos antes, em que o depoimento de Catania mandara vários homens para cadeia por 20 anos.

O corpo no barril não foi imediatamente identificado, mas Petrosino acreditava ter visto a vítima no julgamento do falsificador Giuseppe de Priemo. O investigador viajou até Sing Sing, a prisão de segurança máxima em que De Priemo estava encarcerado, para interrogá-lo. Quando De Priemo viu uma fotografia do homem morto, imediatamente o identificou como seu cunhado, Benedetto Madonia. A vítima era membro de uma gangue de falsificação que tinha uma base secreta em Buffalo, na Upstate New York.

Pouco tempo antes, ele havia visitado De Priemo acompanhado por um homem chamado Tomasso Petto, conhecido nas ruas como "Petto, o Boi".

De acordo com De Priemo, seu cunhado sempre usava um relógio com marcas específicas. O relógio foi encontrado depois que várias casas de penhor foram checadas. Ele havia sido penhorado por um dólar por um homem que correspondia à descrição de Petto. Quando a polícia foi interrogá-lo, na barbearia Prince Street Salon, ele puxou um estilete, mas os oficiais conseguiram derrubá-lo. Depois de o imobilizarem, eles o revistaram e encontraram outra faca, uma pistola e uma nota de penhor para o relógio. Petto negou ter matado Madonia ou tirado o relógio dele.

Um italiano chamado "John" tinha lhe dado o relógio, disse. Ele não sabia o sobrenome dele, embora fossem amigos havia três anos.

De acordo com o Serviço Secreto, na época parte do Tesouro dos Estados Unidos, a função de Madonia no grupo de falsificação era distribuir notas forjadas ao redor do país. No entanto, passou-se a suspeitar de traição depois de parte do dinheiro ter desaparecido e, por isso, ele foi executado.

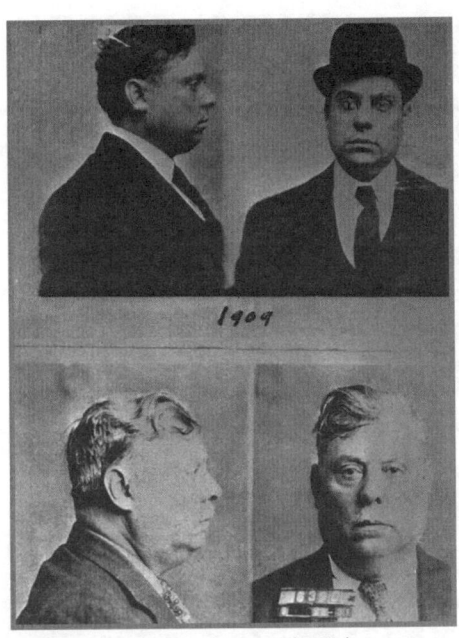

Retratos policiais de Ignazio Saietta, conhecido como "Lupo, The Wolf".

Vito Cascio Ferro, o primeiro mafioso "de respeito" a chegar aos Estados Unidos.

A gangue era liderada por Giuseppe Morello – também conhecido como "Garra" e "Mindinho" pelo fato de sua mão direita deformada lembrar uma garra – e seu subchefe e cunhado Ignazio Saietta – também conhecido como "Lupo, The Wolf [o Lobo]". Os dois vinham de Corleone, na Sicília. Os dois irmãos de Giuseppe, Nicolo e Ciro, também eram membros da gangue, assim como seus meios-irmãos Ciro e Vincenzo Terranova. Tomasso Petto era a força bruta da gangue. Com muita força física, mas não muito inteligente, Petto não podia resistir ao único item

O Esquadrão Italiano da força de polícia nova-iorquina, chefiado pelo comissário Petrosino (em pé, à esquerda, de chapéu). Eles cumpriam serviços secretos contra a Máfia. Todos eram italianos, com a exceção de um único policial irlandês, que, porém, falava italiano fluentemente.

valioso – e cuja origem poderia ser investigada – em posse de Madonia. Ele foi a julgamento por assassinato, mas o caso contra ele entrou em crise depois que a esposa, o filho e o cunhado de Madonia se recusaram a testemunhar contra ele. Em agosto de 1904, ele foi implicado no sequestro de Vito Laduca, membro da gangue de Morello, apesar de nunca ter sido prestada queixa contra ele. No ano seguinte, ele foi encontrado morto do lado de fora da sua casa. Havia 62 ferimentos de punhal em seu corpo. Giuseppe de Priemo, então fora da cadeia, foi considerado suspeito, mas nenhuma prisão foi feita e o assassino de Petto nunca foi encontrado.

Outro homem envolvido na gangue Lupo-Morello era o siciliano *Don* Vito Cascio Ferro. Quando viajou aos Estados Unidos pela primeira vez, em 1901, já era um criminoso experiente. Dizia-se que ele era o primeiro mafioso "de respeito" a pôr os pés nos Estados Unidos e, por isso, foi recebido com festa nos círculos criminosos sículo-americanos. Ele levou consigo o conceito de *u pizzu*, ou "dinheiro de proteção" – ninguém com recursos poderia escapar de pagar o *u pizzu* à *Onorata Società*. Ferro era um falsificador famoso, suspeito de envolvimento no assassinato de Madonia. Ele fugiu para Nova Orleans a fim de escapar da prisão e, então, voltou à Sicília, deixando Lupo e os demais responsáveis por continuar a coleta do *pizzu*. Ferro levou consigo uma fotografia de Joe Petrosino, que carregava na carteira.

Apesar da formação do Esquadrão Italiano no NYPD, a extorsão continuou frequente.

Quando dois policiais à paisana foram mortos por um jovem recém-chegado de Palermo, a polícia vasculhou a cidade em busca de italianos que portassem armas.

O legista do condado recebeu uma carta de protesto assinada por 200 mulheres italianas que se queixavam de que os italianos estavam sendo perseguidos. A culpa, segundo diziam na carta, deveria recair sobre os sicilianos:

"O siciliano é um homem com sede de sangue. Ele encontra um lar na Mão Negra. Pratica chantagem, é dinamiteiro e tem a

Joseph Petrosino

covardia correndo nas veias (...). É preciso suprimir a imigração da Sicília. Então, o senhor verá que os italianos nos Estados Unidos jamais voltarão a ser mencionados criminalmente".

No entanto, a maioria dos policiais nova-iorquinos, de origem irlandesa, não sabia diferenciar um siciliano de um italiano.

O Esquadrão Italiano de Petrosino obteve alguns sucessos. Durante o cerco, prendeu Enrico "Erricone" Alfano, "Generalíssimo da Camorra", que foi deportado de volta à Itália para ser submetido a julgamento. Como resultado, Petrosino foi aclamado pelos jornais como o "Sherlock Holmes italiano". A prisão causou "uma enorme comoção entre os membros da Camorra napolitana" e informou-se que "a Mão Negra tinha jurado a morte de Petrosino".

Às 18 horas do dia 23 de janeiro de 1908, uma bomba explodiu às portas do banco de Pasquale Pati & Sons, na Elizabeth Street, número 240, no centro da Little Italy de Manhattan. O banco tinha um artifício excêntrico: ele colocava à mostra 40 mil dólares em ouro e notas por trás das janelas para demonstrar sua solvibilidade. Embora a bomba tenha explodido as janelas, seu valioso conteúdo foi recuperado. O vizinho de Pati, Paolo Bononolo, proprietário da construção ao lado do banco, o número 242 da Elizabeth Street, pensou que a bomba tivesse sido direcionada contra ele, uma vez que vinha recebendo diversas cartas da Mão Negra. Ele também era dono de um imóvel na East 13th Street, número 512, que ficava ao lado de uma casa em que tinha sido estourada uma bomba dois dias antes. Na sequência, Pati finalmente admitiu também ter recebido ameaças da Mão Negra. Elas tinham sido enviadas por Lupo, The Wolf.

"Pati foi parabenizado pela polícia como um 'bravo homem', mas, então, mudou-se em sigilo – segundo se disse, por medo da máfia. Na verdade, ele tinha fugido com os depósitos depois de um fluxo negativo no banco."

Depois da explosão, convocou-se uma assembleia no número 178 da Park Row, acima dos escritórios do *Bolletino dela Sera*. Seguindo o exemplo da Sociedade da Mão Branca, formada três meses antes em Chicago para combater a Mão Negra, os presentes formaram a Associazione de Vigilanza e Protezione Italiana. O editor do *Bolletino*, Frank L. Frugone, tornou-se presidente da associação, que, em pouco tempo, tinha acumulado mais de 300 membros. De nada adiantou. Em 1º de fevereiro, a loja dos irmãos Senna foi explodida e, três noites depois, uma bomba estourou na entrada do restaurante e bar La Sovoia, no número 234 da Elizabeth Street. Então, no dia 26 de março, os bombardeiros atacaram o banco de Bononolo, na Elizabeth Street, número 246. A bomba abriu um buraco na parede do prédio de Bononolo, enterrando sua esposa e duas filhas sob os escombros. Todas as janelas do prédio estouraram e os inquilinos, amedrontados, correram para as ruas, onde a multidão gritava: *"Mano Nera!"*.

Bononolo fez uma declaração desamparada à polícia:

> *"Isso aconteceu porque eu não atendi aos avisos deles. Há cinco anos, quase nenhum mês se passava sem que eu recebesse pelo menos uma carta da Mão Negra. Eles pediam somas que iam de 1 a 1.000 dólares, mas nunca nada aconteceu e, nos últimos tempos, eu não vinha dando atenção às ameaças deles. Isso foi para me avisar. Da próxima vez, eu serei morto".*

Mesmo assim, Bononolo não obteve permissão para o porte de armas. Enquanto isso, Pati tinha se armado. Ele tinha argumentado com a Máfia que deveria ser deixado em paz em virtude de suas conexões com a Camorra. Quando alguns homens foram ao banco exigindo dinheiro, Pati e seu filho atiraram e mataram um deles. Pati foi parabenizado pela polícia como um "bravo homem e o primeiro de sua estirpe a enfrentar o problema da Mão Negra honestamente", mas, então, mudou-se em sigilo – segundo se disse, por medo da Máfia. Na verdade, ele tinha fugido com os depósitos depois de um fluxo negativo no banco ter sido incitado pelas ameaças da Mão Negra. Descobriu-se, então, que o homem contra quem ele havia disparado era um depositante inocente que estava lá para sacar seu dinheiro. Quatro anos depois, a polícia ainda estava procurando por Pati.

Em Chicago, a Sociedade da Mão Branca ganhou o apoio dos principais jornais de língua italiana da cidade, *L'Italia* e *La Tribuna Italiana Transatlantica*, bem como do embaixador italiano em Washington e do ministro italiano das Relações Exteriores, em Roma. Seus organizadores declararam uma "guerra sem trégua e sem quartel" contra a Mão Negra e esperavam pelo dia em que houvesse grupos da *Mano Bianca* "em todas as cidades com grandes colônias italianas que suspeitem da existência de mafiosos ou camorristas entre eles". A bem da verdade, um grupo de líderes da Mão Branca teve um tiroteio contra alguns membros da Mão Negra no depósito da Pennsylvania Railroad em Pittsburgh, no dia 9 de dezembro de 1907.

Em janeiro de 1908, a Sociedade da Mão Branca afirmou ter expulsado dez dos piores criminosos italianos de Chicago.

No entanto, a *Mano Nera* revidou. Em 28 de fevereiro, o presidente da Sociedade da Mão Branca de Chicago, o doutor Carlo Volini, recebeu esta sinistra carta:

> *"O conselho supremo da Mão Negra votou que o senhor deve morrer. Pode não ter dado atenção aos nossos avisos no passado, mas deve atentar a este. Sua morte foi ordenada e o homem o aguarda".*

Volini não foi morto, mas logo as bases da *Mano Bianca* começaram a desmoronar. Os imigrantes italianos não acreditavam mais que ela pudesse ser mais eficiente do que as autoridades. Então, um bando irlandês que se autodenominava *White Hand Gang* lutou contra os italianos pelo controle da orla no Brooklyn. Essa gangue desapareceu depois que seus líderes foram mortos em um bar clandestino no cais do porto. A polícia suspeitou de Al Capone, que tinha vindo de Chicago para uma viagem curta.

Em julho de 1908, os subalternos de Petrosino prenderam um homem que afirmavam ser o principal fabricante de bombas da Mão Negra; além disso, eles fizeram uma batida policial em um bar que ficava na East 11th Street, supostamente a base da gangue. Mas logo ficou claro que o problema estava longe de ter acabado. Poucos dias depois, a seguinte carta apareceu no *The New York Times*:

> *"Meu nome é Salvatore Spinelli. Meus pais, italianos, vêm de uma família digna. Vim para cá há 18 anos e fui trabalhar como pintor de casas, como meu pai. Comecei uma família e sou um cidadão norte-americano há 13 anos. Eu tinha uma casa na East Eleventh Street, número 314, e outra no número 316, que eu alugava. A essa altura, a 'Mão Negra' entrou em minha vida e me pediu 7 mil dólares. Eu os mandei para o inferno e os bandidos tentaram explodir a minha casa. Então, pedi ajuda para a polícia e rejeitei outras exigências, mas a 'Mão Negra' disparou uma, duas, três, quatro, cinco bombas nas minhas casas. As coisas todas se despedaçaram. De 32 inquilinos, passei a ter seis. Tenho uma dívida de mil dólares que vence no próximo mês e não tenho como arcar com ela. Sou um homem arruinado. Minha família vive em pânico. Há um policial na frente da minha casa, mas o que ele pode fazer? Meu irmão, Francesco, e eu ficamos de guarda nas janelas armados noite e dia. Minha esposa e meus filhos não têm absolutamente nada em casa há semanas. Por quanto tempo isso vai continuar?".*

Dinamitar era o método de coação favorito da Mão Negra. Havia muita especulação imobiliária em Nova York na época e parte dos operários costumava se servir de bananas de dinamite. Em 1917, muito depois da introdução de leis mais severas, o comissário de polícia advertiu que os "operários do metrô da 14th Street estão indo embora com 2 ou 3 bananas de dinamite diariamente."

A polícia de Pittsburgh foi mais competente do que a de Nova York. Eles receberam os créditos por "acabar com as quadrilhas de chantagem mais organizadas na história da Mão Negra." Em uma de suas batidas policiais, tinham encontrado "regulamentos cuidadosamente escritos, com uma escala definida de divisão de espólios e muitos juramentos hediondos." Em outra batida, encontraram o que parecia ser uma "escola da Mão Negra", onde dois jovens italianos tinham "de fato praticado com adagas contra bonecos em formato real."

Então, Giuseppe Petrosino, então tenente, descobriu um novo método de extorsão mais sofisticado que estava assolando a comunidade. Um lojista na Elizabeth Street disse-lhe que três homens entraram em sua loja dizendo-lhe que sabiam que ele havia recebido cartas da Mão Negra. Eles lhe ofereceram proteção das ameaças da Mão Negra em troca de uma pequena taxa regular. Essa era uma tática típica da Máfia. *U pizzu* tinha chegado à Nova York.

Nova York foi agraciada por um curioso visitante no verão de 1908, quando o político da Máfia *Don* Raffaele Palizzolo visitou a cidade. Ele foi aclamado como "o chefe político de Palermo; o verdadeiro rei destronado da Sicília" e foi recebido como um convidado de honra na comunidade italiana. No entanto, o poder de Palizzolo estava definhando na Sicília; portanto, sua visita a Nova York tinha o objetivo de levantar fundos. Embora ele posasse como inimigo da Máfia e da Mão Negra, circulavam histórias de que ele era o "rei da Máfia". A liberdade de ação de Palizzolo foi restringida quando Petrosino o seguiu e ele voltou para sua terra antes do que planejava. De acordo com o então prefeito de Nova York, George B. Mc-Clellan, Palizzolo brandiu o punho contra Petrosino, que o havia seguido até o cais, e gritou: "Se um dia você for a Palermo, Deus tenha piedade".

Assassinato de Petrosino

Durante o ano de 1908, o então comissário da polícia de Nova York, Theodore A. Bingham, compilou um dossiê de todos os crimes relacionados à Mão Negra. Cerca de 424 casos tinham sido relatados, incluindo 44 bombardeamentos. Na sequência, formou-se um novo esquadrão secreto sob o comando de Petrosino, financiado por alguns

Joseph Petrosino encontrou o braço letal da Mão Negra quando se aventurou em Palermo. Aqui, uma guarda de honra saúda sua coragem com cassetetes desembainhados enquanto seu cortejo fúnebre parte para o cemitério.

dos comerciantes italianos que haviam sido alvos de extorsão.

De acordo com Petrosino, a única maneira de deter a Máfia era cortar o mal pela raiz, então, decidiu viajar para a Sicília. Entretanto, as notícias vazaram logo. Em 5 de fevereiro de 1909, *L'Araldo Italiano*, um jornal nova-iorquino de língua italiana, publicou uma matéria sobre a partida de Petrosino na qual listava seu itinerário e lhe desejava boa sorte em sua missão. Então, em 20 de fevereiro, o *The New York Times* relatou que Petrosino tinha recebido uma delegação itinerante para acabar com a Mão Negra e desaparecido do quartel da polícia.

O *Herald* seguiu relatando que ele estava a caminho da Sicília. Petrosino deixou o país alguns dias depois sob um nome falso, mas o intendente naval do cruzador italiano *Ducadi Genova* o reconheceu. Ao chegar a Roma, ele conheceu o editor do *L'Araldo*, que estava na Itália para cobrir as consequências trágicas do terremoto que havia assolado Messina, em 28 de dezembro de 1908. Os dois foram a um restaurante, onde deram de cara com Giovanni Branchi, ex-cônsul-geral da Itália em Nova York.

O embaixador norte-americano preparou uma reunião com Francesco Leonardi, o chefe da força de polícia nacional, que lhe escreveu uma carta de apresentação a seus subordinados em que lhes ordenava a dar a Petrosino toda a assistência possível. Petrosino, então, fez um curto desvio a Padula, sua terra natal, onde seu irmão lhe mostrou um jornal italiano que tinha publicado uma tradução da matéria do *Herald*. Sua missão secreta não era mais tão secreta assim. No trem para Nápoles, ele foi reconhecido por um capitão dos carabineiros. De lá, Petrosino pegou um vapor para Palermo, onde desembarcou na manhã de 28 de fevereiro.

Ele se registrou em um hotel com um nome falso e, então, ligou para o cônsul dos Estados Unidos, William H. Bishop. Bishop foi o único a quem ele confidenciou seus planos, embora tenha feito contato com um suposto "informante" em Palermo. Na sequência, o tenente da polícia foi ao banco, onde abriu uma conta em seu próprio nome para que sua correspondência fosse mandada para lá. Depois disso, foi ao tribunal e começou a pesquisar os registros criminais de mafiosos procurados. Seu objetivo era fazer com que eles fossem deportados.

> "PETROSINO SE REGISTROU NUM HOTEL COM UM NOME FALSO E, ENTÃO, (...) ESCREVEU EM SEU CADERNO DE APONTAMENTOS NO DIA 11 DE MARÇO: 'JÁ ENCONTREI CRIMINOSOS QUE ME RECONHECERAM DE NOVA YORK. ESTOU EM TERRENO PERIGOSO'."

Ele escreveu em seu caderno de apontamentos no dia 11 de março: "Já encontrei criminosos que me reconheceram de Nova York. Estou em terreno perigoso".

No dia seguinte, escreveu outra anotação: "Vito Cascio Ferro, nascido em Sambuca Zabut, residente em Bisaquino, na província de Palermo, criminoso terrível".

Depois de jantar em um restaurante onde foi visto conversando rapidamente com dois homens, ele foi à Piazza Marina. Alguns minutos depois, ouviram-se disparos. O corpo de Petrosino foi encontrado perto

O cinco vezes primeiro-ministro italiano Giovanni Giolitti, que estava em seu terceiro mandato na época em que Petrosino foi morto. Sua administração negligente foi descrita pelo historiador Gaetano Salvemini como o "governo do submundo".

dos jardins de Garibaldi, no centro da praça.

A notícia do assassinato de Petrosino causou comoção em Nova York. Depois que seu corpo foi enviado de volta, estima-se que 250 mil pessoas tenham ido ao funeral.

Mas a aclamação popular em torno de Petrosino não fez muito para chanfrar o poder da Mão Negra. Algumas semanas depois, um amigo de Petrosino, Pioggio Puccio, também foi morto com um disparo. Puccio tinha ajudado a organizar o funeral de Petrosino, seguido por um espetáculo em benefício à viúva de Petrosino na Academy of Music. O espetáculo em si não foi um grande sucesso porque "a maioria daqueles que prometeram participar enviou justificativas no último minuto". Na verdade, quase todos os envolvidos no espetáculo, inclusive Puccio, tinham recebido cartas com ameaças. Pouco depois, um italiano dono de uma mercearia na Spring Street recebeu uma carta exigindo dinheiro em que se lia: "Petrosino está morto, mas a Mão Negra ainda vive". Ele a levou para a polícia.

Dias depois, o prédio em que ele morava foi incendiado, levando a vida de nove pessoas.

A FAMÍLIA MORELLO-TERRANOVA

Calogero Morello, pai de Giuseppe, casou-se com Angela Piazza em Corleone, na Sicília, em 1865, mas morreu em 1872, deixando Giuseppe sem pai aos 5 anos de idade. No ano seguinte, a mãe de Giuseppe casou-se com Bernardo Terranova, também de Corleone, e tiveram quatro filhos – uma menina chamada Salvatrice e três varões, cujos nomes eram Vincenzo, Ciro e Nicolo.

Bernardo era um "homem de honra" e soldado no clã de Corleone. Giuseppe seguiu seus passos nos anos 1880, depois de passar no teste ao matar o capitão de uma quadrilha da região. Não demorou a que ele subisse na hierarquia, mas, quando foi implicado em uma investigação sobre falsificações em 1893, a família Morello-Terranova emigrou para os Estados Unidos, montando residência no East Harlem, em Nova York. No final da década de 1890, Salvatrice se casou com Ignazio Saietta, também conhecido como "Lupo, The Wolf", um extorsor da Mão Negra também de Corleone, que entrou na família criminosa dos Morello como subchefe de Giuseppe. Assim que alcançaram a maioridade, os irmãos Terranova de Giuseppe – Vincenzo ("Vincent"), Ciro ("O Rei da Alcachofra") e Nicolo ("Nick") – uniram-se ao que, originalmente, ficou conhecida como o Bando da 116th Street, ou a gangue de Morello.

Eles trabalharam no ramo de falsificação com Cascio Ferro, que era especializado em imprimir notas de 5 dólares na Sicília e contrabandeá-las para os Estados Unidos. Envolveram-se, também, nos Assassinatos dos Barris. Então, em 1909, Giuseppe Morello e Lupo, The Wolf, foram para a cadeia. Na ausência de Giuseppe, a gangue foi gerenciada pelos seus meios-irmãos – Vincenzo, Ciro e Nicolo Terranova.

A gangue Morello foi a precursora da família criminosa Genovese, a mais antiga das "Cinco Famílias de Nova York". Um dos seus primeiros membros era o ambicioso Giuseppe "Joe the Boss" Masseria. Ela também preparou o terreno para os futuros líderes das Cinco Famílias, como Charles "Lucky" Luciano, Franky "Primeiro-Ministro" Costello, Vito Genovese e Giuseppe "Joe Adonis" Doto.

Na Sicília, William H. Bishop achou que estava sendo "retardado e impedido" pelas autoridades em suas tentativas de investigar o assassinato. No entanto, em abril, ele emitiu um relatório exigindo o indiciamento de 15 homens, incluindo Vito Cascio Ferro, que havia se tornado o *capo di capi* em Palermo desde seu retorno dos Estados Unidos. Seu sistema de coleta de *u pizzu* havia se estendido além do comércio. Todos os homens – advogados, proprietários de terras, funcionários públicos – tinham de pagar uma *cannila*, ou "vela", tributo que lhes permitia andar de um lado para o outro debaixo da janela de suas namoradas.

Pouco antes da morte de Petrosino, dois dos homens conectados ao Assassinato do Barril (p. 39-41) haviam retornado à Sicília inesperadamente. Não demorou a que fossem presos. Vito Cascio Ferro foi capturado alguns dias depois.

No entanto, Ferro tinha um álibi firme fornecido pelo honorável Domenico de Michele Ferrantelli, que, pouco antes, havia sido eleito para a câmara dos deputados. Ferrantelli era partidário do então primeiro-ministro Giovanni Giolitti, cuja administração foi descrita pelo historiador Gaetano Salvemini como "o governo do submundo". Os suspeitos foram liberados sob fiança e, dois anos depois, todas as acusações foram retiradas.

A carreira criminosa de *Don* Vito Cascio Ferro continuou a prosperar até 1926, quando entrou em conflito com Mussolini. Não disposto a negociar com os fascistas, ele foi preso sob acusações falsas. Em seu breve julgamento, *Don* Vito se manteve em um silêncio soberbo.

No final dos procedimentos, perguntou-se a ele se tinha algo a acrescentar. Sua declaração foi cortês, mas desdenhosa:

"Cavalheiros, como os senhores são incapazes de encontrar evidências dos inúmeros crimes que eu de fato cometi, rebaixaram-se a ponto de me condenar pelo único que eu não cometi".

Enquanto estava na prisão, ele era tratado com respeito pelos outros internos e trabalhou para ajudar prisioneiros em necessidade e suas famílias. Boa parte do respeito dado a *Don* Vito vinha do único assassinato que ele admitiu ter cometido, o de Giuseppe Petrosino.

"Em toda a minha vida", disse ele, "matei apenas uma pessoa e o fiz sem interesse algum."

Tempos depois, a história toda veio à tona. No dia do assassinato, *Don* Vito tinha sido convidado para almoçar com o deputado Ferrantelli. Durante a refeição, o *capo* da Máfia se ausentou por um breve período. Pegando emprestada a carruagem de seu anfitrião, ele foi até a Piazza Marina, onde esperou do lado de fora do Tribunal de Justiça.

Ao ver Petrosino chegar, *Don* Vito o matou com apenas um disparo. Em seguida, entrou na carruagem e retornou à casa de Ferrantelli para terminar seu almoço. Quando *Don* Vito foi acusado depois, Ferrantelli testemunhou que ele havia estado em sua casa todo o tempo, então, o assassino de Petrosino ficou livre.

Don Vito considerava uma questão de honra matar Petrosino pessoalmente. Embora outros candidatos tenham sido considerados, era agora amplamente aceito que, apesar de Passananti e Constatino poderem ter orquestrado a situação, foi *Don* Vito quem de fato puxou o gatilho.

O *capo di capi* da Máfia foi finalmente sentenciado à prisão perpétua em 1930. Enquanto encarcerado, ele entalhou uma frase em uma das passagens que levava à enfermaria da prisão: *"Vicaria, malatia o nicissitati: si vidi lu cori di l'amicu"*. ("Na prisão, na doença ou na necessidade, encontra-se o coração de um verdadeiro amigo.") Por muitos anos, essas palavras confortaram prisioneiros e guardas igualmente.

Não se sabe como *Don* Vito morreu. De acordo com o jornalista antimáfia Michele Pantaleone, ele morreu "de um coração partido alguns anos depois". Oficialmente, ele morreu em 1945, aos 83 anos de idade. No entanto, Arrigo Petacco, biógrafo de Petrosino, defendia que ele tinha morrido em 1943, depois da invasão aliada na Sicília:

> *"O Fascismo tinha sido derrubado, os exércitos aliados estavam se movendo para o norte ao longo da península e os Flying Fortresses estavam atacando sem trégua. Então, as autoridades carcerárias tinham ordenado a evacuação da penitenciária de Pozzuoli, que estava excessivamente exposta ao bombardeio. Em poucas horas, todos os internos foram transferidos, exceto um,* Don *Vito, que foi esquecido em sua cela. Ele morreu de sede e terror na sinistra penitenciária abandonada, como o vilão de uma história antiga".*

Durante muitos anos, foi uma honra ocupar o leito prisional de *Don* Vito. Outros internos tratavam-no com respeito. Depois, ele seria ocupado brevemente por outro mafioso de renome, *Don* Calogero Vizzini, mais conhecido como *Don* Calò, que deu o auxílio da Máfia à invasão aliada.

Enquanto isso, em Nova York, o Serviço Secreto fechou o cerco em torno da gangue Lupo-Morello. Em 1909, Giuseppe Morello e Ignazio Saieta foram sentenciados a 30 anos por falsificação e 12 arraia-miúdas foram condenados a sentenças menores. As notas de 2 e 5 dólares que haviam sido impressas em Salerno tinham sido enviadas a Nova York em caixas que, teoricamente, continham azeite de oliva, azeitonas, queijos, vinhos, macarrão, espaguete e outros produtos italianos. Elas eram vendidas a 30 ou 40 centavos cada para agentes que, na sequência, as distribuiriam pelo país. Tanto Lupo como Morello receberam liberdade condicional em 1920, bem a tempo de lucrar com a Lei Seca.

A Guerra Máfia-Camorra

Enquanto Lupo, Morello e boa parte de sua gangue estavam na prisão, um napolitano chamado Giosue Gallucci tornou-se o "Rei da Little Italy do Harlem". Ele gerenciava todos os jogos de azar e a prostituição na área, e acreditava-se que sua fortuna girava em torno de 500 mil dólares.

Giosue morava há dois quarteirões dos Morello, na East 109th Street, número 318, acima de uma padaria e de uma estrebaria, onde seu irmão, Gennaro, foi assassinado em setembro de 1909. Sua irmã e ele afirmaram que Gennaro tinha sido morto por um pistoleiro não identificado, mas a polícia recebeu cartas que acusavam o próprio Giosue de ser o assassino.

Em 2 de setembro de 1912, o guarda-costas de Galluci, Antonio Zaraca, sofreu um disparo e morreu enquanto jogava cartas em um bar na 109th Street. Aniello "Zopo, o Galão", Prisco foi preso pelo crime. Ele já havia sido julgado e inocentado pela morte da viúva Pasquarelli Spinelli no famoso "estábulo da morte" na 108th Street, que foi cenário de uma série de assassinatos durante a guerra Máfia-Camorra. Como de costume, Prisco saiu livre. Era a quarta vez que ele era inocentado de uma acusação de homicídio, principalmente pelo não comparecimento de nenhuma testemunha de acusação.

Mas ele ainda respondia a Gallucci.

Em 12 de dezembro, Prisco iria se encontrar com Gallucci na barbearia dos irmãos napolitanos Del Gaudio, na East 104th Street. Gallucci não apareceu, mas enviou uma mensagem a Prisco dizendo-lhe que o encontrasse na sua padaria, na 109th Street. Ao chegar, Prisco levou um disparo do sobrinho de Gallucci, John Russomano. Gallucci contou à polícia que Russomano tinha atirado em Prisco em autodefesa porque este o vinha chantageando. Russomano foi liberado sem que fossem prestadas queixas.

Em fevereiro de 1913, Russomano levou um tiro no braço em frente à sua casa, que ficava do outro lado da padaria na 109th Street, e seu guarda-costas, Capalongo, foi morto. O pistoleiro não identificado fugiu, mas Amadio Buonomo, amigo de Prisco, foi considerado responsável. Buonomo sempre vestia um colete à prova de balas, mas, em 13 de abril, saiu sem ele. Infelizmente, esse foi o dia em que levou um disparo no Jefferson Park. Antes de morrer, fez uma sinistra previsão: "Eu sabia que eles iriam me pegar, mas meus amigos vão acabar com eles (…) essa rixa vai continuar até que todos eles tenham sido aniquilados".

A polícia juntou 40 italianos, incluindo Gallucci, Russomano e o guarda-costas de Gallucci, Generossi "Joe Chuck" Nazzaro, que também era conhecido por usar um colete à prova de balas. Todos foram acusados por porte ilegal de armas. Gallucci foi o único que se livrou dessa. Russomano levou sete anos, enquanto Nazzaro ficou encarcerado por dez meses. Ao sair da prisão, Nazzaro vendeu seu bar na 108th Street para Carmine Mollica. Pouco depois, Mollica foi morto. Nazzaro voltou a ser preso, mas foi liberado em seguida.

A tensão cresceu entre Gallucci e os irmãos Del Gaudio. Então, Nicolo Del Gaudio foi morto por um disparo na 114th Street. Galucci levou a culpa, mas, posteriormente, surgiram evidências de que a gangue Morello tinha algo a ver com a morte. Como era de se esperar, o irmão de Nicolo, Gaetano, não se sentiu seguro depois de seu irmão ter sido morto e, então, contratou Johnny "Canhoto" Esposito como guarda-costas. Esposito já havia trabalhado para Gallucci.

Vários atentados foram feitos contra a vida de Gallucci, mas ele escapou ileso até o dia 7 de maio de 1915. Pouco antes das 22 horas, Gallucci estava no café que havia acabado de comprar para seu filho, Luca, quando quatro homens entraram e começaram a disparar. Gallucci foi atingido no pescoço e Luca, no estômago. Giosue Gallucci morreu naquela noite no hospital e Luca sobreviveu apenas até o dia seguinte, apesar de ter conseguido voltar cambaleando para casa.

"Buonomo sempre vestia um colete à prova de balas, mas, em 13 de abril, saiu sem ele. Infelizmente, esse foi o dia em que levou um disparo. Antes de morrer, ele fez uma sinistra previsão (...)."

Aparentemente, os Morello tinham planejado as mortes com a ajuda do tio de Buonomo, Pellegrino Morano, chefe de uma gangue napolitana em Coney Island. Acreditava-se que os assassinos fossem Joe "Chuck" Nazzaro, Tony Romano e Andrea Ricci, uma figura poderosa na Camorra do Brooklyn. O império de jogos de azar e prostituição de Giosue Gallucci passou, então, para as mãos da gangue de Morello. Com Giuseppe Morello e Lupo, The Wolf, na cadeia, o império foi gerenciado pelos meios-irmãos de Giuseppe – Vincenzo, Ciro e Nicolo Terranova.

Nesse momento, as relações estavam tranquilas entre a Máfia de East Harlem, liderada pelos Morello, e a Camorra do Brooklyn – particularmente a gangue da Navy Street, chefiada por Leopoldo Lauritano e Alessandro Vollero. Todo ano, os Morello iam ao Brooklyn para uma reunião organizada por Andrea Ricci.

Depois do assassinato de Giosue Gallucci, os Morello planejaram assumir o controle de todos os jogos de azar da ilha de Manhattan. Eles já haviam expulsado o chefe de jogos Joe DeMarco do East Harlem. DeMarco havia tentado matar Nicolo Terranova e, agora, os Morello tentaram matá-lo. De início, ele levou um tiro no pescoço na 112th Street, mas os cirurgiões no Harlem Hospital conseguiram salvá-lo. Então, dois homens com espingardas o atacaram em uma barbearia na East 106th Street. Mais de dez balas trespassaram seu corpo, mas ele sobreviveu de novo.

DeMarco finalmente entendeu o recado e se mudou para o centro da cidade, onde abriu várias espeluncas de jogos das gangues do Brooklyn ao redor da Mulberry Street. Em julho de 1916, Nicolo e Ciro Terranova, Steve LaSalle e Giuseppe Verizzano foram à Navy Street para discutir a morte de DeMarco, que conhecia bem demais os pistoleiros dos Morello para que se aproximassem dele, mas Verizzano, que trabalhava para DeMarco, disse que conseguia fazer com que os matadores da Navy Street entrassem na nova casa de jogos dele na James Street.

Na tarde de 20 de julho, Tom Pagano, John "Pintor" Fetto e Lefty Esposito, que agora estava na gangue da Navy Street, chegaram à James Street, onde o porteiro, Nick Sassi, outro aliado da gangue, os deixou entrar. DeMarco estava jogando cartas. Era função de Verizzano apontar quem ele era para os pistoleiros, enquanto Sassi e Rocco Valenti, outros comparsas da Navy Street, estavam por perto para ajudá-los a escapar. No entanto, Pagano e Esposito entenderam mal o sinal de Verizzano e atiraram em Charles Lombardi, matando-o. Verizzano, então, corrigiu o erro derrubando DeMarco pessoalmente e, na sequência, os pistoleiros fugiram pela janela que dava para a Oliver Street.

"DeMarco havia tentado matar Nicolo Terranova e, agora, os Morello tentaram matá-lo. Ele levou um tiro no pescoço (...) então, dois homens com espingardas o atacaram numa barbearia."

Naquela noite, Nicolo, Ciro e Vincenzo Terranova, Steve LaSalle e Verizzano foram à Navy Street para parabenizar Leopoldo Lauritano. Eles lhe deram 50 dólares para que distribuísse aos pistoleiros. No entanto, nascia uma animosidade entre os camorristas do Brooklyn e os mafiosos de Manhattan. Pellegrino Morano, o líder da Camorra, vinha administrando várias extorsões no Harlem, mas os Morello exigiam ganhos tão grandes que não estava sendo lucrativo. Além disso, Alessandro Vollero, outro camorrista do Brooklyn, ficou contrariado com a morte de Nicolo del Gaudio. Juntos, decidiram matar os Morello e assumir o controle das extorsões em Harlem.

Em 7 de setembro de 1916, Nicolo Terranova e Camilo "Charles" Ubriaco estavam no Brooklyn para uma reunião com a gangue da Navy Street quando foram pegos em uma emboscada na Myrtle Avenue. Terranova levou um tiro de Tom Pagano, enquanto Ubriaco foi morto por Tom Carillo e Lefty Esposito. Um dos detetives enviados para investigar foi Michael Mealli, que estava na folha de pagamento da Navy Street. Ele prendeu Rocco Valente, encontrado em um bilhar com uma

A gangue da Navy Street nos fundos de seu QG: eles eram napolitanos, um dos maiores braços ativos da Camorra em Nova York, em 1916.

pistola carregada. Alessandro Vollero também foi preso. Ele apareceu em um círculo de identificação policial, mas foi liberado em seguida.

Em 5 de outubro de 1916, Ricci se rendeu à polícia, mas apenas para ganhar um álibi para o dia seguinte, quando Alphonso "The Butcher" Sgroia e Mike Notaro mataram Verizzano no restaurante Italian Gardens, no Occidental Hotel da Broome Street. Uma semana depois, o corpo do irmão de Joe DeMarco, Salvatore, foi encontrado em um terreno baldio na Washington Avenue, em Astoria. A garganta dele tinha sido cortada e sua cabeça, arrebentada. Os jornais informaram que ele estava prestes a contar à polícia tudo que sabia sobre os assassinos de seu irmão.

Em pouco mais de um mês, quatro associados da gangue de Morello tinham sido mortos pela Camorra na Filadélfia, o que levou a gangue da Navy Street a achar que podia assumir o comando das extorsões no East

Harlem. Mas os Terranova não se deixariam roubar tão facilmente. Em 8 de novembro de 1916, Esposito foi morto na 108th Street. Então, em 30 de novembro, Gaetano Del Gaudio servia café para dois homens em seu restaurante na 1st Avenue quando foi atingido por um tiro de espingarda disparado pela janela. Em seu leito de morte, no Flower Hospital, afirmou conhecer seu assassino, mas se recusou a nomeá-lo.

Depois do assassinato de Joe DeMarco, em 20 de julho, Joe Nazzaro tinha se aliado à gangue da Navy Street. Mas Antonio "Tony The Shoemaker" Paretti afirmou ter visto Nazzaro conversando com os Morello. Em 16 de março de 1917, Alphonso Sgroia e os irmãos Paretti enganaram Nazzaro para que ele saísse da cidade de Yonkers sob o pretexto de que iriam matar Frank Fevrola por ter falado com a polícia. Em vez disso, Fevrola, Sgroia e os Paretti assassinaram Nazzaro. Seu corpo foi encontrado debaixo de um bonde no mesmo dia. Havia um buraco de bala no peito e outro no ombro direito. O cadáver tinha sido arrastado 30 metros pelo veículo até que este parasse e levou meia hora para desamarrá-lo. A polícia afirmou que Nazzaro era "um dos cinquenta ou mais homens cujas vidas foram sacrificadas em uma longa rixa que se pensava ter acabado em 7 de maio de 1915, quando Gallucci e seu filho, Luca, foram mortos."

> "GAETANO DEL GAUDIO SERVIA CAFÉ PARA DOIS HOMENS EM SEU RESTAURANTE NA 1ST AVENUE QUANDO FOI ATINGIDO POR UM DISPARO DE ESPINGARDA. EM SEU LEITO DE MORTE, AFIRMOU CONHECER SEU ASSASSINO, MAS SE RECUSOU A NOMEÁ-LO."

Em maio de 1917, Ralph "The Barber" Daniello foi a julgamento sob acusações de roubo e sequestro. Mesmo tendo sido inocentado, ele chegou à conclusão de que não era mais seguro permanecer em Nova York e, então, fugiu para Reno com sua namorada, Amelia Valvo, de 16 anos de idade. Como membro da gangue da Navy Street, ele tinha ajudado a preparar a emboscada de Nicolo Terranova e Charles Ubriaco, além de ter matado um homem em uma negociação de drogas que acabou mal.

Mas não demorou a que ficasse sem dinheiro em Reno e, por isso, teve de pedir ajuda a seu chefe, Alessandro Vollero. Como Vollero não respondeu a nenhuma de suas cartas, Daniello ficou furioso. Sua carta seguinte foi para a polícia de Nova York. No final de novembro de 1917, ele voltou ao Brooklyn para contar às autoridades tudo o que sabia. Seu depoimento esclareceu 23 assassinatos não solucionados, incluindo os de Nicolo Terranova e Giosue Gallucci, que haviam sido cometidos conjuntamente pelos Morello e pela gangue da Navy Street. Ele também revelou que a maior parte dos oficiais italianos da polícia do Brooklyn estava recebendo suborno. Isso incluía Mike Mealli, que foi rebaixado e enviado para a ronda como um mero patrulheiro.

Vollero foi condenado à morte pelos assassinatos de Terranova e Ubriaco, apesar de essa sentença ter sido reduzida à prisão perpétua depois de recurso. Pellegrino Morano, líder da gangue de Coney Island, foi sentenciado a 20 anos e Leopoldo Lauritano ficou encarcerado por 20 anos depois de ser considerado culpado de homicídio culposo. Libertado depois de sete anos e meio, ele voltou a ser preso sob acusação de perjúrio e passou mais cinco anos na prisão de Sing Sing. Sgroia foi

O mapa do crime de Nova York apresentando vários extorsores famosos – pela data de publicação (1933), cinco dos retratados aqui tinham ido desta para uma melhor e Capone estava na prisão federal.

sentenciado a 12 anos na prisão Dannemora pelo homicídio de Nick Terranova. No entanto, foi ao banco de testemunhas contra Fevrola e Paretti, então, sua sentença foi comutada e ele foi deportado de volta para a Itália. Esposito e Notaro receberam sentenças de prisão de seis e dez anos, respectivamente.

Frank Fevrola foi sentenciado à morte, em grande parte pelo depoimento que sua esposa deu contra ele, mas lhe foi concedido um novo julgamento depois que sua mulher disse ter sido ameaçada e influenciada pela polícia. Sua execução foi adiada sete horas e acabou sendo comutada.

Aniello Paretti também foi sentenciado à morte, mas o tribunal de recurso ordenou um novo julgamento e o promotor público, então, arquivou o caso. Ele foi liberado depois de 20 meses de prisão.

O irmão dele, Antonio Paretti, fugiu para a Itália, mas retornou aos Estados Unidos em março de 1916.

Ao contrário de Aniello, ele não conseguiu escapar da cadeira elétrica, sendo executado em 17 de fevereiro de 1927. Um dos últimos homens a visitá-lo foi o gângster em ascensão Vito Genovese.

Vincenzo e Ciro Terranova foram presos na sequência, assim como vários de seus seguidores. Muitos deles, incluindo Vincenzo, foram liberados depois que certas "influências" entraram em jogo, mas Ciro foi acusado pela morte de Verizzano em razão da contundência do testemunho de Daniello. No julgamento de Ciro, seu advogado, Martin Littleton, argumentou que a evidência de Daniello mostrava que os Morello e a gangue da Navy Street cooperavam regularmente em investidas criminosas.

> "MENOS DE UM MÊS APÓS A SUA LIBERTAÇÃO, DANIELLO ESTAVA SENTADO EM SEU SALÃO, QUANDO UM ESTRANHO SE APROXIMOU. 'EU TENHO VOCÊ AGORA', DISSE ELE, PUXANDO UMA ARMA. ELE DISPAROU TRÊS TIROS, ACERTANDO-O NA BARRIGA."

Eles eram, de fato, uma quadrilha. Sob a lei dos Estados Unidos, ninguém poderia ser condenado unicamente pelo testemunho de um cúmplice e, como membro da gangue da Navy Street, Daniello era exatamente isso, um cúmplice. Os advogados de acusação ficaram perdidos com esse raciocínio, então, Ciro Terranova saiu livre, recebendo uma recepção calorosa na East 116th Street.

Em junho de 1918, Ralph Daniello admitiu a culpa no assassinato de Nick Terranova. Em reconhecimento ao depoimento dele em outros casos, ele recebeu uma pena suspensa, mas pediu ao juiz que o mantivesse atrás das grades até que o restante da gangue fosse encarcerado.

Um ano depois de ser liberado, ele entrou em uma briga de bar na Coney Island e foi condenado a cinco anos por agressão. Ao ser libertado, mudou-se para Newark, onde comprou um bar. Menos de um mês depois de ser solto, ele estava em seu estabelecimento quando um estranho o abordou:

– Agora eu peguei você – disse o estranho sacando uma arma. Ele disparou três tiros, que atingiram Daniello na barriga. O ex-informante morreu agonizando enquanto o pistoleiro fugia no carro que o esperava.

Sem Daniello, a Camorra certamente teria vencido a guerra Máfia-Camorra, mas, agora, os camorristas líderes estavam na prisão e os outros tinham fugido. Nova York ficou nas mãos da Máfia.

CONFLITOS DA MÁFIA EM NOVA ORLEANS

Em 1881, um jovem detetive chamado David C. Hennessy estava investigando a alta taxa de homicídios em Nova Orleans. Suas investigações o levaram a Giuseppe Esposito, ex-membro da gangue que sequestrara John Forester Rose na Sicília. Depois de viajar a Nova Orleans via Nova York, ele agora liderava uma quadrilha de 75 sicários especializados em sequestro e extorsão. Esposito foi preso e deportado para a Itália, onde foi condenado por 18 homicídios e 100 acusações de sequestro e assassinato. Ele foi sentenciado à prisão perpétua com trabalho forçado. Pouco depois, Hennessy foi demitido da força policial.

Ele fez um retorno triunfal, porém, quando foi apontado como chefe de polícia depois de uma vitória dos reformistas na eleição de 1888.

Sob a liderança de Hennessy, a polícia começou a investigar casos de violência na orla de Nova Orleans. Eles descobriram que duas gangues rivais da Máfia, os Provenzano e os Matranga, estavam lutando pelo controle da região. O plano de Hennessy era isolar uma das gangues para que os Provenzano fossem presos e julgados por um ataque contra os Matranga. Apesar de os Provenzano terem sido condenados, foi-lhes concedido um segundo julgamento depois de terem sido descobertas evidências de perjúrio. Os Provenzano acreditavam que Hennessy estava favorecendo os Matranga e lhe fizeram ameaças de morte. Pouco antes do julgamento, Hennessy foi assassinado pelo método tradicional da Máfia, um tiro de espingarda. Segundo se disse, suas últimas palavras foram: "A culpa é dos Dagos".

O assassinato de chefe de polícia David Hennessy, em Nova Orleans, 15 de outubro de 1890.

Centenas de imigrantes italianos foram presos e 19 foram indiciados. Espalharam-se alegações de que a Máfia siciliana estava tentando assumir o controle da cidade.

Quando os indiciados foram absolvidos, houve uma comoção, exortada pelo coordenador da campanha do prefeito, o advogado William S. Parkerson, que afirmou:

> *"Que proteção ou promessa de proteção nos resta quando o próprio chefe de nosso Departamento de Polícia, nosso chefe de polícia, é morto entre nós pela Sociedade da Máfia e seus assassinos são soltos na comunidade? Todos os homens aqui irão me seguir para vingar a morte de Hennessy? Existem homens suficientes aqui para ignorar o veredito daquele júri infame, composto só de perjuros e patifes?".*

Uma multidão entrou com violência na penitenciária e seis dos italianos acusados foram linchados, assim como outros cinco réus que sequer tinham sido julgados. Mas isso não parou por aí. A Itália rompeu relações diplomáticas com os Estados Unidos e até se ouviu falar de uma guerra.

3
A Lei Seca

O grupo contra a Lei Seca no Congresso. Os que eram a favor, impelidos pelos metodistas, batistas e outros grupos religiosos, defendiam que a bebida não apenas era um mal para a sociedade, como também um pecado mortal. O grupo contra a Lei Seca proclamava que não era dever do governo impor a moral e os bons costumes.

Quando o Volstead Act, que bania a produção e o comércio de bebidas alcóolicas, foi aprovado em 1919, o crime organizado nos Estados Unidos se generalizou. Até então, os mafiosos, na forma das quadrilhas da Mão Negra, simplesmente assolavam outros italianos; no entanto, depois que a Lei Seca passou a existir, estima-se que 75% da população norte-americana tornaram-se cliente dos contrabandistas. Era uma operação de grande porte. Havia 16 mil bares em Nova York antes do Volstead Act. Eles foram substituídos por 32 mil *"speakeasies"* (estabe-

Clientes de um *speakeasy* em Nova York – estima-se que houvesse 32 mil estabelecimentos de bebidas ilegais na cidade, em 1930.

lecimentos clandestinos de bebida). A exportação de bebida da Grã-Bretanha para o Canadá subiu seis vezes e conta-se que foram enviadas mais bebidas alcoólicas à Jamaica do que a população seria capaz de beber em um século. Durante os cinco anos da Lei Seca, 40 milhões de galões de vinho e cerveja foram confiscados. Só em 1925, 173 mil destilarias ilegais foram fechadas. Isso não diminuiu o fornecimento. E, com o preço do álcool primeiro duplicando e, então, subindo a dez vezes em relação ao que era antes da Lei Seca, havia lucro de sobra para os contrabandistas.

Al Capone, o mais famoso gângster dos Estados Unidos, em sua pose característica.

Mas a Máfia não tinha o monopólio do contrabando e da produção ilegal de bebidas. Durante a Lei Seca, cerca de 50% dos contrabandistas eram judeus e apenas 25%, italianos.

No entanto, com o fim da guerra Máfia-Camorra, as famílias da Máfia siciliana nos Estados Unidos permitiram que os napolitanos se juntassem às suas fileiras e jovens gângsteres chegaram até a trabalhar ao lado de criminosos de outras origens. E foi a Lei Seca que assegurou o poder e a influência da Máfia em toda a sociedade norte-americana nas décadas por vir.

Os Primeiros dias de Al Capone

O homem que se tornou símbolo da era foi Al Capone. Ele não era siciliano, tampouco pertencia à Camorra, embora fosse de origem napolitana. Na verdade, nutria um profundo ódio contra os sicilianos depois que seu pai, que era barbeiro, ter se tornado vítima de extorsão da Mão Negra. O jovem Capone perseguiu os dois criminosos sicilianos e atirou neles até a morte.

Os pais de Capone tinham vindo de Nápoles a Nova York seis anos antes de ele nascer. Depois de deixar de frequentar a escola, Capone caiu sob a proteção de Johnny Torrio, dono de um bar e bordel no Brooklyn. O gerente de Torrio, Frankie Yale, administrava o hotel Harvard Inn, em Coney Island, e Capone começou a trabalhar como porteiro.

Certa noite, Capone disse à irmã do gângster Frank Gallucio que ela tinha uma bela bunda. Gallucio exigiu um pedido de desculpas, mas Capone recusou; então, o gângster sacou uma faca e fez um corte na bochecha esquerda de Capone. A ferida, que precisou de 30 pontos, deu a Capone o apelido de *Scarface* [Cara de cicatriz]. Gallucio reuniu-se com os chefes de Nova York depois do incidente e Capone foi alertado a não tentar se vingar do ferimento.

Victoria Moresco, prima de Torrio, era casada com "Big Jim" Colosimo. Juntos, eles administravam uma rede de bordéis em Chicago.

Quando uma quadrilha da Mão Negra, liderada por "Sunny Jim" Cosmano, tentou extorquir dinheiro deles, Colosimo pediu a ajuda de Torrio. Em menos de um mês, dez membros da gangue de Cosmano foram mortos, mas ele continuou a exigir dinheiro. Colosimo, então, consentiu em lhe pagar 10 mil dólares. No entanto, quando Cosmano e seus aliados da Mão Negra chegaram para coletar o dinheiro, Torrio e oito de seus pistoleiros estavam à sua espera. Houve um tiroteio. Cosmano sobreviveu a um disparo de espingarda no estômago, disparado pelo próprio Torrio. Em seguida, fugiu da cidade depois de ser tirado clandestinamente do hospital.

Em 1918, Colosimo convenceu Torrio a se mudar permanentemente para Chicago a fim de que pudesse administrar seus bordéis, deixando Frankie Yale para gerenciar as operações em Nova York. Torrio elevou o prestígio dos bordéis sujos e malcuidados de Colosimo, mas, nos bastidores, as garotas eram mantidas à força e ele não hesitaria em matá-las caso fossem à polícia.

O implacável gângster Johnny Torrio, que estava no contrabando de bebidas alcoólicas em grande estilo.

Na época, Capone estava sendo investigado por assassinato em Nova York, então, acompanhou Torrio até Chicago e passou a trabalhar como porteiro no Four Deuces, um prostíbulo. Acredita-se que tenha sido lá a primeira vez que ele contraiu sífilis.

Em 1920, Colosimo divorciou-se da prima de Torrio e casou-se com Dale Winter, uma cantora de uma de suas boates. Com a chegada da Lei Seca, Torrio queria incluir o contrabando de bebidas alcoólicas nas operações de Colosimo, mas Dale foi contra. Torrio não aceitou bem a recusa de Colosimo. Apenas um mês depois do casamento, Torrio chamou Colosimo e lhe pediu que fosse até a boate. Ao chegar, Colosimo foi morto a tiros. Capone foi o primeiro suspeito, mas, na realidade, o assassinato tinha sido cometido por Frankie Yale. Ele escapou à prisão porque um garçom que tinha visto o disparo se recusou a identificá-lo.

Com Colosimo fora do caminho, Torrio entrou no negócio da produção de bebidas alcoólicas em grande estilo, tendo Capone como seu braço direito. Havia apenas duas quadrilhas italianas de contrabando na época. A maioria das gangues era irlandesa e uma era composta somente por norte-americanos. Desde o princípio, porém, a operação de Torrio era uma das maiores. Astuciosamente, ele abriu parceria com Joseph Stenson, filho da principal família de fermentação de Chicago. A empresa tinha transformado sua cervejaria para produzir cerveja sem álcool, mas Stenson fornecia a Torrio o produto real.

Um dos concorrentes de Torrio era Dean O'Banion, um irlando-americano que havia angariado uma terrível reputação nos conflitos de circulação de jornais, nos quais assassinos eram contratados para atacar jornaleiros a fim de manter publicações rivais fora das bancas. Ao lado de dois católicos poloneses, George "Bugs" Moran e Earl "Hymie" Weiss, O'Banion também importava uísque do Canadá. Para dar uma fachada respeitável ao seu negócio, ele comprou uma floricultura em frente à Catedral do Santo Nome, que também fazia excelentes arranjos para os funerais de criminosos. Por um acordo com Torrio, O'Banion controlava a região norte de Chicago. Ele também emprestou parte dos assassinos que apoiaram o candidato à prefeitura de Al Capone nas eleições de Cicero em 1924.

O West Side siciliano de Chicago era dominado pelos seis irmãos Genna, que vinham de Marsala. Depois de chegar a Chicago, em 1910, os "terríveis Genna" não demoraram a firmar uma reputação violenta. Em 1920, compraram a licença para produzir e vender álcool industrial, mas, em vez disso, fabricavam uísque e outras bebidas alcoólicas, pagando 15 dólares aos habitantes da Little Italy para cuidar de destilarias domésticas. Suas bebidas baratas eram coloridas com alcatrão de hulha e creosoto, e fortificadas com metanol e óleo combustível, o que às vezes as tornava letais.

Não bastasse o pavor imposto pela reputação dos Genna, eles também empregavam dois braços armados, Alberto Anselmi e Giovanni Scalise, que tinham entrado ilegalmente nos Estados Unidos depois de uma expulsão da Máfia da Sicília. Dizia-se que eles passavam alho nas suas balas, que se acreditava dar gangrena a quem não fosse morto instantaneamente.

Poucos viveram o bastante para descobrir. Assim como os outros fabricantes e contrabandistas ilegais de bebida, os Genna dependiam da assistência de funcionários públicos e oficiais de polícia corruptos, que estavam entre os clientes regulares da sua loja de bebidas.

O acordo entre Torrio e O'Banion se sustentou por três anos, até que as gangues irlandesas começaram a roubar caminhões de Torrio e destruir seus *speakeasies*. Em uma tentativa de apaziguar O'Banion, Torrio lhe ofereceu parte do território em Cicero e um quarto dos lucros em um cassino chamado The Ship. O'Banion, então, convenceu os proprietários de vários bares clandestino em outras parte de Chicago a se mudar para Cicero, alterando, assim, o equilíbrio de poder. Enquanto isso, os Genna começaram a avançar no território do North Side, de O'Banion. Em resposta, O'Banion ordenou que Angelo Genna liquidasse sua dívida de 30 mil dólares no The Ship. Quando ele se recusou, O'Banion começou a atacar as entregas dos Genna.

Os Genna queriam eliminar O'Banion, mas, primeiro de tudo, precisavam de carta branca da *Unione Siciliana*, uma sociedade beneficente para imigrantes sicilianos que atuava como fachada para a Máfia. Mas o presidente de sua divisão em Chicago, Mike Merlo, tentou manter a paz. Enquanto isso, O'Banion matou John Duffy, um matador de aluguel da Filadélfia que havia atraído atenção indesejada à quadrilha ao matar sua própria esposa. Em seguida, pôs a culpa em Torrio e Capone.

> "Frankie Yale visitou a floricultura de O'Banion para encomendar flores para o funeral de Merlo. No dia seguinte, voltou com Alberto Anselmi e Giovanni Scalise, que mataram O'Banion a tiros."

Na época, O'Banion estava vendendo sua parte em uma cervejaria ilegal para Torrio por 500 mil dólares, mas, durante as negociações, a polícia fez uma batida na cervejaria e Torrio foi preso. Ele já tinha condenações por infringir a Lei Seca, por isso, defrontou-se com uma pena de prisão. Não bastasse isso, ele tinha acabado de pagar meio milhão de dólares por uma cervejaria inútil e O'Banion se recusou a compensá-lo.

Mike Merlo, então, morreu de câncer, o que facilitou a caça a O'Banion. Então, Torrio e os Genna planejaram um ataque conjunto. Frankie Yale foi convocado. Fingindo ser o presidente da divisão da *Unione Siciliana*, ele visitou a floricultura de O'Banion para encomendar flores para o funeral de Merlo. No dia seguinte, voltou com Alberto Anselmi e Giovanni Scalise, que mataram O'Banion a tiros. Na sequência, os criminosos de Chicago gastaram mais 10 mil dólares, incluindo uma coroa de flores por cortesia de Al Capone.

"Hymie" Weiss foi visto chorando como um bebê no funeral de O'Banion. Na sequência, assumiu o controle da quadrilha do North Side, de O'Banion, e jurou vingar a morte do seu chefe. Imaginando que Al Capone estava por trás do ataque, Weiss, George "Bugs" Moran e Vincent "The Schemer" Drucci montaram uma emboscada contra o carro de Al Capone à frente de um restaurante no South Side, ferindo seu motorista. Eles usaram metralhadoras Thompsom ("Tommy guns"), que haviam acabado de ser introduzidas no submundo de Chicago. Capone saiu ileso, mas abalado; por isso, encomendou um carro à prova de balas. O Cadillac de 1928 teria mais de mil quilogramas de blindagem sob o chassi tradicional, janelas à prova de balas de 3 centímetros de grossura, uma sirene e uma luz vermelha piscante. Pintado da mesma cor que as viaturas policiais de Chicago, acredita-se ter sido também o primeiro carro particular com receptor da radiofrequência da polícia. Depois do ataque a Pearl Harbor, ele foi usado pelo presidente Roosevelt, que temia ser assassinado por agentes inimigos.

Em seguida, Weiss e seus pistoleiros foram atrás de Torrio. Enquanto ele voltava de uma viagem de compras com sua mulher, disparos de uma automática 45 milímetros e de uma espingarda 12 milímetros o atingiram no peito, no braço, na virilha, nas pernas e no queixo. Torrio estava deitado, ferido, na calçada quando Moran tentou finalizá-lo puxando o gatilho para disparar uma bala de 45 milímetros em sua têmpora, mas a arma falhou. Nesse ponto, a polícia chegou e os atacantes fugiram. De seu leito no hospital, Torrio entregou todas as suas operações a Capone. Ao longo da investigação, Torrio obedeceu à *omertà*. Ele cumpriu sua pena na prisão por violações à Volstead e, então, se retirou para a Itália.

Weiss e a quadrilha do North Side também estavam perseguindo os Genna por sua participação no assassinato de O'Banion. Em 26 de maio de 1925, Angelo Genna estava dirigindo na rua quando um grande carro aberto freou à frente do seu veículo. Nele, estavam Weiss, Moran e Drucci, que abriram fogo de imediato. O carro de Genna bateu de frente em um poste e mais de uma dezena de tiros foram disparados em seu corpo indefeso.

Mesmo agonizando, Genna ainda estava consciente quando chegou ao hospital. Um policial lhe perguntou quem o havia atacado, mas ele não respondeu.

Duas semanas e meia depois, Moran e Drucci foram feridos em um tiroteio contra Alberto Anselmi, Giovanni Scalise e Mike "The Devil" Genna. Segundo consta, eles estavam fugindo em um carro dirigido por Samuzzo "Samoots" Amatuna, quando foram avistados pela polícia. Na perseguição que se seguiu, o motorista do carro de Genna fez uma curva brusca para desviar de um caminhão e o veículo colidiu contra um poste.

Quando a polícia os alcançou, dois patrulheiros foram derrubados a tiros. Os gângsteres, então, saíram em disparada, mas Mike Genna foi encurralado. Ele apontou a pistola contra outro policial, mas a arma não disparou. Atingido na perna, ele ainda conseguiu pular pela janela do porão de uma casa nas redondezas.

Quando a polícia entrou, ele disparou um tiro indiscriminado com sua 38 milímetros, mas estava tudo acabado. Ele já estava morrendo em função da hemorragia a caminho do hospital.

Mesmo assim, ele teve força suficiente para chutar a cara do motorista da ambulância.

— Toma isso, seu filho da puta — grunhiu ele.

Depois de mais dois policiais morrerem em decorrência de seus ferimentos, Anselmi e Scalise foram presos. Falando com a intermediação de um tradutor, alegaram ter agido em legítima defesa. Eles puseram a culpa do tiroteio em Genna, que não estava lá para se justificar. Mesmo assim, Anselmi e Scalise foram condenados pelo homicídio de Olsen e sentenciados a 14 anos de prisão. Na prisão, eles foram espancados e foi feita uma tentativa de envenenar Scalise com cianeto. Conterrâneos da Sicília levantaram um fundo de defesa e Henry Spingola, cunhado de Angelo Genna, foi morto por se recusar a contribuir. Nos julgamentos posteriores, o veredito foi derrubado e eles foram absolvidos. Eles passaram a trabalhar para Al Capone assim que foram soltos.

> "No dia da eleição, em 1924, Capone levou 200 homens para atacar os democratas. Cem policiais foram recrutados para reprimir o quebra-quebra."

Enquanto isso, a vida dos Genna estava ficando difícil. Em 8 de julho de 1925, Antonio "Cavallero" Spano, guarda-costas de Tony Genna, armou para seu chefe levando-o para a esquina da Grand Avenue com a Curtis Street, onde ele foi morto por dois homens armados. Spano foi assassinado no ano seguinte, por ordens do siciliano Giuseppe "Joe" Aiello. Seu corpo foi enviado de navio de volta à Itália.

Os Genna sobreviventes não demoraram a sair da cidade. James Genna voltou para a Itália com Johnny Torrio, mas foi preso pelo roubo de joias da estátua da *Madonna di Trapàni* na Basílica da Santíssima Anunciada, na Sicília, sua terra natal. Quando retornou a Chicago, em 1930, estava dirigindo com quatro ex-membros da quadrilha Genna quando outro carro fez seu veículo parar e os encheu de balas. Um dos membros da gangue foi morto e outros dois se feriram. James Genna fugiu para Calumet City, onde morreu por causas naturais no ano seguinte.

Assumindo o Controle

Com os Genna fora do cenário, Capone uniu as facções italianas e sicilianas, e assumiu o controle do sul e do oeste de Chicago. Enquanto isso, Weiss, Moran e o que sobrara do bando de O'Banion se aliaram às gangues judaicas, polonesas e alemãs para manterem o controle do North Side. Capone também mantinha a influência política fortalecida por Colosimo e Torrio. Um dos seus aliados era Len Small, governador de Illinois, que absolveu ou concedeu liberdade condicional a mais de mil contrabandistas e outros criminosos. Durante seu governo, Small foi indiciado por ter desviado 600 mil dólares e controlado um esquema de lavagem de dinheiro quando tinha sido tesoureiro estadual. É possível que sua absolvição se devesse, em partes, ao fato de que quatro dos jurados viessem a ser contratados como funcionários do estado.

Outro camarada de Capone era "Big Bill" Thompson, prefeito republicano de Chicago de 1915 a 1923. Durante a Lei Seca, ele se declarou extremamente contra a Volstead, o que foi muito bem aceito por diversas pessoas, especialmente pelos contrabandistas. No entanto, quando aboliu o Morals Squad [Esquadrão da Moral] da força de polícia de Chicago, deixando a cidade escancarada ao vício, foi desapossado pelo reformista democrata William Dever, que subiu ao poder em 1923 em oposição. Dever, então, voltou-se contra Capone, que simplesmente transferiu o restante de suas operações para Cicero, um subúrbio autônomo. Capone tinha 161 bares na região, além de dezenas de casas de jogos e bordéis. No dia da eleição, em 1924, Capone levou 200 homens para atacar os democratas. Cerca de cem policiais foram recrutados para reprimir o quebra-quebra e deu início a um tiroteio. Al Capone fugiu, mas seu irmão, Frank, foi morto e seu primo, Charlie Fischetti, encarcerado. No entanto, Capone manteve o poder em Cicero.

No mês de novembro seguinte, o único rival de Capone em Cicero, Eddie Tancl, foi morto em um tiroteio planejado por Myles O'Donnel e James Doherty. Em 27 de abril de 1926, William McSwiggin, procurador estadual adjunto, tentou, em vão, instaurar processo contra O'Donnel e Doherty, que ficaram em liberdade. Curiosamente, ele saiu para tomar uns drinques com eles naquela mesma noite, mas o grupo sofreu uma emboscada à frente do Pony Inn. McSwiggin e dois membros da quadrilha de O'Donnel foram mortos.

Houve cinco grandes investigações de júri. Capone era um dos suspeitos, mas negou qualquer envolvimento com a morte de McSwiggin. Ele fez a seguinte declaração aos repórteres:

"É claro que não o matei; eu gostava do rapaz. No dia anterior ele tinha passado na minha casa e dei para ele uma garrafa de scotch para o velho dele. Eu pagava dinheiro para o McSwiggin e pagava muito, e recebia pelo que pagava".

E ele realmente pagava. Dos 100 milhões de dólares anuais, 30 milhões de dólares iam para propinas para oficiais da polícia, funcionários públicos e políticos. Em 1927, ele deu a "Big Bill" Thompson 260 mil dólares para que ele voltasse a se candidatar à prefeitura. Thompson venceu Dever por 83 mil votos. Capone também incluía jornalistas em sua folha de pagamento. Em junho de 1930, o principal repórter investigativo do *Chicago Tribune*, Alfred "Jake" Lingle, morreu a tiros na estação de metrô da Illinois Central Railroad. Seu editor jurou vingança, mas, então, descobriu-se que Lingle estava sendo financiado por Capone há anos. Ele era um convidado regular na casa de Miami de Capone e morreu vestindo um cinto encrustado de diamantes que tinha sido presente de Capone.

Capone também conquistou a opinião pública fazendo boas ações. Ele apoiou mineiros em greve na Pensilvânia e pagou pelo reparo do teto de uma igreja. Além disso, participou de sindicatos e empresas legais, trazendo pessoas de fora da comunidade italiana para seu grupo.

Fotos das fichas criminais de Al Capone e de seu pistoleiro e homem de confiança Frankie Rio, um dos principais suspeitos no Massacre do Dia de São Valentim.

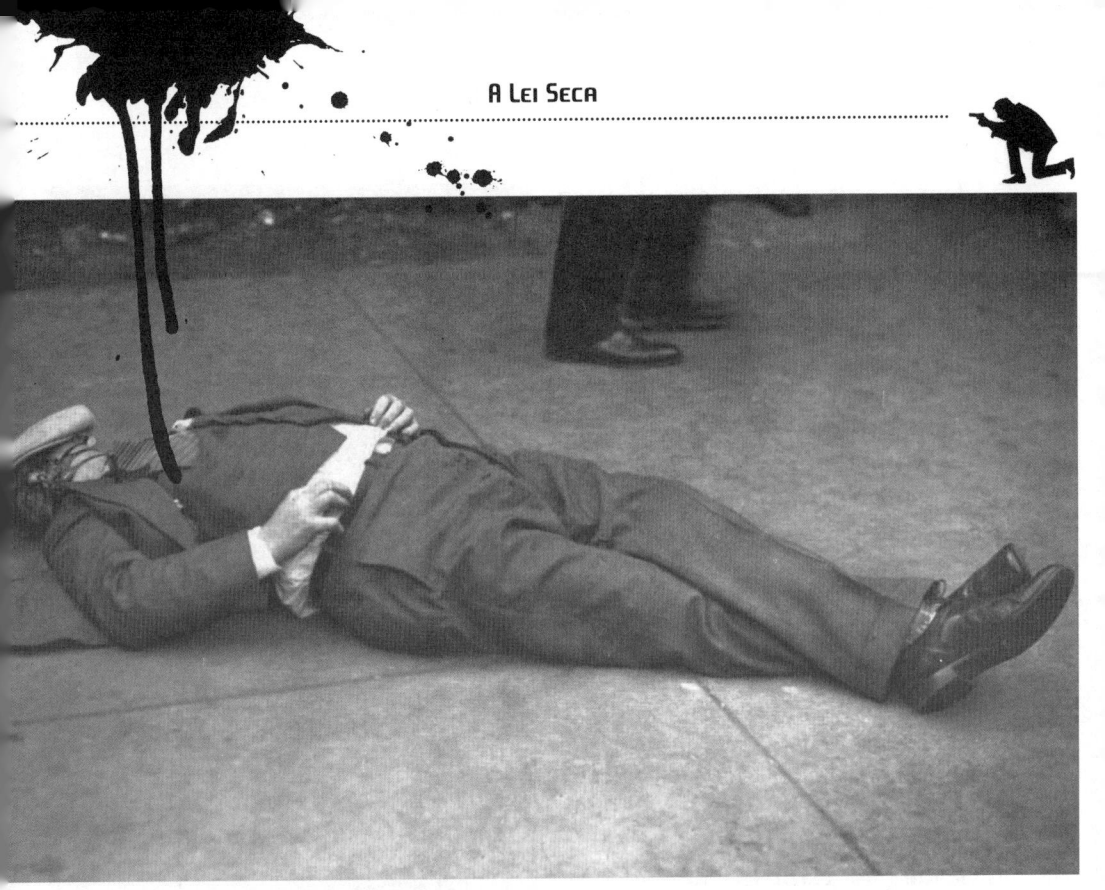

O corpo de Earl "Hymie" Weiss jaz sem vida à frente da Catedral do Santo Nome.

Ele até tentou assumir o controle da *Unione Siciliana*, à qual não pôde se afiliar por ser napolitano. E ele não se arrependia de suas atividades de contrabando.

> "Você não pode curar a sede por lei. Ganho dinheiro satisfazendo a demanda do público. Se infrinjo a lei, meus clientes, que somam centenas das pessoas mais respeitáveis de Chicago, têm tanta culpa quanto eu. A única diferença é que vendo e eles compram (...). Quando vendo, isso é chamado de contrabando. Quando meus fregueses são servidos em uma bandeja de prata, é hospitalidade."

Guerra Contra o North Side

A guerra entre o grupo de Capone e o do North Side se aqueceu. Em 3 de agosto de 1926, o corpo de Anthony Cuiringione, também conhecido como Tommy Ross, foi encontrado em uma cisterna. O grupo do North Side o havia sequestrado meses antes e o torturado até a morte em uma tentativa de obter informações sobre a rotina de Capone. Uma semana depois, houve um tiroteio entre Weiss, Drucci e alguns dos homens de Capone em plena luz do dia em frente ao prédio da Standard Oil. Ninguém foi morto, mas Drucci foi preso.

Em 20 de setembro de 1926, Capone jantava no Hawthorne Hotel, sua base em Cicero, quando oito carradas do grupo do North Side passaram de carro, metralhando o restaurante. Capone saiu sem nenhum arranhão depois de ser jogado ao chão por seu guarda-costas, Frank Rio, mas um dos homens que tinha participado do tiroteio à frente do prédio da Standard Oil, Louis Barko, foi atingido e uma mulher levou um estilhaço de vidro no olho. Capone pagou as faturas médicas dela e quitou os reparos do hotel.

Em seguida, Al Capone tentou instaurar a paz preparando uma reunião entre Weiss, Drucci e seu próprio representante, Antonio "The Scourge" Lombardo. Capone fez sua contribuição por telefone, o que levou alguns a crerem que ele estava com medo de encontrar Weiss frente a frente. Weiss exigiu que Capone entregasse Anselmi e Scalise por sua participação na morte de O'Banion, mas Capone se recusou. "Eu não faria isso a um cão vira-lata", declarou ele. Weiss, então, saiu batendo o pé da reunião e Capone decidiu que ele precisava morrer.

"Bugs" Moran

Em 11 de outubro de 1926, Weiss foi metralhado na escadaria da Catedral do Santo Nome. Atingido por dez balas, ele morreu no caminho para o hospital. Um de seus companheiros também morreu e três outros foram feridos; eles só se salvaram porque a *Tommy gun* travou na 39ª bala. Drucci morreu no dia 4 de abril. Ele levou um tiro nas costas disparado de uma viatura enquanto tentava tirar a arma de um detetive que o havia prendido depois de ele ter saqueado um gabinete eleitoral.

A casa e base de operações de Capone foi o Metropole Hotel até 1928; então, ele se mudou para Lexington, um quarteirão para o norte. O lugar acomodava uma instalação de tiro que seus homens usavam para treinar pontaria, cofres secretos onde mantinha seu dinheiro e dezenas de passagens e escadarias encobertas, incluindo uma que ficava atrás de seu armário de remédios. Elas levavam a túneis clandestinos que conduziam a tabernas e prostíbulos locais, servindo de rotas de fuga no caso de batidas da polícia ou ataques de gangues rivais.

Em 1929, Capone conseguiu celebrar o Ano-Novo em sua nova casa em Palm Island, Miami. Com menos de 30 anos de idade, ele era o rei absoluto do submundo de Chicago. Ele dirigia suas operações na cidade por ligações telefônicas diárias a seu ajudante de confiança, Jake "Greasy Thumb" Guzik. Juntos, estavam planejando o último ato da tomada de posse da Outfit Chicago: a eliminação de "Bugs" Moran. Capone ainda estava na Flórida, em 14 de fevereiro, quando um dirigente de Miami ligou para perguntar quanto ele tinha pago por sua casa

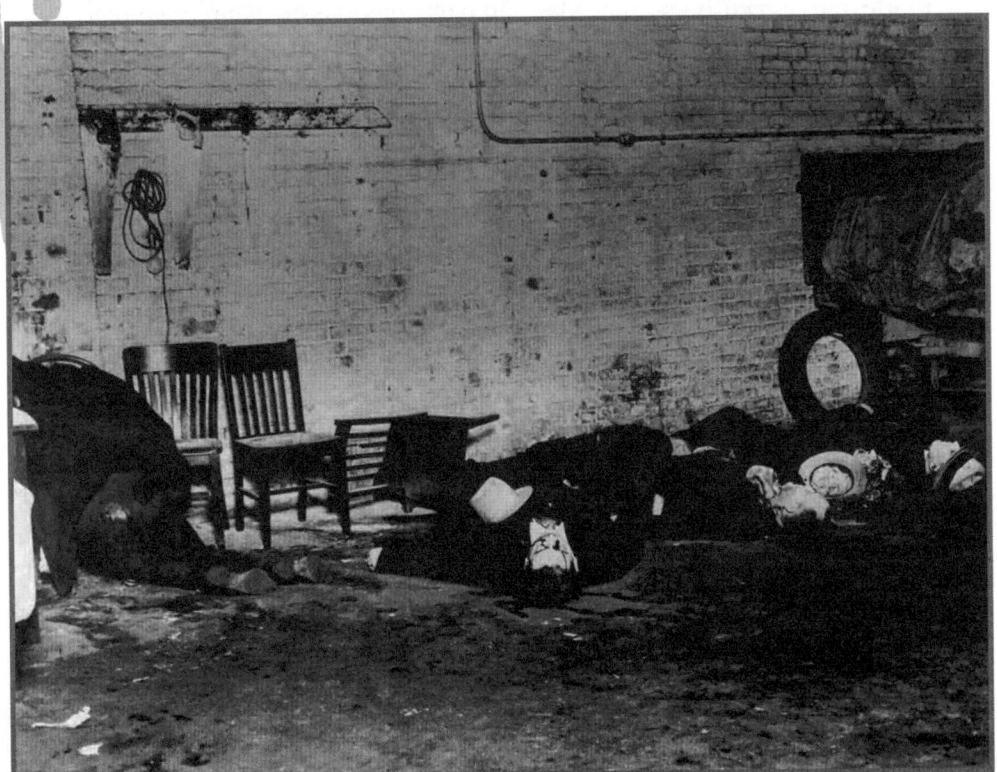

Foto da cena do crime do Massacre do Dia de São Valentim, 1929; esse acontecimento chocou os Estados Unidos e a opinião pública se voltou contra a Lei Seca.

em Palm Island. Involuntariamente, o dirigente tinha lhe dado o álibi perfeito.

Na garagem da SMC Cartage Company, na North Clark Street, 2.122, seis dos principais homens de Moran estavam esperando um carregamento de uísque. Os homens de Capone, alguns disfarçados como policiais, apareceram naquele momento, mas Moran estava atrasado. Quando finalmente chegou, imaginou que o lugar estava sofrendo uma batida policial e, então, fugiu em surdina. Na sequência, os homens de Capone alinharam todos os capangas de Moran contra a parede e os metralharam. Aparentemente, achavam que Moran era um deles.

Um dos cadáveres era o do doutor Reinhardt Schwimmer, um oculista que parecia gozar da companhia dos criminosos. Na sequência, os homens uniformizados escoltaram seus colegas sem uniforme para fora da garagem como se estivessem os prendendo.

Quando a polícia chegou, o principal atirador de Moran, Frank Gusenberg, ainda estava vivo. Embora soubesse que estava à beira da morte, ele se recusou a falar. Mas não havia dúvidas de quem era o responsável. "Somente Capone mata desse jeito", declarou Moran.

No começo, a polícia temeu ser implicada. Afinal, homens uniformizados foram vistos na garagem. No entanto, os policiais não demoraram a encontrar as peças desmontadas do Cadillac usado pelos atiradores.

Elas estavam armazenadas em uma garagem destruída por um incêndio que pertencia a um amigo de Capone. "Machine Gun" Jack McGurn foi o primeiro a ser preso. No passado, ele havia sido metralhado por Frank Gusenberg e jurou vingança. McGurn afirmou ter estado com sua namorada todo o tempo, mas o promotor não acreditou nele.

Em seguida, foi acusado de perjúrio, mas logo se casou com sua namorada para que ela não pudesse ser obrigada a depor contra ele.

Giovanni Scalise e um jovem atirador chamado Tony Accardo também foram capturados, mas não havia evidências contra eles.

Ninguém chegou a ser acusado pelo Massacre do Dia de São Valentim e, oficialmente, o caso continua sem solução.

O próprio Capone foi interrogado na Flórida pelo procurador do Condado de Dade. Na sequência, deu uma festa para celebridades que estavam na região para assistir ao campeonato de luta mundial. Quando lhe perguntaram quem ele achava ser o responsável, Capone sugeriu "Bugs" Moran.

Tendo seu poder extremamente reduzido, Moran não era mais uma ameaça a Capone. Seus homens armados não eram páreos a Anselmi e

Scalise, os cabras-machos de Capone. Os dois criminosos simplesmente entravam em qualquer bar clandestino que não comprava a cerveja deles e destruíam completamente os barris. Mas a dupla de sicilianos tinha suas próprias ambições: eles queriam assumir o controle de Chicago. Para tanto, fizeram uma conspiração com Joe Giunta, chefe da *Unione Siciliana*. Mas Capone tinha olhos em todos os lugares. Ele e Frank Rio forjaram uma desavença e, quando Anselmi e Scalise tentaram convencer Rio a apoiá-los, ele levou a informação para seu chefe. Capone, então, preparou uma grande festa nos fundos de um restaurante em Hammond, Indiana, para a qual convidou Anselmi, Scalise e Giunta.

Depois do jantar, Capone fez um discurso elogiando seus convidados de honra. Em seguida, alguém lhe deu um bastão de beisebol e ele disse: "Sei que querem meu trabalho. Bem, aqui está ele". E começou a espancá-los furiosamente. Em seguida, eles levaram múltiplos disparos e seus corpos foram jogados em um parque local.

Em março de 1929, Herbert Hoover foi eleito presidente. Ele estava determinado a tomar medidas enérgicas contra os gângsteres e, por isso, recorreu à Unidade Especial de Serviço de Inteligência do Tesouro, que enviou seu melhor investigador, Frank Wilson, para descobrir por que Capone não tinha pago nenhum imposto.

Situação Fiscal

Capone nunca tinha feito uma declaração de impostos. Isso não era ilegal a menos que você ganhasse mais de 50 mil dólares por ano. Como o nome de Capone não aparecia em nenhum registro comercial ou conta bancária, era difícil comprovar sua renda. Na verdade, até 1927, criminosos profissionais acreditavam não ser suscetíveis à taxação, porque declarar seus rendimentos de atividades ilegais seria o mesmo que se autoincriminar, o que seria uma violação dos seus direitos segundo a Quinta Emenda.* O contrabandista Manley Sullivan fez esse argumento perante a Suprema Corte, que decidiu que a Quinta Emenda não tinha sido aprovada para conceder liberação de impostos aos criminosos.

Armado com essa decisão judicial, Wilson e seus investigadores foram à caça dos contrabandistas. Eles não demoraram a fechar o cerco contra Capone. Jake Guzik, contador dos negócios ilegais de Capone, foi preso por cinco anos e seu irmão, Sam "Big Belly" Guzik, foi

---

*N.T.: A Quinta Emenda da Constituição dos Estados Unidos assegura aos norte-americanos o direito de permanecer calado e evitar, assim, a autoincriminação, além de assegurar a proteção contra buscas e apreensões descabidas.

condenado a três anos, assim como o subchefe de Capone, Frank "The Enforcer" Nitti. O irmão de Capone, Ralph, também foi preso por três anos depois de depositar 8 milhões de dólares sob um nome falso.

Al Capone não tinha uma conta bancária, tampouco assinava cheques ou possuía ativos – pelo menos não oficialmente –, mas era possível provar que ele tinha um estilo de vida luxuoso. Ele gastava 1.500 dólares por semana em contas de hotel e 39 mil dólares por ano em ligações telefônicas, além de mais de 7 mil dólares em alfaiataria. Além disso, havia os 26 mil dólares que ele tinha gastado para mobiliar sua casa em Miami. Alguns dos gerentes das casas de jogos dele em Cicero também foram convencidos a depor. No final das contas, Capone foi condenado pelo não pagamento de impostos referentes a 1 milhão de dólares entre 1925 e 1929.

Os advogados de Capone fizeram um acordo com a promotoria. Ele iria se confessar culpado se não fosse à prisão por mais de dois anos e meio. O juiz rejeitou o acordo. Os capangas de Capone, então, subornaram o júri, mas outro júri foi convocado no último minuto. Na corte, Capone tentou bancar o Robin Hood, mas aqueles eram os tempos da Grande Depressão e os jurados ficaram estupefatos pela sua extravagância. Ele tinha gastado mais de 50 mil dólares em reformas na sua casa em Miami, 8 mil dólares em cintos de diamante como o que havia dado a Jake Lingle e 135 dólares em camisas de alfaiataria com uma algibeira de pistola especial. O capataz de sua propriedade na Flórida depôs que Capone lhe pagava 550 dólares por mês, mais do que o próprio Capone alegava ganhar.

"QUANDO CAPONE FOI SENTENCIADO, O JUIZ HERBERT WILKERSON DISSE: 'ESTE É O COMEÇO DO FIM DAS GANGUES COMO CHICAGO AS CONHECEU NOS ÚLTIMOS DEZ ANOS'. ELE ESTAVA ENGANADO."

Em uma tentativa de reverter a situação, seus advogados apresentaram agenciadores de apostas que confirmaram que Capone tinha perdido 327 mil dólares em corridas de cavalo. Mas isso só piorou a situação, pois mostrou que Capone, para início de conversa, havia tido dinheiro a ponto de se dar ao luxo de desperdiçá-lo de maneira inconsequente. Capone foi condenado, multado em 50 mil dólares e sentenciado a 11 anos de prisão, a maior sentença já imposta por sonegação de impostos. Depois do fracasso do recurso, ele foi transferido da prisão do condado para a Penitenciária Federal em Atlanta. Em agosto de 1933, tornou-se um dos primeiros ocupantes de Alcatraz, na Baía de São Francisco. Na sequência, foi transferido duas vezes até acabar na Penitenciária de Lewisburg, na Pensilvânia. Na época em que foi solto, em novembro de 1939,

Al Capone, fotografado no tribunal durante
seu julgamento em Chicago, 1931.

estava sofrendo de sífilis terciária. Ele viveu mais sete anos em sua casa na Flórida, enquanto seu cérebro se deteriorava lentamente.

Na época em que a Lei Seca foi revogada, em 1933, os contrabandistas tinham ganhado tanto dinheiro que diversificaram suas operações em jogos de azar, prostituição e uma variedade de negócios legais.

E seus bares e casas noturnas não eram menos populares por serem legais. O notório e ostentador Al Capone podia ter sido derrubado, mas os mafiosos que se vestiam modestamente e gostavam de permanecer nas sombras continuaram prosperando.

UNIONE SICILIANA

A Unione Siciliana foi fundada como uma sociedade beneficente para imigrantes sicilianos que se estabeleceram em Illinois, na década de 1890. Houve rumores de que ela havia sido infiltrada por Ignazio "Lupo, The Wolf" Saietta na década de 1910, mas ela tinha se oposto às quadrilhas da Mão Negra, o que tornava isso improvável. Por volta de 1919, passou a ser controlada pelo chefe da Máfia, Antonio d'Andrea, que tinha sido condenado por falsificação em 1903. Os representantes começaram a pedir tributos, ou dinheiro de proteção, dos membros, com ameaças de retaliação caso se recusassem a pagar. Então, em 1921, D'Andrea foi mortalmente ferido por um disparo. Mike Merlo estava de férias na Itália na época,

O traficante de álcool Frank "The Enforcer" Nitti, tesoureiro de Al Capone, sendo "autuado" pelo inspetor-chefe Pat Roche. O melindroso Nitti metia-se em muitos negócios, entre os quais, a Unione Siciliana.

mas não demorou a retornar e assumir o comando da Unione. De acordo com Nick Gentile, um dos primeiros *pentiti*, a primeira coisa que Merlo fez foi ordenar a morte do assassino de D'Andrea.

Com a morte de Merlo, Angelo Genna tornou-se presidente, mas foi morto no ano seguinte. O destino de Genna foi o mesmo de muitos de seus sucessores, como Samuzzo Amatuna, morto no mesmo ano. Imagina-se que ele tenha sido assassinado pelo braço direito de O'Banion, Vincent Drucci. Em seguida, foi a vez de Tony Lombardo. Ex-*consiglieri* de Al Cano, foi apontado pelos chefes da Máfia. No entanto, incomodou muita gente ao tentar reformar a sociedade em pouco tempo no comando. Uma das coisas que fez foi renomeá-la como Italo-American National Union [União Nacional Ítalo-Americana]. De acordo com Gentile, Joe Masseria deu a permissão a Al Capone de eliminar o problemático presidente.

Uma multidão se reúne à porta da casa de Joseph Aiello, chefe assassinado da Unione Siciliana, na Kolmer Avenue, em Chicago.

O guarda-costas de Lombardo, Pasqualino "Patsy" Lolordo, foi o próximo a ocupar o cargo, mas não por muito tempo. Ele foi assassinado pelo subchefe de Lombardo, Joe Aiello, que, por sua vez, foi metralhado pela Chicago Outfit de Capone.

Phil D'Andrea, sobrinho de Antonio D'Andrea, tornou-se, então, presidente, embora respondesse a Frank Nitti, sucessor de Capone. D'Andrea viveu para contar a história, mas, a essa altura, a Unione estava em declínio. Ela acabou se tornando parte da Italian Sons and Daughters of America (ISDA).

Eliot Ness e os Intocáveis

Eliot Ness, agente do Bureau of Prohibition.

Enquanto Frank Wilson e o Internal Revenue Service* começaram a trabalhar na frente fiscal, o Bureau of Prohibition instituiu um esquadrão especial para fazer batidas policiais nas cervejarias, destilarias e

---

*N.T.: Correspondente norte-americano à Receita Federal

A 'justa hul' pela equipe de bebidas, Washington DC, 1922.

nos bares clandestinos de Capone, usando informações coletadas com uma extensa operação de escutas telefônicas.

Esse esquadrão foi chefiado por Eliot Ness, diplomado em Direito com experiência em investigações de transferências bancárias na região de Chicago. O cunhado dele, agente do Bureau of Investigation (precursor do FBI), recomendou-o para o serviço.

O posto pagava menos de 3 mil dólares por ano e Ness não tinha ilusões quanto aos riscos que inevitavelmente viria a correr.

"Afinal, se você não gosta de ação e adrenalina, não vai trabalhar na polícia", disse ele. "E, que inferno, já descobri que ninguém vive para sempre mesmo!"

O difícil era encontrar homens de confiança na área de Chicago, onde o dinheiro da Máfia tinha corrompido importantes autoridades do governo. Ness explicou o que estava procurando:

"Defini as qualidades gerais que eu procurava: solteiros, com menos de 30 anos de idade, com disposição física e mental para trabalhar longas horas, e coragem e capacidade para usar punhos, armas e técnicas investigativas especiais. Precisava de alguém que fosse bom com telefones e pudesse grampear uma linha com rapidez e precisão. Eu precisava de homens que fossem excelentes motoristas, pois boa parte do nosso sucesso dependeria da habilidade deles em seguir os carros e caminhões da Máfia (...) e rostos novos, de outras divisões, que não fossem conhecidos dos mafiosos de Chicago".

De início, o esquadrão consistia em 50 homens, a maioria na casa dos 20 anos.

Na sequência, ele foi reduzido para 15, depois 11 e, por fim, apenas 9. Eles eram:

- **Marty Lahart**, apaixonado por esportes e ginástica.
- **Sam Seager**, ex-guarda do corredor da morte da Sing Sing.

Ten. O. T. Davis, sargento J. D, McQuade, George Fowler da IRS e H. G.Bauer ao lado da maior destilaria já encontrada na capital dos Estados Unidos, 1922.

Outra remessa noturna cai nas mãos das autoridades.

• **Barney Cloonan**, forte e musculoso irlandês de cabelos pretos.

• **Lyle Chapman**, ex-jogador de futebol americano da Universidade de Colgate.

• **Tom Friel**, ex-policial estadual da Pensilvânia.

• **Joe Leeson**, gênio da perseguição automobilística.

• **Paul Robsky**, homem baixo de aparência comum que contribuiu à empreitada com seus conhecimentos telefônicos e sua coragem extraordinária.

• **Mike King**, homem de aparência discreta com um talento especial para compreender e analisar fatos.

• **Bill Gardner**, ex-jogador profissional de futebol americano de ascendência nativo-americana.

A Lei Seca

A primeira tarefa do grupo foi viajar para Chicago Heights e fechar 18 destilarias em uma única noite. Cada membro foi incumbido de fechar pelo menos uma destilaria. Os agentes regulares da Lei Seca em parceria com eles só eram informados no último momento e não tinham a oportunidade de usar telefones.

Supervisionados por John A. Leach, comissário adjunto da polícia de Nova York, agentes despejam a bebida apreendida nos esgotos da cidade.

Todas as batidas policiais foram programadas para começar simultaneamente às 21h30, na esperança de que pudessem fazer uma varredura antes que a notícia se espalhasse.

O próprio Ness escolheu como alvo o Cozy Corners Saloon, que ficava no centro da operação Chicago Heights. Era também um centro de fornecimento para outras cidades no Centro-Oeste. Liderando a invasão, Ness arrombou a porta da frente com uma escopeta. "Ninguém se mexe! Polícia federal!", gritou ele. Naquela noite, todas as 18 destilarias foram fechadas e 52 pessoas foram presas.

Em seguida, Ness se voltou contra as cervejarias de Capone, a força vital de sua operação. Depois de localizar uma cervejaria em pleno funcionamento, Ness destruiu a porta de madeira com um machado, mas encontrou uma porta de aço por trás dela. Foram necessários vários disparos para arrombar a fechadura. Depois de entrarem, seus homens encontraram dois caminhões carregados de barris, mas não se podia ver uma alma viva. Todos haviam fugido pelo telhado. Ainda assim, os homens de Ness confiscaram os caminhões, 140 barris de cerveja e 1.500 galões capazes de produzir 100 barris de cerveja por dia.

> "QUANDO NESS FECHOU NOVA CERVEJARIA CAPONE, ELE ENCONTROU UM PACOTE DE DINAMITE UNDERTHE BNNET DE SEU CARRO."

No entanto, Ness queria prisões; para isso, mandou comprar escadas de mão para que seus oficiais pudessem escalar diretamente até os telhados das cervejarias. As escadas foram montadas em caminhões com para-choques de aço reforçado, capazes de arrebentar as portas das cervejarias.

Os homens de Ness localizaram mais uma cervejaria, na South Cicero Avenue. Entretanto, vazaram informações da batida policial de madrugada e a segurança foi reforçada. Dessa vez, Ness buscou a ajuda do Prohibition Bureau. A última incursão dele havia sido conduzida sem a participação do Bureau que, por isso, se recusou a colaborar. De acordo com Ness, o diretor do Prohibition Bureau de Chicago disse que só poderia lhe dispor "um homúnculo quieto de óculos de fundo de garrafa", um ex-balconista de loja, que não tinha nenhuma experiência e só havia conseguido o cargo por favoritismo político.

O fiscal do governo Frank Wilson, que apresentou 22 queixas de sonegação fiscal contra Capone.

Às 5 horas da madrugada, o ex-balconista estava entre Ness e outro agente troncudo na boleia do caminhão que arrombou as portas da cervejaria. Outros agentes já aguardavam nos fundos do terreno e no telhado. Frank Conta, sócio de Capone, e seu principal cervejeiro, Steve Svodova, estavam entre os presos, e Capone perdeu mais cem barris diários. Na sequência, o diminuto agente da Lei Seca pediu demissão.

Nos primeiros seis meses, Ness pôde se vangloriar de que seu esquadrão havia confiscado cervejarias no valor que ultrapassa 1 milhão de dólares. Capone estava sofrendo prejuízo, mas calculou que eliminar os membros de um esquadrão montado pelo próprio presidente poderia lhe causar ainda mais dor de cabeça. Em vez disso, ofereceu a Ness 2 mil dólares para fazer vista grossa, enquanto outros dois agentes receberam um envelope cheio de dinheiro pela janela do carro em movimento. Eles perseguiram o homem que havia atirado o envelope e jogaram o dinheiro de volta. Ness aproveitou a oportunidade para fazer propaganda. Os jornais publicaram a história de costa a costa e um deu aos seus agentes o nome de "Os Intocáveis".

Capone respondeu perseguindo os homens de Ness e grampeando seus telefones. No entanto, quando se tratava de grampeamento telefônico, Ness estava um passo à frente. Foi muito simples a tarefa de escalar o poste telegráfico do outro lado da rua do Montmartre Café, sede de Ralph Capone, para ouvir suas conversas. Ness descobriu o bastante para fechar uma cervejaria recém-reaberta. Frustrado, Capone ordenou a morte de Ness.

Capone pôs em ação uma série de atentados contra a vida de Ness. Em uma ocasião, Ness havia acabado de levar sua namorada, Edna Staley, à porta da casa dela quando notou que a vizinhança estava estranhamente silenciosa. Ao retornar ao seu carro, uma bala estilhaçou o vidro da frente. Ele sacou sua arma e perseguiu o pretenso assassino, que, porém, desapareceu na escuridão noturna. Capone tentou mais uma vez ordenando que um de seus capangas atropelasse Ness, que, porém, se jogou são e salvo entre dois carros estacionados.

Todavia, a Chicago Outfit conseguiu assassinar Frank Basile, amigo e ex-assistente de Ness. Ness respondeu reunindo 45 caminhões novos em folha. Na sequência, entrou no Lexington Hotel sem pedir licença, ligou para Capone no telefone de sua casa e lhe disse para olhar pela janela.

Quando Capone espiou pela janela, a escolta de Ness ligou os motores.

Mesmo um gângster experiente como Capone deve ter ficado boquiaberto. Em seguida, Ness fechou a nova cervejaria de Capone, que produzia 20 mil galões de bebidas alcóolicas por dia. A resposta de Capone foi rápida. Ness encontrou um feixe de dinamite sob o capô do seu carro, programado para detonar quando ele ligasse a ignição.

Quando o fiscal do governo Frank Wilson apresentou 22 acusações de sonegação de impostos contra Capone, Ness acrescentou mais 5 mil violações ao Volstead Act. No entanto, o processo do Imposto de Renda teve prioridade às acusações da Lei Seca, que nunca foram levadas a julgamento.

Quando Capone foi transferido para Atlanta, Ness embarcou no trem para verificar se o compartimento era seguro. Capone tirou seu casaco e acendeu um charuto.

"Depois que Ness fechou a nova cervejaria de Capone, encontrou um feixe de dinamite sob o capô do seu carro."

"Estou a caminho de pegar 11 anos", disse ele. "Preciso fazer isso, é simples. Não tenho raiva de ninguém. Algumas pessoas têm sorte. Eu não tive. Meus negócios tinham muitas despesas de qualquer jeito, subornando o tempo todo, trocando caminhões e cervejarias. Eles precisam legalizar."

"Se fosse legal, tenho certeza de que você não iria querer se envolver", disse Ness.

Depois da revogação da Lei Seca, Ness tornou-se diretor da unidade de impostos sobre bebidas alcoólicas do Departamento do Tesouro dos Estados Unidos. Em seguida, virou secretário de segurança pública em Cleveland, em que derrubou a Máfia comandada por "Big" Angelo Lonardo, "Little" Angelo Scirrca, Moe Dalitz, John e George Angersola, e Charles Polizzi. No entanto, seu mandato foi arruinado por seu fracasso na capturado Cleveland Torso Murderer, também conhecido como Açougueiro de Mad Kingsbury Run, que matou e desmembrou pelo menos 12 vítimas.

Por fim, Ness se casou com Edna Staley, mas depois se divorciou dela. Então, passou a beber socialmente, o que pode ter contribuído para seu acidente de carro, em 1942. Durante a Segunda Guerra Mundial, foi diretor da Division of Social Protection da Federal Security Agency, que tinha o objetivo de reduzir a profusão de doenças venéreas sendo espalhadas no exército pelas prostitutas. Depois da guerra, entrou no mundo do empreendedorismo. Seu livro de memórias, *Os Intocáveis*, foi publicado um mês depois da sua morte, em 1957.

4 A Guerra Castellammarese

Castellamare del Golfo

A Guerra Máfia-Camorra, entre a família mafiosa dos Morello e a Camorra napolitana, tinha eliminado completamente a influência napolitana em Nova York.

Todavia, os Morello não eram a única família importante da Máfia na cidade. Em 1902, Nicolo "Cola" Schiro chegou aos Estados Unidos de Castellammare Del Golfo, uma pequena cidade portuária a 40 quilômetros a oeste de Palermo, com uma forte tradição no submundo do crime. Entre 1905 e 1910, os *castellammarese* [naturais de Castellammare Del Golfo] no Brooklyn se uniram em uma gangue.

> "Em 1913, D'Aquila enfraqueceu seu domínio ao passar um feriado na Sicília. Os Morello e os Mineo rapidamente aproveitaram a oportunidade para se vingar dos desertores."

Outra família mafiosa no Brooklyn era formada por Alfredo "Al Mineo" Manfredi, que vinha de Palermo.

Em 1906, o também palermitano Salvatore "Toto" d'Aquila apareceu pela primeira vez nos registros policiais. Logo de cara, ele desafiou os Morello do East Harlem ao atrair desertores de outras gangues mafiosas, entre os quais estavam Giuseppe Fontana, condenado pela morte de Notarbartolo, e Giuseppe Fanaro, que foi preso na noite do Assassinato do Barril, em 1903, embora as acusações contra ele fossem arquivadas por falta de evidências. Com Giuseppe Morello atrás das grades, D'Aquila se declarou "chefe dos chefes". Nessa posição, ele pôde convocar os mafiosos de Nova York para reuniões e controlar quem se aliava às quatro famílias. Todavia, em 1913, D'Aquila enfraqueceu seu domínio ao passar um feriado na Sicília. Os Morello e os Mineo rapidamente aproveitaram a oportunidade para se vingar dos desertores, e Fontana e Fanaro foram mortos a tiros.

D'Aquila tratou esse incidente como um conflito de pouca importância, e não como uma declaração de guerra, deixando, assim, que os Morello encabeçassem a Guerra Máfia-Camorra, que os privou de figuras importantes, como Nicolo Terranova, morto pela gangue da Navy Street, em 1916. No entanto, as coisas mudaram quando Giuseppe Morello e "Lupo, The Wolf" foram soltos, em 1920. Depois de uma recepção calorosa no East Harlem, eles se associaram a Umberto "Rocco" Valenti, ex-membro da Navy Street, que havia assumido o comando da próspera Little Italy na East Village. Valenti era conhecido como um dos melhores pistoleiros de Nova York. D'Aquila viu nessa aliança uma afronta à sua posição de "chefe dos chefes". Ele convocou uma reunião, denunciou o novo grupo como uma ameaça à ordem estabelecida e sentenciou os envolvidos à morte.

Morello, Lupo e Valenti fugiram para a Sicília, onde pediram a Nicola "Zu Cola" Gentile que intercedesse por eles. Gentile usou sua influência para conseguir que uma nova reunião fosse marcada em Nova York, na qual as sentenças de morte foram retiradas. No entanto, o acordo deixou Morello e Valenti um contra o outro.

Em Nova York, a Lei Seca tinha posto em marcha uma feroz guerra territorial. Em 8 de maio de 1922, Vincenzo Terranova foi morto por tiros disparados de um carro que passava enquanto estava à frente de uma sorveteria na East 116th Street. Ele era uma figura importante na cidade por ter se casado com Bernadina Reina, filha da família Reina, que dirigia o contrabando de gelo – poucas pessoas tinham refrigeradores na época e o gelo era entregue em domicílio. Diamond Joe Viserti, parceiro de Terranova no contrabando, já havia sido morto; em seguida, foi a vez de Vincenzo Salemi, marido de Lucia Terranova, ser assassinado.

NICOLA GENTILE

"Nick" Gentile nasceu em 1885 em Siculiana, uma vila na costa sul da Sicília. Ao desembarcar em Nova York, em 1903, começou a trabalhar com a Mão Negra. Em seguida, mudou-se para Kansas City, onde formou uma gangue que ganhava a vida com roubos e extorsões. Apesar de ser preso diversas vezes, tinha o costume de se mudar constantemente, tendo trabalhado em Detroit, Houston e Nova Orleans. Quando chegou a Pittsburgh, em 1915, ficou surpreso ao descobrir que a Camorra tinha mais força na cidade do que a Máfia. Achando essa situação intolerável, ele recrutou sua própria gangue e começou a assassinar os líderes da Camorra, forçando os sobreviventes a negociar. Em seguida, ordenou a morte de seu incompetente *capo* e enviou o corpo à Sicília em um caixão luxuoso.

Durante sua estadia em Chicago, em 1919, conheceu Antonio D'Andrea, primeiro diretor da Unione Siciliana. Na sequência, viajou a Cleveland, onde sobreviveu a uma tentativa de assassinato planejada pelo chefe local Joseph Lonardo, em 1920. Em seguida, fugiu de volta para Nova York em busca da proteção de Vincent Mangano, chefe da família Mangano (atualmente conhecida como Gambino), e de Umberto Valenti, que havia desertado da gangue da Navy Street em favor dos Morello. Na sequência, retornou à Sicília, onde ficou conhecido como "Zu Cola", ou "Tio Cola".

Em um movimento para assumir o comando da família Morello, aliou-se a Umberto Valenti e Salvatore Mauro contra Joe Lonardo e Salvatore "Toto" D'Aquila, que havia se declarado "chefe dos chefes". Na Sicília, recebeu a visita de Giuseppe Morello, que havia acabado de ser solto da cadeia e pretendia fazer as pazes com D'Aquila. Mas, quando Gentile voltou a Nova York, descobriu que Giuseppe "The Boss"

Masseria havia assumido a gangue dos Morello. Sempre diplomático, Gentile se aliou a Masseria.

Durante a Guerra *Castellammarese*, Gentile agiu como negociador entre Masseria e Salvatore Maranzano. No fim do conflito, tornou-se assistente de Charles "Lucky" Luciano e traficou drogas entre o Texas e Nova York. Preso em 1937, pagou fiança e retornou à Sicília, onde foi bem recebido pelo clã da Máfia local. Assim como outros mafiosos, foi beneficiado pela ascensão do prestígio da Máfia depois de seu papel na invasão aliada da ilha em 1943. Em seguida, tornou-se um importante cabo eleitoral do partido Democrata Cristão. Quando Luciano foi deportado para a Itália, os dois se uniram, traficando drogas em conjunto com outros contatos da Máfia.

Posteriormente, nos anos 1960, ele fez o impensável. Com a ajuda do jornalista Felice Chilante, escreveu suas memórias. Seu livro tornou-se uma importante arma para as autoridades norte-americanas em sua luta contra o crime organizado. Sua cabeça foi colocada à venda por ter quebrado a *omertà*, mas ele nunca chegou a ser morto. Deixou-se que ele desfrutasse uma velhice tranquila, sobrevivendo de caridade no fim da vida.

Masseria, "Chefe dos Chefes"

O astro em ascensão da Máfia era outro sócio da família Morello, Giuseppe Masseria, nascido em Marsala, a menos de 50 quilômetros de Castellammare. Em 1920, acreditava-se que ele se subordinava apenas a D'Aquila. Ele era baixo, gordo e desalinhado, apesar de bem-vestido, e tinha uma reputação de crueldade. Depois de vários atentados fracassados contra sua vida, passou a ser conhecido como "o homem que pode desviar balas". Em 9 de agosto de 1922, tinha acabado de sair de seu apartamento na Second Avenue quando foi metralhado por dois pistoleiros. Depois de persegui-lo até uma loja, eles continuaram atirando até acabarem suas balas. Em seguida, fugiram nos estribos de um carro que os esperava. O motorista abriu caminho pela multidão que se havia formado. Masseria escapou ileso, apesar de haver dois buracos de bala no chapéu de palha que se manteve em sua cabeça ao longo de todo o incidente. Acreditava-se que Valenti era o responsável, talvez agindo sob ordens de D'Aquila.

Ao perceber que não poderia retomar sua posição como "chefe dos chefes" efetivo de Nova York, Giuseppe Morello se tornou *consigliere* e principal estrategista de Masseria. Juntos, eles convidaram Valenti para uma reunião em um restaurante da Twelfth Street, mas, quando Valenti chegou, deu de cara com três pistoleiros de Masseria. No tiroteio que se seguiu, um gari e uma garotinha de 8 anos de idade foram feridos. Valenti tentou fugir pulando sobre o capô de um táxi em movimento, mas acredita-se que ele tenha sido morto por um disparo de "Lucky" Luciano. Joe Masseria, então, assumiu o comando da família Morello, tendo Giuseppe como seu braço direito.

Em seguida, a Máfia se bastou ganhando dinheiro com a Lei Seca, que se apresentou uma opção fácil. Masseria ainda ansiava pela posição máxima; por isso, em 10 de outubro de 1928, D'Aquila foi morto a tiros ao sair do consultório de seu médico. D'Aquila vinha representando tão bem o papel de um mafioso singelo que sua morte só apareceu na página 20 do *The New York Times*, em que ele foi descrito como um "importador de queijo". No entanto, um observador atento pode ter atentado ao fato de que uma das testemunhas oculares havia sofrido um acesso repentino de amnésia.

Masseria era agora "Joe the Boss" e um "chefe dos chefes" como nenhum outro antes dele. Ele exigiu uma parte de todas as extorsões existentes, a qual seria um suicídio recusar.

Quando Gaetano "Tommy" Reina se opôs a ele, foi baleado. A oposição mais forte veio dos *castellammarese* do Brooklyn, sob o comando de Nicolo "Cola" Schiro, mas foi Gaspare Milazzo, chefe da Máfia de Detroit, quem pagou o preço, quando Morello ordenou sua morte.

Em seguida, Morello convenceu o aliado mais próximo de Milazzo, Joe Aiello, a tramar contra Al Capone. A jogada perigosa de Aiello chegou ao fim quando ele foi metralhado na rua.

Com o objetivo de intimidar Schiro, Masseria exigiu o pagamento de 10 mil dólares. E recebeu. Na sequência, enviou matadores de aluguel para balear o rico contrabandista Vito Bonventre, o único *castellammarese* rico o bastante para financiar uma guerra. Schiro, então, passou a se esconder e ninguém nunca mais teve notícias dele. Quem assumiu seu lugar foi Salvatore Maranzano, também de Castellammare.

Criado para ser padre, ele havia renunciado a seus votos para poder se vingar dos homens que roubaram o gado de sua família. Sua mãe era filha de um *Don* poderoso e ele logo se tornou um "homem-feito". O fato de sua mulher também ser filha de um *boss* fortaleceu ainda mais sua conexão com a Máfia. Ele foi enviado a Nova York, provavelmente por *Don* Vito Cascio Ferro, para assumir o controle da família Schiro. Maranzano era um homem culto que falava sete línguas e era fanático por Júlio César. Em sua casa no Brooklyn, havia um cômodo inteiro dedicado ao grande líder romano.

Quando Maranzano conheceu Morello, na Sicília, ele concordou em fazer uma reunião com Masseria, mas logo ficou claro para ele que

Masseria seria seu inimigo. Ele dividiu a família Schiro em esquadrões e os dispersou, para que apenas ele e os líderes de confiança de cada esquadrão soubessem para onde estavam indo. Em seguida, empregou uma rede de informantes, composta sobretudo por motoristas de táxi de origem italiana, que dariam o sinal quando algum dos homens de Masseria entrasse no Brooklyn. Masseria e seus guarda-costas viviam sendo transportados de um esconderijo a outro no Bronx, em Yonkers e em Long Island, por carros e comboios blindados. Maranzano também não se arriscava. Ele sempre levava consigo uma Colt, uma Luger e uma metralhadora, além de uma faca amarrada às costas, e prestava uma atenção sem limites aos detalhes. Ele chegava a carregar os cartuchos da sua própria pistola toda noite antes de dormir.

Maranzano recrutou o maior número de pistoleiros que pôde. Ele dava preferência a homens de Castellammare, mas estava com tão pouco efetivo que contratou todos que conseguiu. Até mesmo Joe Valachi, um ladrão de segunda categoria de origem napolitana, foi iniciado na família Schiro. Todavia, a melhor contratação de Maranzano foi Bastiano Domingo, conhecido normalmente como "Buster from Chicago" [Demolidor de Chicago]. Seu pai havia sido destruído por uma espingarda e sua mãe, terrivelmente desfigurada por um carro-bomba. Como ele parecia um estudante universitário, podia seguir os homens de Masseria sem ser notado, apesar de Joe Bonanno ter dito que ele era "virtuoso" com uma metralhadora. Por essas e outras, Buster foi enviado para matar Morello. Em 15 de agosto de 1930, ele e outro homem invadiram o escritório de agiotagem de Morello, localizado no segundo andar de um prédio na East 116th Street. Displicentemente crendo que Maranzano estava em fuga, Morello não havia posicionado guardas na porta. Ele discutia contratos imobiliários com Gaspare Pollaro e Joseph Perrano, seu sobrinho, quando o pistoleiro arrombou a porta, disparando furiosamente. Atingido duas vezes, Perrano tentou fugir pela janela, mas morreu na queda. Morello cambaleou até outro cômodo, com pelo menos quatro balas no corpo, antes de cair morto. Pollaro viveu apenas o suficiente para narrar o episódio à polícia.

No entanto, Charles "Lucky" Luciano contou uma história diferente. Ele disse que Albert Anastasia e Frank Scalise haviam atacado Morello sob ordens suas. Essa foi a sua primeira jogada para assumir o comando da família Morello e de toda a cidade de Nova York. Masseria respondeu à morte de Morello enviando Al Mineo para metralhar Joe Aiello, aliado de Maranzano em Chicago. Entretanto, foi Capone quem levou a culpa pelo crime, sobretudo por ser visto como aliado de Masseria.

JOSEPH "JOE CARGO" VALACHI

Joseph Valachi fazendo o juramento no banco das testemunhas.

Nascido em Nova York em 1903, Valachi tinha sido preso cinco vezes antes de ser enviado à Sing Sing. Quando foi solto em 1925, cometeu o erro de entrar em uma quadrilha irlandesa. Sua antiga gangue, composta de italianos, não aprovou e recorreu ao parecer de Ciro Terranova. Tudo que Valachi soube é que se havia chegado a um acordo. Ele estava de volta à Sing Sing, quando o também assaltante Frank LaPluma sofreu um disparo no lavatório de manhã. Valachi não conseguiu entender por que isso havia ocorrido até que outro prisioneiro lhe disse que o acordo que Terranova intermediara tinha tomado a forma de uma sentença de morte. Primeiro, LaPluma foi morto e, agora, era a vez de Valachi. Pouco depois, Valachi foi esfaqueado por outro prisioneiro. A facada atravessou uma linha que correu desde um ponto abaixo do seu coração até ao redor das costas, e precisou de 38 pontos.

> "CONVENCIDO DE QUE GENOVESE PRETENDIA MATÁ-LO, VALACHI FICOU APREENSIVO. ELE ESPANCOU OUTRO PRISIONEIRO ATÉ A MORTE COM UM CANO DE FERRO."

Ao ser solto, Valachi virou motorista da Máfia. Em seguida, a Guerra *Castellammarese* lhe deu a oportunidade de subir na carreira criminosa. Aliando-se a Maranzano, ele alugou um apartamento em Pelham Parkway para vigiar um *flat* que pertencia a Steven Ferrigno, um dos tenentes de Masseria. Foi desse apartamento que Ferrigno e Al Mineo, que também se aliara a Masseria, foram mortos a tiros por um grupo liderado pelo pistoleiro Bastiano Domingo. Mas, apesar de Masseria estar com eles, ele escapou ileso mais uma vez.

Como recompensa por sua participação no episódio, Valachi foi "feito", isto é, tornou-se membro integral da Cosa Nostra norte-americana, apesar de não ser de origem siciliana.

O senador John McClellan (em pé) durante a investigação preliminar do caso pelo comitê do Senado.

Depois da Guerra *Castellammarese*, conduziu diversas extorsões, uma casa de apostas ilegal, máquinas caça-níqueis e uma rede de agiotagem. Durante a Segunda Guerra Mundial, ganhou cerca de 200 mil dólares vendendo gasolina no mercado negro, porém, em 1960, foi condenado por tráfico de drogas. Ele foi enviado para a Penitenciária Federal de Atlanta, onde dividiu a cela com Vito Genovese. Convencido de que Genovese pretendia matá-lo, Valachi ficou apreensivo.

Tanto ficou que, quando outro prisioneiro ingenuamente lhe dirigiu a palavra, Valachi o espancou até a morte com um cano de ferro. Ele pensava que a vítima era um dos assassinos de Genovese.

Agora, ele realmente se defrontava com uma sentença de morte, mas das autoridades policiais. Para salvar sua vida, ele quebrou a *omertà* e se tornou a primeira pessoa a admitir fazer parte da Cosa Nostra – até então, havia apenas rumores de sua existência. Em 1963, ele testemunhou diante do comitê do senador John L. McClellan sobre o crime organizado. Seu depoimento foi tão detalhado que as audiências de McClellan ficaram conhecidas como "audiências de Valachi". Apesar de o Departamento de Justiça dos Estados Unidos ter proibido a publicação das memórias de Valachi, elas foram usadas pelo jornalista Peter Maas como base de seu livro de 1968, *The Valachi Papers*. Em 1972, o livro virou filme, com o mesmo nome, estrelado por Charles Bronson como Valachi.

Valachi morreu por conta de um ataque cardíaco na La Tuna Federal Correctional Institution, no Texas, em 1971.

Com a morte de Morello, a família Reina começou a cooperar com Maranzano. Uniram-se a eles desertores da família Mineo, apesar de Masseria ter conseguido substituir Morello pelo próprio Al Mineo, que, porém, não era nada sagaz comparado a "Clutch Hand" Morello. A única estratégia agora era encontrar Maranzano e matá-lo.

Almoço de Despedida de Joe

Depois de Mineo ter sido metralhado, seu cargo foi assumido por Charles "Lucky" Luciano. Mas Luciano tinha medo de Masseria. Em 1929, eles haviam rompido relações por causa de uma remessa de uísque que valia quase 1 milhão de dólares. De início, haviam chegado a um acordo de que o uísque era de Luciano e, então, apertaram as mãos. Nesse ponto, Luciano lembrou Masseria de que o código siciliano do aperto de mão não poderia ser quebrado. Mas Masseria, então, mudou de ideia. Ele alegou que o uísque era seu e disse: "eu rompo o aperto de mão".

Depois disso, Luciano se reuniu com Benjamin "Bugsy" Siegel, Joe Adonis, Meyer Lansky, Vito Genovese e Johnny Torrio, que haviam retornado aos Estados Unidos no ano anterior para um conselho de guerra. Foi então que Lansky sugeriu que eles deveriam "eliminar os dois obstáculos", Maranzano e Masseria, para fazer de Luciano o "chefe dos chefes".

Luciano havia rompido com Masseria e tampouco era chegado de Maranzano. Alguns dias depois de sua disputa com Masseria, Luciano encontrou seu amigo Tommy Lucchese em um banho turco na parte elevada da Broadway e concordou em encontrar Maranzano. A reunião aconteceria em Staten Island, um território neutro controlado por Joe Profaci, tenente de Maranzano e amigo de infância de Luciano. Luciano aceitou ir sozinho.

> "Quando Luciano voltou a se recusar a matar Masseria, eles começaram a espancá-lo com tacos e cintos, e a queimá-lo com pontas de cigarro. Por fim, ele desmaiou..."

"Imaginei que, apesar de tudo, Maranzano me queria tanto a seu lado que cumpriria sua palavra", disse Luciano.

Ele aceitou mudar de lado. Mas Maranzano impôs uma condição à aliança: Luciano teria de matar Masseria. No entanto, pelas regras da Máfia, Luciano não poderia suceder seu chefe se o matasse.

Ele poderia assumir no máximo um papel secundário na nova hierarquia. Mais provavelmente, seria morto por vingança.

Depois de Luciano ter recusado a matar Masseria, ele foi nocauteado. Quando voltou a si, estava pendurado pelos punhos em uma viga. Apesar de os homens que o cercavam estarem mascarados, ele podia ver que um deles era Maranzano. Quando Luciano voltou a se recusar a matar Masseria, eles começaram a espancá-lo com tacos e cintos, e a queimá-lo com pontas de cigarro. Por fim, ele desmaiou; porém, ao acordar, a tortura recomeçou. Maranzano deixou claro que, se Luciano não concordasse em eliminar Masseria, o castigo seria sua própria morte. Surpreendentemente, Luciano conseguiu juntar forças para chutar o saco de Maranzano. Furioso, Maranzano pegou uma faca e talhou o rosto de Luciano, atingindo os músculos que cobriam sua bochecha direita. Luciano carregaria a cicatriz pelo resto da vida. Maranzano também cortou o peito de Luciano, mas, quando um capanga sacou sua arma, ele lhe disse para não atirar.

"Deixem-no viver", disse Maranzano. "Ele vai fazer o que tem de ser feito ou vamos voltar a vê-lo."

Eles o soltaram, levaram-no em um carro e o jogaram na estrada, a uma certa distância. Uma viatura que patrulhava a área o encontrou e o levou para o hospital. Luciano se recusou a falar e circularam rumores de que ele havia sobrevivido a uma tentativa de execução. Ele havia sobrevivido por "sorte", diria Meyer Lansky. Tudo que "Lucky" Luciano disse foi: "Eu vou cuidar disso do meu jeito".

Lansky disse que seria fácil para Luciano se livrar de Masseria e Maranzano. Ele só precisava pensar em uma maneira de fazê-los matarem um ao outro. Mas Luciano aguardou o momento propício. No início de 1931, Maranzano informou que não haveria represálias contra os homens de Masseria depois da morte de "Joe the Boss".

Outra reunião com Maranzano foi planejada; desta vez, em frente à jaula do leão no Zoológico do Bronx. Luciano foi acompanhado por Tommy Lucchese, Joe Adonis e "Bugsy" Siegel. Maranzano levou Joe Bonanno e Joe Profaci consigo.

Maranzano se referiu a Luciano como "bambino", mas Luciano deixou claro que o velho jeito de lidar com as coisas havia chegado ao fim.

"Meu pai é o único que me chama de *bambino*", disse ele.

Maranzano ficou ofendido, mas prometeu pôr fim ao que Luciano chamou de "aquela merda só de sicilianos". Ele deixaria Luciano e seus amigos italianos e judeus continuarem com seus negócios depois que

Masseria fosse morto. Luciano, por sua vez, aceitou esquecer as cicatrizes no seu rosto. Maranzano o abraçou.

"Goste ou não, Salvatore Lucania, você é meu *bambino*", disse ele.

Na manhã de 15 de abril de 1931, Luciano foi ao escritório de Masseria na Second Avenue, em Manhattan. Os dois homens então se sentaram e planejaram a morte dos principais tenentes de Maranzano. Masseria ria à socapa, disse Luciano, "como se sentisse o gosto do sangue de Maranzano em uma xícara dourada". Em seguida, saltou da cadeira e fez uma dancinha como a que Luciano tinha visto Hitler fazer em um cinejornal depois da derrota da França. "Dois zumbis em busca de um cérebro", comentaria ele.

Era um dia ensolarado e Luciano sugeriu que eles dirigissem até Coney Island para um almoço descontraído. Eles foram ao Nuova Villa Tammaro, em que o dono, Gerardo Scarpato, os conduziu a uma mesa no canto. "Joe the Boss", famoso glutão, regalou-se de antepasto, espaguete ao molho de mariscos, lagosta à Fra Diavolo e um litro de Chianti. A refeição demorou três horas e, quando ele havia terminado, o restante dos clientes já havia saído. Luciano, então, sugeriu uma partida de *klob*, um jogo de cartas húngaro que Masseria havia aprendido com Frank Costello. Scarpato trouxe um baralho e, em seguida, foi caminhar na praia. Masseria estava em sua segunda garrafa de vinho. Depois de uma partida de *klob*, Luciano pediu licença para ir ao banheiro. Foi então que a porta da frente se abriu. Vito Genovese, Joe Adonis, Albert Anastasia e "Bugsy" Siegel entraram e esvaziaram suas pistolas contra Masseria. O motorista da fuga, Ciro Terranova, ficou tão abalado que não conseguia dar partida no carro; então, Siegel o jogou de lado e saiu cantando pneu.

Luciano, então, saiu do lavatório e, calmamente, chamou os policiais. Quando eles chegaram, afirmou não fazer ideia por que alguém desejaria a morte de Joe.

Ascensão e Queda de Maranzano

Maranzano, saindo vitorioso da Guerra *Callammarese*, convocou uma reunião da Cosa Nostra em um grande salão na Washington Avenue, no Bronx. Entre 400 e 500 mafiosos compareceram. Maranzano, uma figura ainda desconhecida, foi apresentado por Joe Profaci. Então, fez um discurso explicando por que Masseria fora eliminado. As coisas seriam diferentes doravante, disse ele. No novo cenário, ele seria o *capo di tutti capi*, o chefe de todos os chefes. A Máfia nova-iorquina seria dividida

Vista externa do restaurante Nuova Villa Tammaro, em Coney Island, onde "Joe the Boss" tinha sido morto.

em novas famílias, cada qual teria um chefe e um subchefe, abaixo de quem haveria tenentes, ou *capo régimes*. Em seguida, designar-se-iam soldados para cada tenente.

Maranzano, então, explicou as regras minuciosamente. A Cosa Nostra ficava acima de tudo. A pena por falar sobre ela ou dormir com a mulher de outro membro era a morte. Não se teria permissão sequer de falar sobre a Cosa Nostra com suas próprias esposas, sob pena de morte. E os mafiosos deveriam obedecer às ordens de seus chefes e tenentes ou morreriam.

Os membros não poderiam entrar na mão com outros membros e as disputas teriam de ser decididas por audiências. Maranzano insistiu que a guerra havia acabado. Não deveria haver mais nenhum ressentimento. Eles deveriam perdoar e esquecer.

"Mesmo se seu próprio irmão tiver sido morto, não tente descobrir o responsável para se vingar", disse Maranzano. "Ou, então, pagará com sua vida."

Giuseppe Masseira

Essas regras foram adotadas por outras famílias mafiosas nos Estados Unidos.

Maranzano também instituiu as Cinco Famílias de Nova York, nomeando Luciano, Profaci e seu próprio chefe do estado-maior, Joe Bonanno, como *bosses* de seus respectivos grupos. Vincente "The Executioner" Mangano virou chefe da família Gambino, enquanto Tom Gagliano, que havia sido apontado por Masseria originalmente, continuaria como dirigente da família Reina. Vito Genovese seria subchefe da família Luciano, Albert Anastasia, da família Mangano, e Tommy Lucchese, da Gagliano. Alguns dos homens que eram da família Schiro sob o comando de Maranzano continuariam a seu lado como guardas do palacete. Os demais entrariam na família Gagliano.

Depois, um enorme banquete foi organizado em homenagem a Maranzano. Mafiosos de todo o país foram obrigados a comprar ingressos. Até mesmo Al Capone enviou 6 mil dólares. Ao chegarem, os convidados colocavam suas contribuições sobre uma mesa.

"Nunca vi uma pilha de dinheiro como essa na minha vida", disse Joe Valachi.

Maranzano trabalhava nos escritórios de uma empresa imobiliária no Grand Central Building, na esquina da 46th Street com a Park Avenue. Em setembro de 1931, ele disse a seus homens para não entrarem no seu escritório portando armas, porque estava prevendo uma batida policial. Mas, logo depois, alertou-os de que teriam de "voltar aos colchões", isto é, outra guerra estava prestes a começar, então, eles teriam de se mudar de apartamento a apartamento, dormindo em colchões. Maranzano tinha chegado à conclusão de que precisava se livrar de Luciano e Genovese. Costello, Adonia e Willie Moretti de Fort Lee, Nova Jersey, também teriam de ir junto, assim como Dutch Schultz, que não era parte da Cosa Nostra. Maranzano contratou o pistoleiro irlandês Vincent Coll para matar Luciano, pagando-lhe 25 mil dólares como adiantamento. Terminado o serviço, seriam pagos outros 25 mil dólares. Coll ficou conhecido como "Mad Dog" depois de matar uma criança e ferir várias outras em uma tentativa fracassada de sequestrar um dos tenentes de Dutch Schultz.

Em 10 de setembro de 1931, Maranzano convidou Luciano a seu escritório central no nono andar do Helmsley Building. O plano era que Coll aparecesse pouco depois para assassiná-lo. Mas Luciano tinha sido alertado. Ele enviou dois matadores vestidos como policiais ao escritório (provavelmente Red Levine, pistoleiro de Lansky, e Abraham "Bo" Weinberb, tenente de Schultz) na companhia de Tommy Lucchese. Eles atiraram contra Maranzano e o esfaquearam até a morte. Durante a fuga, encontraram Coll, que fugiu, pensando que eles fossem policiais de verdade.

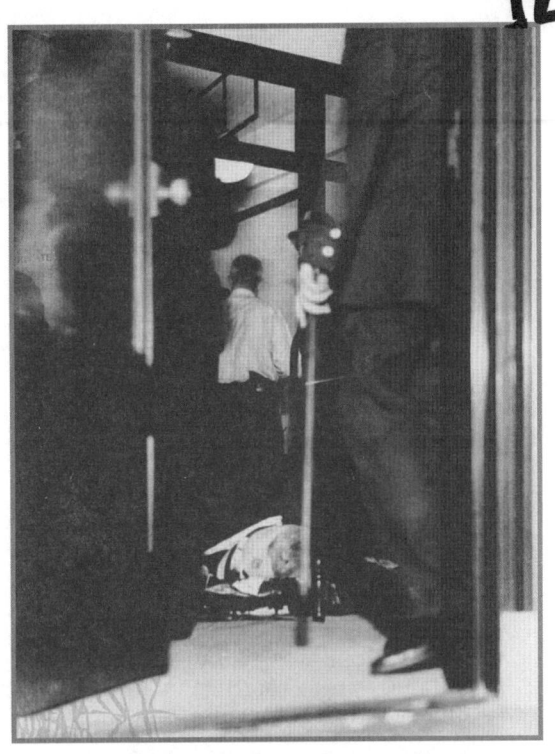

O corpo de Salvatore Maranzano depois de ser morto em seu escritório no nono andar do Helmsley Building.

Essa não foi a única morte do dia: mais de 60 mafiosos foram executados. Luciano afirmou ter organizado tudo, mas há indícios de que os gângsteres americanizados e mais novos, os Jovens Turcos, simplesmente aproveitaram a oportunidade para se livrar dos Moustache Petes, os imigrantes sicilianos mais velhos, que estavam mais interessados em manter as tradições e vendetas que trouxeram do Velho Continente do que em ganhar dinheiro.

Cinco meses depois, Coll foi metralhado em uma cabine telefônica. Acreditava-se que Owney Madden, contrabandista e dono do Cotton Club, havia o mantido na linha do tempo por tempo suficiente para que os assassinos o atacassem.

A Ascensão dos Jovens Turcos

Nascido como Salvatore Lucania na vila de Lercara Friddi, na Sicília, em 1896, "Lucky" Luciano emigrou para os Estados Unidos com sua família aos 9 anos de idade, estabelecendo-se no Lower East Side de Manhattan. Aos 10 anos, já havia se envolvido em assaltos, furtos, arrombamentos e extorsões. Na escola, tentou extorquir dinheiro de colegas judeus, entre os quais estava Maier Suchowljansky. Nascido em Grodno, então parte da Rússia, em 1902, Suchowljansky se mudou para Nova York com sua família em 1911 e, então, anglicizou seu nome para Meyer Lansky. Luciano e Lansky tornaram-se grandes amigos, também com o jovem parceiro de Lansky, Benjamin "Bugsy" Siegel.

Por faltar regularmente às aulas, Lucania foi enviado a um reformatório para cábulas no Brooklyn. Ao sair, conseguiu um trabalho como entregador de uma loja de chapéus, seu único emprego legal. No entanto, em 1916, foi pego portando heroína escondida sob os laços dos chapéus e sentenciado a um ano de prisão. Na cadeia, achou melhor mudar seu nome para Charlie, porque "Sal", o diminutivo para Salvatore,

"Bugsy" Siegel

A Guerra Castellammarese

Meyer Lansky

chamava o interesse dos homossexuais. Ao ser solto, formou uma quadrilha com Meyer Lansky, "Bugsy" Siegel, Frank Costello, Joe Adonis e Vito Genovese. Juntos, começaram a roubar bancos e casas de penhor e de agiotagem no Lower East Side. Quando os Estados Unidos entraram na Primeira Guerra Mundial, Lucania tinha idade para se alistar, mas não tinha a menor intenção de servir ao Exército. Não porque tivesse medo de combater, mas porque sabia que sua vida com a quadrilha chegaria ao fim caso entrasse no Exército. Por esse motivo, contraiu gonorreia, embora depois viesse a afirmar que, se soubesse o quão dolorosa era a cura, teria preferido ir às trincheiras.

Com a implantação da Lei Seca, em 1919, a gangue de Lucania passou a operar na rede de contrabando. A operação foi financiada pelo gangster veterano Johnny "The Fox" Torrio e Arnold Rothstein, cuja mítica reputação incluía a afirmação infundada de que ele havia organizado o campeonato mundial de beisebol de 1919. Tanto Masseria como Maranzano queriam lucrar com a rede de contrabando de Lucania, que, porém, detestava o Brooklyn, território de Maranzano, e, por isso, aliou-se a Masseria, tornando-se seu principal tenente. Nessa posição, ele controlava o contrabando, a prostituição, a distribuição de narcóticos e outras extorsões.

Em 1928, foi preso por assalto sob a alcunha de Luciano. A polícia achou mais fácil de pronunciar do que "Lucania" e ele acabou adotando o nome. No entanto, para manter-se afastado da polícia, abandonou a linha de frente criminosa e se limitou à posição de estrategista. Ele era um disciplinador rigoroso. Sob seu comando, o fracasso não era uma opção. Aqueles que o desapontavam "tinham os dedos quebrados ou as articulação torcidas, quando não explodia suas cabeças".

No ano seguinte, Luciano rompeu relações com Masseria e Maranzano. Ele estava se recuperando em sua suíte no Barizon Hotel quando ocorreu o *crash* de Wall Street. Lansky rapidamente o alertou da oportunidade apresentada a eles. Os gângsteres estavam cheios da grana e poderiam comprar empresas legais por uma mixaria. Costello ressaltou que eles agora eram indispensáveis para os políticos e a polícia. Tanto era que o comissário da polícia de Nova York, Grover Whalen, o havia chamado para pedir 30 mil dólares emprestados de que precisava para cobrir as ações que havia comprado em margem. Foi então que Lansky sugeriu que eles deveriam eliminar Masseria e Maranzano e assumir o comando. Mas Luciano estava muito ocupado para fazer algo quanto a isso. Ele percebeu que o *crash* representaria o fim da Lei Seca; então, estava se preparando para entrar no mercado legal de uísque quando chegasse a hora. Enquanto isso, os lucros em agiotagem e jogos de azar se elevaram às alturas. Luciano passou a atuar em um grupo de apostas nacional cuja rede de serviços levava os resultados de corrida a salões de apostas em todo o país.

Quando Masseria descobriu que Reina estava em negociações secretas com Maranzano, ele disse a Luciano que precisava impedir que Reina desertasse. Luciano chamou Adonis, Costello, Genovese, Siegel e Lucchese para uma reunião em um barco de pesca a pouca distância de Baía de Oyster, em Long Island. Era uma noite fria e com neve em janeiro. Lansky não pôde comparecer porque sua mulher estava tendo

Foto do FBI de "Lucky" Luciano

um parto difícil. Quando ela deu à luz uma criança mutilada, ela viu isso como um castigo divino. Lansky entrou em crise.

Lucchese trouxe a notícia de que Masseria pretendia matar Profaci e Bonanno na esperança de manter Reina na linha. Luciano percebeu que era uma armação. Masseria faria parecer que Luciano fosse o responsável pelo ataque para que Maranzano viesse atrás dele.

Siegel sugeriu que virassem o jogo contra Masseria eliminando Reina, fazendo parecer como se agissem sob ordens de Masseria. De acordo com o plano, Vito Genovese estourou os miolos de Reina com uma espingarda à frente da sua casa, em 26 de fevereiro de 1930. Masseria confirmou a impressão de que havia sido responsável por chamar os principais tenentes de Reina – Gaetano "Tom" Gagliano, Tommy Lucchese e Dominick "The Gap" Petrilli – e disse-lhes que estava instalando um dos seus próprios homens, Joe Pinzolo, como seu novo chefe. Eles reclamaram a Luciano, que lhes deu carta branca para eliminar Pinzolo. Em seguida, retomaram as negociações com Maranzano.

Luciano tomou uma decisão sobre o que faria. Ele confidenciou a Albert Anastasia, que o abraçou. De acordo com Luciano, foi Anastasia quem insistiu em matar Giuseppe Morello primeiro, "porque o cara podia sentir o cheiro da bala antes de ela ser disparada". Isso feito, Masseria e Maranzano foram os próximos. E os Jovens Turcos assumiram o comando.

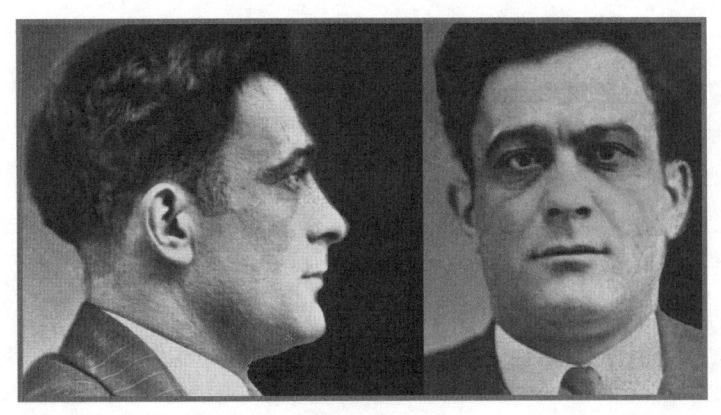

O mafioso Vito Genovese

5
A Comissão

Michigan Avenue, Chicago, em 1930

"Lucky" Luciano conseguiu convencer os chefes de outras famílias de que o megalomaníaco Maranzano vinha planejando sua morte por nenhuma razão específica. Nessas circunstâncias, erradicá-lo estaria dentro das regras. Até mesmo Joe Bonanno, protegido de Maranzano, entendia a necessidade da execução. Apesar de viver em Nova York havia seis anos, Maranzano falava pouco inglês e não entendia as gírias de rua dos criminosos mais jovens.

> "Antes do fim de 1931, todos eles viajaram a Chicago para uma convenção nacional com Al Capone e outros 20 líderes da Máfia."

"Maranzano era um siciliano do Velho Mundo, em temperamento e estilo", disse Bonanno. "Mas ele não morava mais na Sicília."

Luciano, então, tornou-se o verdadeiro "chefe dos chefes". Mas ele não era um déspota como Masseria ou Maranzano, tampouco queria parte nos lucros de todo mundo. Ele era astuto o bastante para saber que todos ganhariam mais dinheiro com a paz. Bonanno concordava com ele e os dois, então, realizaram um conclave com Gagliano, Mangano e Profaci. Antes do fim de 1931, todos eles viajaram a Chicago para uma convenção nacional com Al Capone e os líderes de outras 20 facções da Máfia do país. Eles aceitaram o projeto de Maranzano sobre como as famílias deveriam ser dirigidas. A *omertà* continuaria como princípio guia. Mas Luciano insistiu que, além de um *sotto capo* (subchefe), toda família também tivesse um *consigliere* (conselheiro), que pudesse resolver disputas dentro da família e solucionar problemas com outras quadrilhas. Poderia se aliar qualquer um que descendesse do sul da Itália, não apenas filhos de sicilianos, mas ambos os pais deveriam ser italianos.

Apesar de Meyer Lansky comparecer às reuniões com Luciano, ele não poderia participar das discussões. A família Bonanno, porém, manteve-se fiel ao velho preceito de que todos os membros deveriam ser sicilianos.

O número de "homens feitos" em cada família era fixo. Novos membros só poderiam substituir os que morriam. Com efeito, pertencer à Cosa Nostra era um compromisso para toda a vida.

"A única saída é um caixão", disse Luciano.

Com isso, porém, ele apenas sistematizou a posição existente. A inovação de Luciano foi introduzir a Comissão. Originalmente, seria chamada de "Comissão pela Paz", o que, porém, era muito difícil para os jovens mafiosos americanizados falarem em italiano ou siciliano. A Comissão seria a diretoria nacional da Máfia norte-americana. Haveria membros de todas as Cinco Famílias de Nova York, mais um de Chicago e um de Buffalo, onde Stefano Magaddino, primo de Bonanno, outro imigrante de Castellammare Del Golfo, era um membro proeminente. Havia a cláusula de que outras famílias entrariam se preciso. Luciano era influente, claro, mas não queria assumir formalmente a posição de *capo di tutti capi*, pois sabia que isso levaria apenas a mais derramamento de sangue.

A Máfia não mais se referia a si pelo nome. Em Nova York, era "La Cosa Nostra"; em Chicago, a "Outfit" ou "Syndicate"; em Buffalo, "Arm"; e, na Nova Inglaterra, "Office". Os mafiosos eram referidos como "homens feitos" ou "conectados".

A convenção nacional terminou com uma festa no Blackstone Hotel, ao qual Al Capone levou um femeeiro de prostitutas. Foram feitos planos para uma convenção semelhante no Franconia Hotel, em Nova York, onde os gângsteres judeus aceitaram fazer acordo com os italianos e formar um sindicato criminoso nacional. As regras estabelecidas por Lucky Luciano em 1931 pavimentaram o caminho por 30 anos de paz. Nesse período, o único mafioso importante a cumprir uma pena significativa por extorsão foi o próprio Luciano.

Stefano Magaddino

As Cinco Famílias Assumem o Comando

Com a revogação da Lei Seca, em 1933, as Cinco Famílias de Nova York estavam tão ricas que tomaram conta de todas as tramas de extorsão das quadrilhas irlandesas e judias. O maior e mais famoso dos líderes judaicos, Arnold Rothstein, tinha sido baleado em 1928.

Arnold Rothstein foi morto no Park Central Hotel, em 1928. Ele demorou dois dias para morrer, período em que se recusou a revelar os perpetradores.

Ele demorou dois dias para morrer, mas se recusou a nomear o responsável. "Você não trai o seu ofício, eu não traio o meu", disse ele ao detetive. Sabiamente, o principal gângster irlandês, Owney Madden, entendeu o recado e se mudou para Hot Springs, Arkansas, em 1933, onde dirigia a operação de jogos de azar da cidade. Em Chicago, os que sobraram das gangues irlandesas se tornaram simplesmente matadores de aluguel dos italianos.

Com a ajuda de Meyer Lansky, Luciano assumiu o comando da indústria têxtil, antes dominada pelos gângsteres judeus que vinham controlando a administração e os sindicatos desde uma série de greves na década de 1920. Bonanno operava várias empresas legais como fachada, incluindo uma casa funerária especializada em caixões duplos. Clientes legítimos ocupavam a parte de cima enquanto cadáveres inconvenientes eram alojados no compartimento inferior. As famílias também dirigiam mercados atacadistas em Manhattan e no Brooklyn, além de empresas de transporte, construção, restaurantes e hotéis. Tommy Lucchese até conseguiu assumir o controle do mercado de franco *kosher*, que rendia 50 milhões de dólares por ano. Essas operações sempre faziam dinheiro porque a Máfia tomava conta dos sindicatos trabalhistas para exterminar ou enfraquecer os concorrentes com greves. Possuir empresas legais também significava que os chefes de Nova York não poderiam ser presos por sonegação fiscal. Eles tinham aprendido com os erros de Al Capone. Fachadas como essas eram úteis em outras maneiras também. Joe Colombo dirigia uma empresa imobiliária, portanto, seus associados sempre podiam ir vê-lo sob o pretexto de alugar um apartamento ou fazer uma hipoteca.

> "Acreditava-se que Schultz era o responsável pela morte de Vincent Coll, que cometeu o erro de lhe pedir uma parte das extorsões (...) O advogado de Schultz afirmou que ele matava 'tão casualmente como se palitasse os dentes'."

Tudo estava indo perfeitamente bem até que, em 1935, um grande júri exigiu uma investigação sobre extorsão e apontou Thomas E. Dewey, ex-procurador dos Estados Unidos de 33 anos de idade, nascido em Michigan, como promotor especial. Sua função foi facilitada pela lei recentemente aprovada do litisconsórcio – que possibilitava instaurar processo contra criminosos sob uma única acusação formal – e pelo grampeamento telefônico. Dutch Schultz era o primeiro criminoso na lista de Dewey.

Schultz nasceu em uma família de imigrantes iídiches. Seu nome original era Arthur Flegenheimer, mas ele assumiu o nome Schultz de uma empresa de transporte para a qual trabalhou. Schultz controlou a distribuição de cerveja no Bronx durante a Lei Seca. À medida que estendeu seu território para o Harlem, começou a entrar em conflito com o gângster irlando-americano Jack "Legs" Diamond. Enquanto Diamond jantava com sua amante na suíte dela no Hotel Monticello, o quarto levou uma rajada de balas. Diamond foi atingido cinco vezes. Ao se recu-

Thomas Edmund Dewey – Schultz começou a planejar a sua morte

perar, mudou-se para Catskill, onde seu carro sofreu disparos em outra tentativa de assassinato. Ele foi metralhado de novo perto de Cairo, em Nova York. Então, em dezembro de 1931, depois de uma festa que celebrava sua absolvição de acusações de sequestro, Diamond sofreu três disparos na nuca. Schultz era um dos muitos suspeitos.

Também se acreditava ser ele o responsável pela morte de Vincent Coll, que cometeu o erro de lhe pedir uma parte das extorsões em que estava envolvido em vez do salário regular que Schultz lhe pagava. O advogado de Schultz, J. Richard "Dixie" Davis, disse que Schultz matava "tão casualmente como se palitasse os dentes". Em certa ocasião, Schultz sacou uma arma, enfiou-a na boca de um tenente suspeito de estar roubando dele e puxou o gatilho. Na sequência, pediu desculpas a Davis, que havia presenciado a morte. Em outra, ordenou que as pernas de Bo Weinberg fossem cimentadas antes que o jogassem, ainda vivo, no Rio Hudson.

Depois da Lei Seca, Schultz passou a controlar uma loteria ilegal no Harlem, empregando o contador e gênio matemático Otto "Abbadabba" Berman para manipular os números. Depois de assumir o controle dos sindicatos de restaurantes, ele extorquiu dinheiro dos amedrontados proprietários. Em meados da década de 1930, Schultz estava lucrando mais de 20 milhões de dólares por ano.

"Dutch" Schultz

Quando os promotores federais o acusaram de sonegação fiscal, ele tomou providências para que o julgamento fosse transferido para Malone, na área rural de Nova York, onde ele subornou toda a cidade. Ultrajado pela absolvição de Schultz, Fiorello la Guardia, prefeito de Nova York, deu instruções para que ele fosse preso na primeira oportunidade em que retornasse à cidade, o que forçou Schultz a se realocar em Newark.

Quando Dewey reuniu um novo grande júri para investigar as atividades fora da lei de Schultz, este tentou agraciar os chefes da Máfia convertendo-se ao Catolicismo Romano. Ele também começou a tramar a morte de Dewey. Albert Anastasia foi contratado para matá-lo quando o promotor fez uma ligação ao seu escritório da cabine telefônica da farmácia que ele frequentava. Alarmado, Anastasia contou a

Luciano, que convocou uma reunião de emergência da Comissão. Matar um homem como Dewey atrairia atenção indesejada para a Máfia. Então, concluiu-se que o verdadeiro perigo era Schultz e que ele deveria ser eliminado.

Anastasia contratou dois pistoleiros judeus profissionais, que mataram Schultz no banheiro do Palace Chop House and Tavern, no centro de Newark, assim como seus guarda-costas e Berman, seu contador. Luciano, então, assumiu o controle da loteria ilegal no Harlem e das extorsões a restaurantes que eram de Schultz. A morte de Schultz foi uma das poucas execuções da Máfia com condenações. Em 1941, Charlie "The Bug" Workman, pistoleiro da Murder Inc., foi encarcerado pela morte de Schultz e seus capangas. Ele cumpriu 23 anos de prisão. O outro pistoleiro, Emmanuel "Mendy" Weiss, foi para a cadeira elétrica pelo assassinato de Joseph Rosen.

Lucky Luciano Perde a Sorte

Com a morte de Schultz, Dewey foi atrás de Luciano, que era desconhecido do público por preferir ficar longe dos holofotes. Mas Dewey sabia muito sobre ele. Luciano e seu *consigliere*, Frank Costello, eram muito próximos de várias figuras importantes da Tammany Hall, a corrupta sociedade democrata de Nova York. Infelizmente para eles, Dewey era republicano. Além disso, acreditava que a suposta ocupação de Luciano como jogador não poderia sustentar seu elegante estilo de vida. Na época, ele possuía um jatinho particular e morava em uma suíte de três cômodos no Waldorf-Astoria, que lhe custava 7.600 dólares por ano.

> "Luciano possuía um jatinho particular e morava em uma suíte de três cômodos no Waldorf-Astoria, que lhe custava 7.600 dólares por ano."

Entretanto, Luciano não mantinha registros escritos e tinha cautela quanto ao que dizia ao telefone. Foi então que Dewey tirou a sorte grande. Eunice Carter, a única mulher em sua equipe, estava fazendo uma investigação para o Tribunal da Mulher quando se deparou com uma rede de 300 bordéis em Manhattan e no Brooklyn, que empregava 2 mil garotas e lucrava 12 milhões de dólares ao ano. Ao avançar na investigação, descobriu que a rede era gerenciada por David "Little Davie" Betillo, um homem visto várias vezes na companhia de Luciano. Em janeiro de 1936, os homens de Dewey realizaram batidas em 80 prostíbulos, prendendo centenas de cafetões, cafetinas e prostitutas, três das quais alegaram conhecimento direto do envolvimento de Luciano no negócio.

Com o cerco sendo fechado por Dewey, Luciano fugiu para Hot Springs, no Arkansas, então um santuário para Owney Madden e outros criminosos. Dewey redigiu uma ordem de extradição por 90 acusações de "cumplicidade em prostituição forçada", conhecida também como escravidão sexual. Luciano foi encarcerado no Arkansas, porém, em menos de quatro horas, foi solto com uma fiança de 5 mil dólares fornecida pelo detetive-chefe de Hot Springs. No entanto, Dewey não estava disposto a perder. Com a ajuda de um esquadrão de policiais estaduais, seus homens simplesmente raptaram Luciano e o levaram de volta a Nova York.

Usando a nova lei de litisconsórcio, Luciano e seus 12 corréus foram levados a julgamento em maio e junho de 1936. Luciano foi apresentado como o "czar de todo o crime organizado" e chefe da "Combine", como era conhecida a rede de bordéis.

No tribunal, uma prostituta afirmou ter feito sexo com Luciano várias vezes no Waldorf-Astoria. Ela também afirmou tê-lo ouvido ordenar a demolição de um bordel para punir uma cafetina impertinente. A viciada em heroína "Cokey Flo" Brown disse ter estado em reuniões com Luciano em que ele discutiu remunerar as cafetinas com um salário regular em vez de parte dos lucros. Ele também discutiu franquear seus prostíbulos, como fazia a cadeia de supermercados interestadual A&P. Um garçom e uma camareira do Waldorf-Astoria também afirmaram tê-lo visto na companhia de corréus contra os quais faltavam evidências mais fortes.

Junho de 1936: "Lucky" Luciano (segundo da direita para a esquerda) é levado ao tribunal em Nova York por um grupo de detetives para começar uma sentença de 30 a 50 anos.

Ao ser chamado para depor, Luciano afirmou que era um jogador e agenciador de apostas, que nunca se rebaixaria a ponto de envolver-se com prostituição, a não ser como cliente. No entanto, Dewey estava em posse dos registros telefônicos de Luciano, que mostravam que o aparelho de sua suíte tinha sido usado para ligar para vários de seus corréus, além de Al Capone e muitos outros gângsteres famosos. Ele afirmou sequer conhecer alguns deles.

Dewey também tinha cópias das declarações de impostos de Luciano de 1929 a 1935, em que ele afirmava ter uma renda anual máxima de 22.500 dólares. Mas Luciano não teve como explicar sua vida de rei. Ele foi desacreditado ainda mais quando se revelou que, em 1923, havia escapado de uma condenação por porte de drogas delatando outro traficante. O chefe da Máfia não havia obedecido nem mesmo à *omertà*.

Luciano foi condenado por todas as acusações e sentenciado a uma pena de 30 a 50 anos de prisão. No ano seguinte, seu recurso foi recusado, mesmo depois de três testemunhas-chave terem retratado. Dewey conseguiu evidências de que as retratações tinham sido obtidas por coação. O veredito transformou Dewey em um herói da nação e ele foi eleito promotor de Manhattan, em 1937.

Luciano foi enviado à Clinton State Penitentiary, em Dannemora, cerca de 30 quilômetros da fronteira com o Canadá. Era uma das prisões mais rigorosas no sistema, mas Luciano não sofreu muito. "Little Davie" Betillo, seu corréu, atuou como cozinheiro e faz-tudo particular, e ele passava a maior parte do tempo jogando cartas e andando pela prisão "como se fosse o dono do lugar", observou um dos guardas.

O mafioso continuou a dirigir os negócios a partir de sua cela. Quando Dewey concorreu para governador de Nova York, em 1942, como um trampolim à sua candidatura presidencial em 1944, Luciano se ofereceu para garantir sua vitória desde que Dewey o absolvesse depois de ser eleito. Entretanto, o advogado de Luciano, Moses Polakoff, viu um problema nessa estratégia. Se Dewey absolvesse Luciano, ele provavelmente seria desacreditado, arruinando, assim, suas chances de ser eleito presidente. Luciano precisava dar a Dewey uma razão legal para soltá-lo.

"Operação Submundo"

Luciano tinha lido no jornal que a Marinha norte-americana estava preocupada com o número de imigrantes que trabalhavam no cais em Nova York. Os Estados Unidos estavam em guerra com a Itália e havia uma divisão de lealdade entre os italianos. Greves nas docas dificultavam a campanha bélica, provisões vitais eram roubadas e navios mercantes eram afundados na costa leste, possivelmente por avisos de estivadores. No entanto, a Máfia controlava a International Longshoremen's Association. Se Luciano pudesse garantir a segurança dos cais, soltá-lo poderia ser visto como um gesto patriota. Ele só precisava de uma matéria de primeira página que pudesse pôr o público a par do perigo sempre presente de sabotagem.

Em 7 de dezembro, o dia em que os japoneses atacaram Pearl Harbor, as autoridades norte-americanas confiscaram o cruzador de luxo francês SS *Normandie*, que estava ancorado no porto de Nova York. Elas planejavam convertê-lo em um navio de tropas. Mas Albert Anastasia tinha outros planos. Em 9 de fevereiro de 1942, ele pôs fogo no *Normandie*, o que conseguiu colocar o tema da segurança do cais na primeira página.

Para fugir do processo pela morte do também extorsionário Ferdinand Boccia, Vito Genovese havia fugido para a Itália em 1937, onde se tornou próximo de Benito Mussolini. Frank Costello atuava agora como chefe da família Luciano. Em sua nomeação, chefes de sindicatos e outras figuras importantes da comunidade italiana juraram lealdade. Eles tornaram público que gângsteres de origem italiana e siciliana eram norte-americanos patriotas que vestiriam a bandeira. Impulsionada por essa demonstração de apoio, a Marinha montou a "Operação Submundo", um plano aprovado pelo governo que incluía o crime organizado como parte da campanha de guerra.

Um jovem oficial da reserva chamado tenente Charles R. Haffenden foi colocado no comando da operação. O escritório de Dewey o colocou em contato com Joseph "Socks" Lanza, legalista de Luciano, que gerenciava o mercado de peixes da Fulton Street.

Todos que quisessem montar barraca no mercado precisavam da autorização de Lanza. Todos os barcos que entregavam peixe lhe pagavam

Tom Dewey em campanha eleitoral.

100 dólares e todo caminhão que levava mercadoria lhe pagava mais 50 dólares. Ele exercia um pulso tão firme, com assassinatos e intimidações, que conseguiu gerir o mercado de peixes de sua cela na prisão em Flint, no Michigan, quando foi encarcerado por conspiração, na década de 1930.

Temendo ser visto conversando com um oficial uniformizado, Lanza aceitou encontrar Haffenden à frente da Tumba do general Grant, na esquina da Riverside Drive com a 122nd Street, ele concordou em arranjar cartões sindicais à Marinha para que seus agentes pudessem trabalhar no mercado de peixes, porém, segundo ele, qualquer assistência no cais ou ao longo da beira-mar teria de vir do próprio Luciano. Depois de uma reunião inicial com Lansky em um restaurante de hotel na West 58th Street, com vista para o Central Park, Luciano foi chamado ao escritório do diretor de Dannemora, onde recebeu uma ligação "confidencial" de Frank Costello. Entretanto, Luciano se recusou a encontrar qualquer pessoa do governo a menos que fosse transferido para uma prisão melhor. O gabinete de Dewey prontamente lhe conseguiu a transferência para a Sing Sing State Prison, a apenas 40 quilômetros de Nova York.

> "LANZA GERENCIAVA O MERCADO DE PEIXES DA FULTON STREET. TODOS QUE QUISESSEM MONTAR BARRACA NO MERCADO PRECISAVAM DA SUA AUTORIZAÇÃO. TODOS OS BARCOS QUE ENTREGAVAM PEIXE LHE PAGAVAM 100 DÓLARES E TODO CAMINHÃO QUE LEVAVA MERCADORIA LHE PAGAVA MAIS 50 DÓLARES."

"Foi como ir da Sibéria para a civilização", afirmou Luciano. "Consegui uma cela muito boa só para mim, limpa e com água corrente quente e fria. Eu até tinha papel higiênico decente pela primeira vez em seis anos. Uma coisinha simples assim pode significar muita coisa quando você está trancafiado na cadeia."

Quando chegou a Sing Sing, Luciano foi à sala dos advogados, onde Lansky havia disposto todas as suas comidas favoritas das *delicatessens* de Nova York. Haffenden teve de esperar enquanto Luciano terminava de comer para discutir sobre negócios. Então, Haffenden perguntou-lhe se ele estaria disposto a usar sua influência para ajudar o governo.

"Como vocês têm tanta certeza que eu consigo cuidar do que vocês precisam enquanto estou preso em uma lata de sardinha?", perguntou Luciano.

Haffenden disse que sua autoridade era tão admirável que tudo que Luciano dissesse produziria os resultados estimados. Luciano, então, consentiu em ajudar. Enquanto Haffenden voltava para comunicar a notícia a seu superior no Serviço de Inteligência Naval, Luciano atacou o representante do gabinete de Dewey.

"Repito minha promessa de que Dewey vai ter todo o nosso apoio e que vamos entregar Manhattan de bandeja em novembro. Ele já está dentro", disse Luciano. "Então, assim que entrar no seu gabinete, vai fazer de mim um herói. A diferença é que os heróis ganham medalhas, mas eu vou ter a minha condicional."

Caso contrário, Luciano acabaria com sua reputação nos jornais, afirmando que Dewey teria convencido testemunhas a cometer perjúrio no julgamento de Luciano. Ele havia tentado essa tática antes, no seu recurso, mas, com Dewey concorrendo para presidente, os jornais democratas publicariam todo tipo de sordidez contra ele. Enquanto o representante de Dewey consultava seu chefe, Lansky e Costello discutiam monopolizar o mercado de carne e gasolina agora com a introdução do racionamento.

O melhor que Dewey poderia oferecer por Luciano seria deportá-lo para Itália quando a guerra acabasse. Por sua vez, Luciano concordou em pagar 90 mil dólares a Dewey, dos quais 25 mil dólares foram pagos imediatamente para seu "fundo de campanha secreto", enquanto os 65 mil dólares restantes seriam entregues em dinheiro, em notas pequenas, quando ele embarcasse. Ao checar depois, Luciano descobriu que os 90 mil dólares nunca apareceram nos registros ou declarações fiscais de Dewey, tampouco em seus fundos de campanha. Ele simplesmente tinha embolsado o dinheiro.

Fiel à sua palavra, Luciano pôs fim às greves e sabotagens no cais, e informações obtidas com a Operação Submundo levaram à captura de oito agentes alemães que desembarcaram de um U-Boat, em junho de 1942.

Com a ajuda de Luciano, Dewey foi eleito governador em 1942, cumprindo três mandatos consecutivos.

Ele ganhou a nomeação republicana para a presidência duas vezes, mas acabou perdendo para Franklin D. Roosevelt, em 1944 e Harry S. Truman, em 1948.

Sua derrota nas mãos de Truman foi totalmente inesperada. O *Chicago Daily Tribune* chegou a imprimir a manchete "DEWEY DERROTA TRUMAN" antes da publicação do resultado final.

Depois da guerra, o governador Dewey concedeu a Luciano clemência executiva e ele foi deportado em 1946.

Enquanto Luciano entregava a Dewey os devidos 65 mil dólares que lhe havia prometido, Lansky deu a Luciano um presente de despedida:

uma maleta contendo 1 milhão de dólares. Eles voltaram a se encontrar em Cuba, onde traficavam drogas para os Estados Unidos. Luciano morreu em Nápoles em 1962 e seu corpo foi levado para Nova York para ser enterrado na cripta da sua família no St. John Cemetery, no Queens.

Lansky fugiu para Israel em 1970 para evitar a instauração de processo por sonegação fiscal, mas retornou e acabou sendo absolvido. Em 1979, o Comitê da Câmara sobre Assassinatos vinculou Lansky a Jack Ruby, o dono de boates que matou o assassino de John F. Kennedy, Lee Harvey Oswald. Lansky morreu em 1983 e foi enterrado em um cemitério judeu ortodoxo em Miami.

FRANK COSTELLO

Nascido como Francesco Castiglia, em Calábria, em 1891, emigrou para os Estados Unidos aos 4 anos de idade. A terceira classe do navio estava tão lotada que ele teve de dormir em um grande caldeirão. Ele cresceu em East Harlem e liderou a gangue da 104th Street. Apesar de ser preso duas vezes por assalto a mulheres, álibis fornecidos por sua família e seus amigos conseguiram absolvê-lo. Em 1915, ficou preso por dez meses por porte de arma. Depois, afirmava nunca mais ter carregado arma alguma, preferindo conseguir o que queria com astúcia e sem violência.

Ao ser solto, mudou seu sobrenome para Costello e se juntou à quadrilha de Masseria com "Lucky" Luciano. Com o apoio financeiro de Arnold Rothstein, entrou no ramo do contrabando, traficando caros uísques escoceses do Canadá. Depois da morte de Masseria e de Maranzano, tornou-se o *consigliere* de Luciano e a conexão da Máfia com a Tammany Hall, usando, depois, essa posição para influenciar juízes e políticos. Com a prisão de Luciano, virou chefe interino da família Luciano, angariando o ressentimento de Vito Genovese, que pensava ser

Castello emigrou para os Estados Unidos aos 4 anos em um navio tão superlotado que ele teve de dormir em uma panela.

essa posição sua de direito. A situação foi resolvida quando Genovese fugiu para a Itália a fim de escapar de uma acusação de assassinato em 1937.

Costello vinha se preparando para o fim da Lei Seca com melhorias nas suas operações de jogos de azar. Uma de suas inovações mais bem-sucedidas foi permitir que agenciadores de apostas menos importantes interrompessem os trabalhos – por um preço – caso se deparassem com grandes perdas quando um grande número de clientes tivesse escolhido um ganhador em potencial. Ele também se tornou o "Rei dos Caça-Níqueis", com 25 mil máquinas lhe gerando um lucro de mais de 500 mil dólares por dia. Quando Fiorello La Guardia, então prefeito de Nova York, fez campanha para livrar Nova York dos caça-níqueis, ele transferiu suas operações para Louisiana. Ele também tinha interesses em Las Vegas.

Nesse ponto, Costello começou a fazer psicanálise, mas, quando seu analista o aconselhou a abandonar a Máfia e passar mais tempo com seus amigos refinados, ele largou a psicanálise.

Em 1951, ficou preso durante 18 meses por desacato depois de recusar a responder as perguntas feitas por um comitê do Senado dos Estados Unidos chefiado por Ester Kefauver, que investigava o crime organizado. Quando Genovese voltou da Itália, disputou com ele a liderança interina da família Luciano e Costello sofreu um disparo na cabeça por um pistoleiro genovês – supostamente, Vincente "The Chin" Gigante – em um lobby de hotel. Ele sobreviveu, mas voltou à cadeia por desacato ao júri. Gigante foi acusado pelo disparo, mas Costello recusou-se a identificá-lo e ele acabou sendo absolvido.

Após a morte de Albert Anastasia, Genovese assumiu o comando da família Luciano. Costello vingou-se tramando com Luciano, Lansky e Carlo Gambino para enquadrar Genovese, Gigante e Carmine Galante, futuro chefe da família criminosa Bonanno, sob acusações de tráfico. Apesar de sua carreira como contrabandista de bebidas alcóolicas, Costello apoiava o Exército de Salvação. Em 1949, ofereceu um jantar para levantar fundos à instituição na boate Copacabana, convidando mafiosos importantes, assim como juízes, políticos e autoridades municipais que deviam seus cargos a ele.

Depois de se aposentar, Costello continuou sendo considerado o "primeiro-ministro do Submundo", distribuindo seus conselhos e sua influência de sua cobertura no Waldorf-Astoria. Ele morreu por conta de um ataque cardíaco em um hospital em Manhattan, em 1973, aos 82 anos de idade. Quando Carmine Galante foi solto em condicional em 1973, ele se vingou explodindo as portas do mausoléu de Costello no St. Michael's Cemetery, no Queens. Cinco anos depois, Galante foi morto a tiros por três homens com espingardas no restaurante ítalo-americano Joe and Mary, em Bushwick, no Brooklyn.

Murder, Inc.

O braço executivo da Máfia, a Murder, Inc., foi ideia de Louis Buchalter, mais conhecido como "Lepke", diminutivo iídiche de "Lepkeleh" ou "Louisinho". Ele nasceu no Lower East Side em 1897. Embora seus três irmãos entrassem em carreiras – rabino, dentista e farmacêutico –, ele entrou no ramo de assalto, furto e arrombamento, cumprindo duas penas de prisão antes mesmo dos 22 anos de idade.

Em 1927, ele liderava uma quadrilha composta predominantemente por judeus, chamada de Gorilla Boys, envolvida em extorsão e fraude trabalhista. Seu histórico de assassinatos era tão conhecido que, em 1935, Albert Anastasia contratou o grupo de Lepke para matar Dutch.

Ao expandir para o Brooklyn, Lepke contratou uma gangue de jovens assassinos, a quadrilha Brownsville, para controlar suas fraudes na indústria têxtil. Anastasia voltou a contratar o grupo para matar. Ele convenceu Costello e a Comissão de que deveriam tê-lo como conexão com Lepke, que mandaria os "Boys from Brooklyn" matarem quem quer a Máfia quisesse eliminar. Os italianos que ordenassem as mortes teriam um álibi, enquanto os judeus que as executassem não teriam ligação às vítimas.

No final dos anos 1930, Lepke tinha cerca de 250 cabras-machos administrando diversas extorsões e o tráfico de heroína. Ele também comandava um grupo com cerca de 12 assassinos especializados, que receberam a alcunha "Murder, Inc." de Harry Freeman, repórter do *New York World-Telegram*. Entre eles, estavam o devoto Samuel "Red" Levine, que não cometia assassinatos no sabá, e Harry "Pittsburg Phill" Strauss, que perfurou o olho de um garçom com um garfo porque o serviço do restaurante estava muito lento. Sua base de operações ficava nos fundos da Midnight Rose's, uma loja de doces em Brownsville.

Anastasia, que sentia prazer com o sofrimento das vítimas, às vezes participava das execuções, levando consigo um grupo de assassinos italianos escolhidos a dedo, incluindo Vito "Chicken Head" Gurino, que praticava atirando na cabeça de galinhas vivas.

Os que ofendiam a Máfia não eram simplesmente executados. Seus cadáveres eram dispostos de acordo com a linguagem simbólica própria da Máfia. Um canário ou roedor era colocado na boca de vítimas tidas como delatoras ou desleais; testemunhas levavam disparos nos olhos ou

Louis Lepke alge do ao chefe do F Edgar Hoove.

Louis Lepke (esquerda) com Weis Emanuel 'Mendy' Cohen Phillip 'Lit Farvel' (ambos pr tegendo suas face e Capone Louis em Kings County courtoom durante seleção do júri.

tinham os olhos removidos; os que roubavam da organização tinham notas de dinheiro inseridas na boca ou no ânus; e um homem que prevaricasse com a mulher, namorada ou parente de outro era castrado e tinha o pênis enfiado na goela. Para não serem pegos, os Boys from Brooklyn desenvolveram a técnica de cravar um picador de gelo na orelha das vítimas para que o patologista que realizasse a autópsia pensasse que elas haviam morrido por hemorragia cerebral. No entanto, homens de honra levaram disparos no rosto, para ver a morte se aproximando.

Quando Lepke descobriu que Dewey o estava perseguindo por causa dos estimados 5 a 10 milhões de dólares que ele estava extorquindo por ano de lojas no Brooklyn e em Manhattan, ele se tornou foragido. Antes disso, entregou a Anastasia uma lista de testemunhas que queria liquidadas antes que Dewey tivesse acesso a elas. Pelo menos sete delas foram mortas. As autoridades federais também estavam atrás de Lepke, desta vez por crimes de entorpecentes. Nesse ponto, a Comissão concluiu que Lepke tinha se tornado um problema. Em vez de matá-lo, porém, tomaram providências para que ele se rendesse ao então chefe do FBI, J. Edgar Hoover, usando o colunista e locutor Walter Winchell como intermediário. Anastasia convenceu Lepke de que ele sofreria apenas uma acusação federal por entorpecentes. No entanto, nenhum acordo tinha sido feito com Dewey. Lepke foi condenado a uma sentença de 14 anos por delitos referentes a narcóticos e mais 30 por extorsão.

Durante a investigação, descobriu-se o envolvimento de Lepke com a Murder, Inc. Um dos membros, Abraham "Kid Twist" Reles, conhecido por sua habilidade ímpar no estrangulamento, tinha sido preso por homicídio em 1940. Para se safar, aceitou depor contra Lepke. No entanto, três dias antes da data marcada para seu depoimento, Reles foi atirado da janela de seu quarto de hotel, apesar da proteção policial 24 horas. A imprensa o chamou de "O passarinho que sabia cantar, mas não voar". Mesmo assim, em 1944, Lepke foi condenado à cadeira elétrica pelo assassinato de Joseph Rosen, proprietário de uma loja de doces no Brooklyn. Seu pedido de indulto de última hora foi negado por Thomas E. Dewey, então governador de Nova York.

Lepke foi, portanto, o único líder do crime organizado a ser executado por homicídio. O testemunho de Reles mandou mais seis assassinos da Murder, Inc. para a cadeira elétrica. Ele também identificou DonUmberto – Albert Anastasia – como chefe da operação. Depois da morte de Reles, o caso contra Anastasia foi arquivado. Dez anos depois, Luciano revelou que Costello havia pagado 50 mil dólares à guarda policial de Reles para o jogarem pela janela. A versão oficial é de que ele "faleceu em uma tentativa de fuga".

Albert Anastasia

Umberto Anastasia, nascido em Calábria, em 1902, emigrou para os Estados Unidos com sua família em 1919. Depois de trabalhar como estivador, entrou, então, em uma quadrilha que roubava e estuprava mulheres. No começo de sua carreira criminosa, mudou seu nome para não desonrar a família, apesar de seu irmão, Anthony "Tough Tony" Anastasio, também gângster, ter mantido a ortografia original.

Anastasia montou sua própria operação de contrabando de bebidas sob a proteção de Joe Adonis, chefe da quadrilha do Brooklyn. Ele assassinou pelo menos cinco pessoas em disputas por território. Em 1920, matou Joe Torino em um bate-boca pelo direito de descarregar navios com carregamentos valiosos, esfaqueando-o e estrangulando-o na frente de testemunhas. Ele foi condenado e sentenciado à pena capital. Depois de 18 meses no corredor da morte na Sing Sing, conseguiu um novo julgamento. Algumas das testemunhas anteriores tinham desaparecido misteriosamente e outras reverteram seus testemunhos prévios, permitindo que Anastasia saísse impune. Ele foi então contratado como executor de Joe Adonis, tornando-se conhecido como "The Lord High Executioner", "The Mad Hatter" ou, simplesmente, "Big Al".

Albert Anastasia na sede policial do condado de Kings.

Na formação da Murder, Inc., foi Anastasia quem criou todo o vocabulário do grupo. Apesar de os mafiosos sicilianos tradicionais desconfiarem de sua associação tão próxima com os gângsteres judeus, ele estava presente na primeira reunião da convenção criminosa nacional, em Atlantic City, em 1929. O evento foi feito na casa do chefe da cidade, Nucky Johnson. Também estavam presentes Capone, Luciano, Adonis, Torrio e Costello. Todos compareceram para conhecer Moses Annenberg, que estava montando um serviço de comunicação nacional para agenciadores de apostas financiado por Meyer Lansky.

Durante a Guerra Castellammarese, Anastasia ganhou a reputação de assassino a sangue-frio. Ele fez parte do grupo que matou Joe Masseria e, segundo se conta, teria desferido o golpe de misericórdia. Quando Dutch Schultz exigiu a morte de Dewey, Anastasia espreitou à frente de seu apartamento, posando como um pai afetuoso com seu filho. Ele reportou que o promotor especial tinha pouca vigilância e poderia ser eliminado facilmente.

Embora Anastasia fosse tremendamente leal a Lepke, foi ele quem o convenceu a se entregar, uma ação que acabou levando a execução de Lepke. Acreditou-se que Luciano o instigou a isso, por inveja do poder que Lepke estava alcançando. Quando Abraham Reles delatou Lepke a Murder, Inc., Anastasia virou foragido. Temendo poder ser implicado na morte de Reles, alistou-se no exército, mas, quando sua unidade foi destacada para além-mar, Anastasia conseguiu, com vários subornos, um posto em um centro de transporte em Town Gap, na Pensilvânia. Ele foi promovido a sargento e espalhou boatos de que havia realizado atos heroicos. Depois da guerra, desfilava pelo Brooklyn usando seu uniforme, com medalhas que havia comprado em uma loja de penhor penduradas no pescoço.

Quando Luciano foi deportado, a família Mangano assumiu seus territórios no Brooklyn, tendo Anastasia como seu subchefe. Então, os Mangano começaram a desaparecer. Philip Mangano foi encontrado morto perto da Baía de Sheepshead, no Brooklyn, em 19 de abril de 1951 e, logo depois, foi a vez de Vincent Mangano desaparecer. Com a ajuda de Frank Costello, Anastasia conseguiu convencer a Comissão de que Vincent vinha planejando sua morte. Luciano, a bem da verdade, tinha aprovado a eliminação dos Mangano. Assim, Anastasia tornou-se o novo chefe da família.

Quando Anastasia viu o detetive amador Arnold Schuster na TV, ordenou que seus homens o matassem por ser um delator, afinal, Schuster havia denunciado o famoso assaltante de bancos Willie Sutton. Matar pessoas fora da Máfia, porém, era algo que não se fazia. Quando Vito Genovese soube do incidente, começou a espalhar boatos de que Anastasia estava perigosamente instável. Na verdade, Genovese queria Anastasia fora do caminho para poder nutrir suas ambições. Seu lance seguinte foi conseguir a cooperação do subchefe de Anastasia, Carlo Gambino, que, por sua vez, recrutou Joe Profaci. A princípio, Genovese não podia agir contra Anastasia por culpa de Meyer Lansky, mas Anastasia logo começou a cavar sua

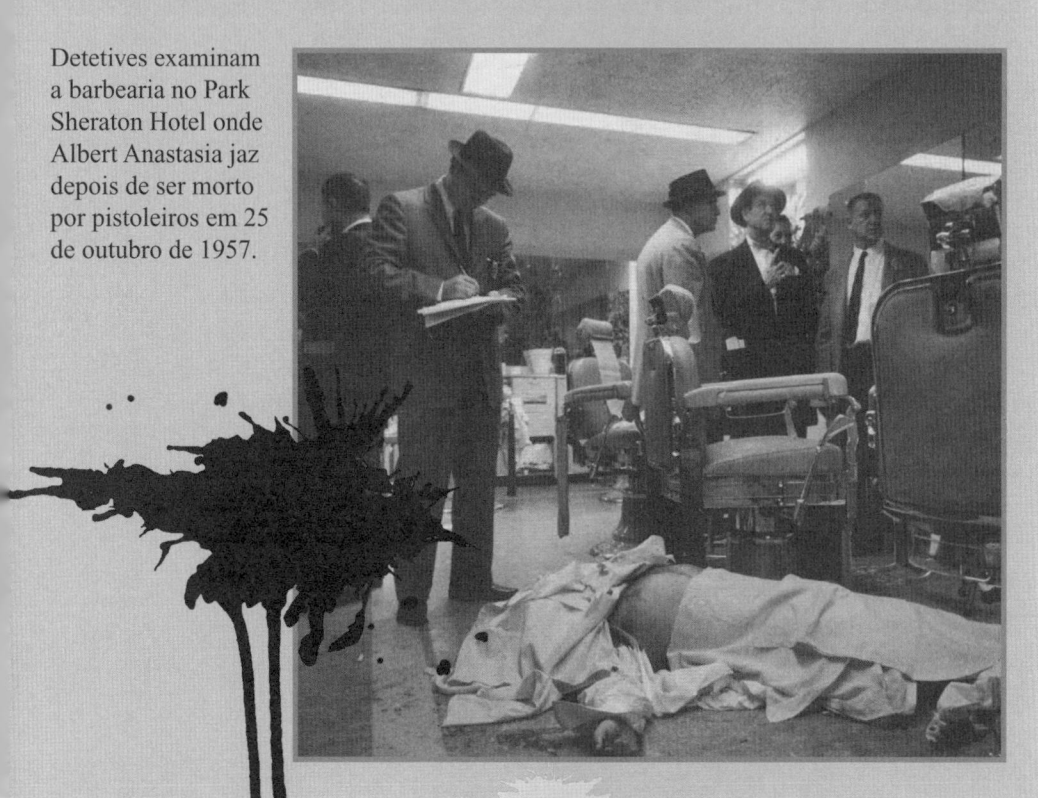

Detetives examinam a barbearia no Park Sheraton Hotel onde Albert Anastasia jaz depois de ser morto por pistoleiros em 25 de outubro de 1957.

própria cova quando tentou reduzir o pagamento às operações de jogos cubanos de Lansky. Furioso, Lansky passou a apoiar Genovese em sua campanha para eliminar Anastasia.

Genovese também criou inimizade entre Costello e Anastasia. O ataque de Gigante contra Costello (ver quadro "Frank Costello", na p. 124) foi feito de modo a parecer que houvesse sido cometido sob ordens de Anastasia. Costello, então, concordou com os outros chefes da Máfia de que Anastasia precisava ser eliminado.

Às 10h15 de 25 de outubro de 1957, Anastasia estava cochilando na poltrona da barbearia do Park Sheraton Hotel quando dois homens usando chapéus fedora e óculos escuros entraram. Eles sacaram suas 38 milímetros e começaram a disparar balas contra ele. Um último disparo foi feito na nuca, assim como Anastasia havia executado Masseria. Os dois homens fugiram em seguida. Eles nunca foram pegos, mas acredita-se que fossem Larry e Joe Gallo, sob ordens de Carlo Gambino, instigado, por sua vez, por Vito Genovese. Gambino, então, tornou-se chefe e Genovesse assumiu a posição de Frank Costello.

Havia poucas flores em seu funeral. A esposa de Anastasia afirmou reiteradamente que ele era um bom homem de família que ia à igreja todos os domingos e fazia contribuições generosas para a manutenção da igreja.

"Agora, nem mesmo enterrado em solo sagrado ele está", disse ela.

Em seguida, trocou de sobrenome e se mudou para o Canadá.

6
A Máfia Contra Mussolini

Il Duce em toda a sua glória

Benito Mussolini fundou seu Partido Nazionale Fascista em Milão, em 1919. O partido chegou ao poder combatendo o movimento trabalhista e o socialismo no norte industrial. Embora Mussolini fosse popular na Sicília, o Fascismo não tinha raízes fortes no sul; por isso, em maio de 1924, Il Duce visitou a Sicília pela primeira vez. Em sua passagem pela pequena cidade de Piana dei Greci, o prefeito, o mafioso *Don* Ciccio Cuccia, olhou depreciativo para os guarda-costas de elite de Mussolini e disse: "Por que você precisa desses homens? Não há nada a temer enquanto estiver comigo. Sou eu quem dá as ordens por aqui". De fato, quando o rei Vítor Emanuel visitara a ilha alguns anos antes, *Don* Ciccio tinha conseguido levá-lo à igreja greco-ortodoxa, onde o chefe de Estado tornou-se, sem saber, padrinho do novo filho do *Don* da Máfia.

> "Talvez, *Don* Ciccio não tenha mesmo ouvido, senão teria escutado Mussolini declarar guerra contra a Máfia."

Por Mussolini não ter demonstrado o devido respeito que *Don* Ciccio acreditava merecer, ele sabotou o discurso de Mussolini esvaziando a praça da cidade de todas as pessoas exceto por um punhado de mendigos, engraxates, loucos e vendedores de loteria. Acredita-se que *Don* Ciccio sequer tenha ouvido ao discurso. Talvez seja verdade, senão teria escutado Mussolini declarar guerra contra a Máfia. Em Roma, Mussolini repetiu a convocação às armas no parlamento fascista, dizendo a seus seguidores do sul: "Eu tenho o poder para resolver (...) até mesmo o problema do *Mezzogiorno* (sul da Itália). É a minha mais fervorosa aspiração resolvê-lo".

A essa altura, *Don* Ciccio já estava na prisão, cumprindo uma longa sentença.

Cesare Mori

O homem que Mussolini escolheu para enfrentar a Máfia foi Cesare Mori. Uma escolha inusitada. Mori era um monarquista conservador que tinha se oposto ao Fascismo na posição de chefe de polícia em Roma e prefeito de Bolonha, onde os camisas-negras haviam cercado a prefeitura e urinado nas paredes. No entanto, durante a Primeira Guerra Mundial, ele havia perseguido as gangues de salteadores que vinham tomando conta dos morros da Sicília em vez de se recrutarem no exército. Tornou-se, então, um herói ao capturar Paolo Gisalfi, um bandido proeminente.

Em 1925, Mori foi apontado como prefeito de Palermo. Mussolini o chamou de "prefeito de ferro" e os locais o chamavam de "homem de coração felpudo". Quando Mori voltou à ilha, descobriu que a Máfia havia prosperado, então, começou sua campanha contra ela com uma série de prisões em massa. Primeiro de tudo, ele capturou os jovens bem-vestidos que dirigiam ostentosamente pelas ruas mais elegantes da cidade, sob o pretexto de que o dinheiro deles só poderia ter sido obtido desonestamente. Em seguida, passou a agir nas vilas da região montanhosa de Madonias.

Em 1º de janeiro de 1926, Mori enviou seus homens para cercar a comuna de Gangi, uma famosa fortaleza de criminosos. Construída no interior de uma montanha, muitas das casas tinham saídas em alturas diferentes, facilitando a fuga caso a estrutura fosse invadida. As casas também tinham paredes falsas e esconderijos construídos no sótão ou debaixo do piso.

Cesare Mori era o chefe da polícia durante a guerra de Mussolini contra a Máfia.

Mori alagou a área com seus carabineiros, deixando os mafiosos sem escolha a não ser se render. O primeiro a se entregar foi Gaetono Ferrarello, conhecido como "rei das Madonias", que estava foragido há mais de 30 anos.

Ele saiu do esconderijo na manhã de 2 de janeiro. Em seguida, caminhou até a casa do barão Li Destri, na praça central, e se rendeu a Questore Crimi, o homem que Mori tinha enviado para comandar a operação. De acordo com os jornais, Ferrarello jogou sua bengala sobre a mesa e disse, devagar: "Meu coração treme. Esta é a primeira vez que fico na presença da lei. Eu estou me entregando para restaurar a paz e a tranquilidade a essas pessoas atormentadas". Depois de cumprimentar a polícia e as autoridades locais, foi levado embora. Alguns dias depois, morreu, tendo-se jogado de uma escadaria na prisão.

Mori não queria apenas capturar os mafiosos: ele queria humilhá-los.

"Eu quis dar à população provas tangíveis da covardia dos criminosos", escreveu ele em suas memórias.

A polícia recebeu ordens de entrar nas casas de homens procurados na calada da noite, quando eles estivessem dormindo. Seu rebanho era massacrado e a carne, vendida a preço reduzido para os mercadores locais. Se os homens não pudessem ser encontrados, suas mulheres e crianças eram levadas como reféns. Movidos por seu forte senso de honra, os mafiosos logo se entregavam.

Em seguida, Mori foi atrás de *Don* Vito Cascio Ferro. Fazendo um discurso em território de *Don* Vito, Mori anunciou: "Meu nome é Mori e muitos morrerão por mim" – *morire* significa morrer em italiano.

Ao ser preso, o afilhado de *Don* Vito pediu a intervenção de um proprietário de terras local, que, porém, respondeu: "Os tempos mudaram".

Suspeitos de envolvimento com a Máfia algemados e atrás das grades, 1928.

Só em 1926, ocorreram 5 mil prisões na província de Palermo, o que criou uma montanha de burocracia. Mori deixou a Sicília em 1929, alegando ter erradicado a Máfia. Ele estava errado, embora houvesse 11 mil homens atrás das grades. No entanto, a Máfia sofrera um golpe forte e quase fatal.

De acordo com Antonio Calderone, um mafioso de Catânia que, em 1986, tornou-se *pentito* (informante):

> *"Muitos foram enviados à ilha prisional, de um dia para o outro (...) eles condenavam os mafiosos a cinco anos de exílio interno sem julgamento, o cúmulo. E, quando esses cinco anos acabavam, emitiam um decreto para condená-los a mais cinco (...). Depois da guerra, a Máfia quase não existia mais. As famílias sicilianas estavam todas fragmentadas. A Máfia era como uma planta que não conseguia mais crescer. Meu tio Luigi, que tinha sido chefe, uma autoridade, teve de se rebaixar a roubar pão".*

"General Máfia"

Mas a guerra acabou dando uma oportunidade à Máfia. Na noite de 9 de julho de 1943, a primeira das 160 mil tropas aliadas começou a desembarcar nas praias do sul da Sicília. Enquanto os britânicos e canadenses abriam caminho combatendo pela costa leste contra forte oposição, os norte-americanos tinham recebido o que parecia ser uma missão ainda mais difícil. Eles teriam de abrir caminho combatendo por meio da montanhosa região central. O ponto-chave da linha defensiva ítalo-germânica era o Monte Cammarata, logo a oeste das cidades de Villalba e Mussomeli, que dominavam as duas estradas por que os norte-americanos teriam de passar para chegar a Palermo. Ela abrigava uma brigada mista de artilharia motorizada, canhões antiaéreos e antitanques, além de um esquadrão de *panzers* alemães, incluindo os modernos tanques Tiger. As cavernas montanhosas e os afloramentos rochosos eram usados como redutos contra invasores desde os tempos romanos. No comando da força de defesa estava o tenente-coronel Salemi. Ele não acreditava que pudesse deter o avanço norte-americano porque tinha pouca cobertura aérea. No entanto, estava certo de que conseguiria retardar os norte-americanos e fazê-los pagar um preço alto.

Em 14 de julho de 1943, um pequeno avião do exército norte-americano voou baixo sobre Villalba.

Ele carregava uma bandeira amarela com um grande "L" preto e jogou uma bolsa de *nylon* contendo um enorme lenço que exibia a mesma inicial "L". A bolsa caiu perto da casa do padre da vila, monsenhor Giovanni Vizzini, que era irmão do chefe local da Máfia. Ela foi pega por Raniero Nuzzolese, um soldado de Bari no continente. Ele a entregou ao anspeçada Angelo Riccioli, comandante dos carabineiros posicionados em Villalba.

O avião retornou no dia seguinte e jogou outra bolsa perto da casa do irmão do padre. Desta vez, ela tinha as palavras "Zu Calò" (Tio Calò) escritas. A bolsa foi pega por Carmelo Bartolomeo, empregado da casa de Vizzini, que a entregou a *Don* Calogero Vizzini (*Don* Calò), o destinatário previsto.

Don Calò era um dos mais poderosos chefes da Máfia na Sicília; segundo algumas fontes, ele era o *capo di tutti capi*, embora essa posição não existisse formalmente na Sicília na época. Nascido em 1877, ele havia começado a carreira oferecendo proteção a camponeses que queriam levar seus grãos com segurança aos moinhos controlados pela Máfia. Durante a Primeira Guerra Mundial, fez fortuna negociando no mercado negro e controlando as terras de proprietários ausentes. Ele escapou de processo diversas vezes com a ajuda de amigos influentes. Ao todo, acredita-se que a ficha criminal de *Don* Calò incluísse 39 homicídios, 6 tentativas de homicídio, 13 atos de violência privada, 36 assaltos, 37 roubos e 63 incidentes de extorsão.

> "Em 14 de julho de 1943, um pequeno avião do exército norte-americano voou baixo sobre Villalba. Ele carregava uma bandeira amarela com um grande 'L' preto."

Durante a sanção de Mori, ele foi mantido em prisão domiciliar por sua franca oposição a Mussolini e, em 1931, foi exilado para o continente. Toda a cidade saiu às ruas para recebê-lo em seu retorno, em 1937. Quando *Don* Calò abriu a bolsa, encontrou outro lenço de seda amarelo com a inicial L. Lenços de seda eram, há muito, usados na Máfia como meio de identificação. Em 1922, um membro despretencioso da Máfia em Villalba chamado Lottò havia cometido um assassinato para o qual não pedira permissão. Ele havia transgredido toda a etiqueta da Máfia. O assassinato fora mal planejado e nenhum esforço foi feito para esconder o crime. A prisão e a condenação seriam inevitáveis. Mas *Don* Calò sofreria certa "perda de respeito" caso deixasse um "homem de honra" à própria sorte, então, Lottò foi declarado louco. Ele foi levado ao asilo em Barcellona Pozzo di Gotto, perto de Messina, uma instituição convenientemente sob o controle da Máfia. Assim que chegou, Lottò foi declarado morto. Depois de ser levado do asilo em um caixão bem arejado, recebeu documentos falsos e uma passagem só de ida para Nova York. Levou consigo um lenço de seda amarelo com a inicial C, de Calò, para que pudesse ser identificado ao desembarcar. Portanto, quando *Don* Calò recebeu um lenço de seda amarelo, sabia que sua ajuda estava sendo requisitada. A letra L era de Luciano. Apesar de ter partido da Sicília aos 9 anos de idade, a reputação de Luciano era bem-afamada na região. Vito Genovese tinha escrito a Luciano para informá-lo desse fato, de modo que as autoridades norte-americanas também estavam cientes da influência que Luciano poderia exercer.

Naquela tarde, um jovem chamado Mangiapane partiu em direção de Mussomeli com uma carta em que se lia:

Don Calogero Vizzini, um dos mais poderosos chefes da Máfia na Sicília do século passado – segundo algumas fontes, ele era o *capo ti tutti capi*.

"Turi, o administrador da fazenda, irei à feira em Cerda com os bezerros na terça, dia 20. Parto no mesmo dia com as vacas, os carros de bois e o touro. Arranje feixes para fazer leite e arrume o curral para as ovelhas. Diga aos outros beleguins para se prepararem. Eu cuido do coalho".

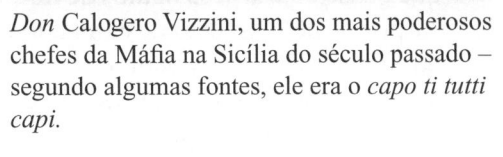

Turi era o chefe da Máfia em Polizzi Generosa, 20 quilômetros ao nordeste de Villalba. "Bezerros" eram as divisões motorizadas dos Estados Unidos, que ele levaria a Cerda pela estrada principal que ia de Palermo a Messina; "vacas" eram as tropas; "carros de bois", os tanques; e "o touro" era o comandante supremo. A carta era endereçada a "Zu Peppi", Giuseppe Genco Russo, chefe da Máfia de Mussomeli, que, no futuro, viria a suceder *Don* Calò, como mais importante gângster da Sicília. No dia seguinte, Mangiapane retornou com a resposta de Zu Peppi, que escreveu que Liddu, seu beleguim, já estava com os feixes prontos.

Três dias depois, com a linha de frente norte-americana ainda a quase 50 quilômetros de Villalba, um jipe solitário atravessou de súbito o território inimigo. Ele carregava dois soldados e um civil, e portava um galhardete com um L preto. Não longe da cidade, passava uma retaguarda italiana. Um dos soldados norte-americanos foi atingido. Ele tombou na estrada enquanto o jipe dava uma meia-volta cantando pneu e seguia na direção oposta.

Um aldeão logo descobriu que o soldado morto carregava uma bolsa de *nylon* endereçada a *Don* Calò. Ela também não demorou a ser entregue ao endereçado.

Naquela tarde, três tanques norte-americanos entraram em Villalba. Uma bandeirola amarela com o L escrito flamulava dependurada na antena de rádio do primeiro tanque. Um oficial norte-americano surgiu da torre de tiro e pediu aos locais para buscarem *Don* Calò. Ele falou com um sotaque siciliano que havia sido abrandado por anos nos Estados Unidos.

> "**Dois terços dos homens de Salemi faltaram ao chamado (...) homens locais os 'persuadiram' a evitar derramamento de sangue desnecessário.**"

No tempo devido, *Don* Calò atravessou a cidade vestindo uma camisa de mangas curtas. Um par de suspensórios segurava suas calças acima da rotunda barriga e seu chapéu estava tão enfiado na cabeça que quase cobria seus óculos de tartaruga. Os norte-americanos ficaram surpresos pelo aspecto desalinhado do obeso de 66 anos de idade, mas, na Sicília, não ficava bem a um chefe da Máfia se ostentar. Sem dizer uma palavra, *Don* Calò tirou do bolso o lenço identificador. Em seguida, subiu ao tanque principal com a ajuda de seu sobrinho, Domiano Lumia, que retornara dos Estados Unidos pouco antes da eclosão da guerra. Mangiapane recebeu ordens de voltar a Mussomeli e dizer a Zu Peppi que os norte-americanos haviam chegado a Villalba. Em seguida, *Don* Calò foi levado para trás das linhas aliadas, onde os soldados dos Estados Unidos se referiam a ele como "General Máfia".

Naquela noite, o coronel Salemi ainda controlava as estradas de sua alta posição no Monte Cammarata, mas dois terços dos seus homens faltaram ao chamado da manhã seguinte. Durante a noite, as tropas italianas tinham recebido visitas de homens locais, que os "persuadiram" a abandonar suas posições e evitar derramamento de sangue desnecessário. Eles receberam roupas civis para poderem retornar às suas famílias. Os demais foram advertidos que não enfrentavam apenas as forças aliadas. Pessoas que conheciam o terreno melhor do que eles poderiam tomar vantagem da escuridão para capturá-los e entregá-los como prisioneiros aos norte-americanos. Resistir era inútil, além de perigoso. Mais tarde, nesse mesmo dia, o próprio coronel Salemi foi capturado pela Máfia em Mussomeli e mantido em cativeiro na prefeitura. Enquanto isso, um destacamento de tropas marroquinas comandado pelo general Juin havia sido detido na vila de Raffi. Às 16h daquela tarde, Juin recebeu uma mensagem da Máfia de Mussomeli que lhe disse que agora era seguro avançar. A batalha por Cammarata acabou sem que um tiro fosse disparado.

Don Calò passou seis dias com os norte-americanos. Enquanto Turi, o chefe da Máfia, acompanhava a coluna aliada pela estrada que ia para Cerda, *Don* Calò viajou com o outro braço da pinça, que cercou as tropas na província de Palermo e isolou Trapani. Quando as colunas se encontraram em Cerda, *Don* Calò voltou para casa, de missão cumprida. Muitos historiadores consideram essa história apócrifa, mas ela é amplamente difundida pelos habitantes de Villalba e foi registrada por Michele Pantaleone, jornalista e ex-rival político de *Don* Calò.

Quando ele retornou a Villalba, o prefeito fascista foi deposto e *Don* Calò assumiu o cargo, com o apoio da força norte-americana de ocupação. Michele Pantaleone assumiu como vice. Na posse de Calò, seus correligionários gritavam: "Longa vida à Mafia! Longa vida ao crime! Longa vida a *Don* Calò!". Os norte-americanos lhe deram permissão para carregar armas de fogo caso tivesse problemas com os fascistas, e o quartel dos carabineiros na cidade recebeu o seu nome. Um dos seus primeiros atos como prefeito foi expungir todos os registros de seus crimes anteriores.

Trabalhando com os Aliados

Antes de a invasão da Sicília começar, a Máfia forneceu mapas e ajudou agentes aliados a entrar e sair clandestinamente do país. Quando a invasão estava em marcha, ela conduziu sabotagens atrás das linhas. Charles Poletti, governador da Sicília durante os seis meses da ocupação, havia se infiltrado em Palermo sob a proteção da Máfia muito antes dos desembarques. Seu motorista e intérprete era Vito Genovese.

"Não tivemos problema algum com a Máfia", disse Poletti. "Ninguém nunca oviu falar dela. Enquanto estávamos lá, ninguém ouviu falar dela. Ninguém nunca falou sobre ela."

Luciano descreveu Poletti, que já fora governador de Nova York por um curto período, como "um de nossos bons amigos". Ele era menos generoso quando se tratava das operações no mercado negro conduzidas por Genovese com Domiano Lumia, sobrinho de *Don* Calò.

"Ele ganhou mais de 1 milhão de dólares em dinheiro insondável em pouquíssimo tempo", afirmou Luciano. "Aquele piolho conivente estava vendendo bens de americanos para sua própria gente, coisas que teriam salvado vidas ou impedido que muitos morressem de fome. Ele fez uma fortuna com penicilina, cigarros, açúcar, azeite, farinha, tudo (...). Talvez, se eu tivesse de fazer de novo, teria tomado providências para que as tropas de Poletti posicionassem Vito contra um paredão e disparassem."

Mas o mercado negro da Máfia era popular. As pessoas pelo menos estavam conseguindo as coisas de que precisavam para sobreviver. Um depósito que abrigava cartões de racionamento foi saqueado e pelo menos 25 mil cartões extras estavam em circulação. E, quando os Aliados tentaram tomar o comando de todos os grãos da ilha, os fazendeiros não colaboraram, porque preferiam os preços do mercado negro pagos pela Máfia.

Com o avanço dos Aliados, os mafiosos eram soltos das prisões por serem antifascistas. Muitas vezes, eram instalados como prefeitos ou recebiam outras posições políticas graças à Agência de Serviços Estratégicos (OSS, do inglês Office of Strategic Services), a precursora da CIA. Até o então prefeito de Palermo, Lucio Tasca Bordonato, era membro da Máfia, de acordo com Nick Gentile, apesar de ter sido nomeado pelos Aliados. Os mafiosos não só eram antifascistas como também se opunham aos comunistas que formavam a coluna dorsal da força de guerrilha que ocupara as montanhas para combater Mussolini. A última coisa que o governo norte-americano queria era um golpe comunista nos países que eles ajudaram a liberar. Esse, portanto, era outro motivo por que os mafiosos eram tão populares com os Aliados.

> "AQUELE PIOLHO CONIVENTE ESTAVA VENDENDO BENS DE AMERICANOS PARA SUA PRÓPRIA GENTE, COISAS QUE TERIAM SALVADO VIDAS OU IMPEDIDO QUE MUITOS MORRESSEM DE FOME."

O diretor da divisão da OSS em Palermo, Joseph Russon, nascido em Palermo, teve reuniões com *Don* Calò e Vito Guarrasi, advogado de Palermo cuja casa foi usada para um encontro dos chefes da Máfia das três províncias ocidentais. Guarassi era o braço direito do general Giuseppe Castellano, o homem que negociou o armistício entre a Itália e os Aliados, em setembro de 1943. Castellano também se reuniu com *Don* Calò e outros líderes da Máfia em diversas ocasiões, bem como com os separatistas sicilianos, como os irmãos Tasca, que também era mafiosos.

Um relatório da OSS chamado "The Mafia Leadership Fighting Crime" [A liderança da Máfia no combate ao crime] descrevia como a Máfia empregava justiça sumária para eliminar o banditismo no interior.

O general G. Castellano cumprimenta Dwight D. Eisenhower durante a assinatura dos documentos de armistício.

Ele registrou como, no início de março, os líderes da Máfia em Palermo realizaram várias reuniões secretas para pôr fim à onda de crime. Como resultado, os corpos de oito homens foram encontrados na fronteira de Mussomeli. Eles haviam sido estrangulados e baleados diversas vezes, e seus corpos tinham sido incendiados.

Outros 14 bandidos famosos foram mortos nas três semanas que se seguiram. Era como nos velhos tempos. De acordo com *Don* Calò:

Alguns meliantes já foram eliminados, mas cem outros precisam ser derrubados. Consideravam-nos como uma colônia penal. O prefeito Mori e seus agentes são responsáveis pela decadência moral, política e econômica da Sicília. Mas, hoje, os norte-americanos podem ver que a ilha é a joia do Mediterrâneo.

Vito Genovese é algemado ao sair do Tribunal Federal para iniciar sua sentença de 15 anos, 1960.

VITO GENOVESE

Nascido em Rosiglino, perto de Nápoles, em 1897, *Don* Vito Genovese emigrou para Nova York em 1913. Na década de 1930, foi subchefe de Luciano, instalado na Little Italy de Manhattan, onde se especializou em narcóticos. Apesar de sua terrível reputação como assassino, só foi preso uma vez, aos 20 anos de idade, durante 60 dias sob uma acusação de porte de arma. Depois da morte de sua primeira esposa, apaixonou-se perdidamente por sua prima casada, Anna Vernotico, e conta-se que teria mandado estrangular o marido dela para que pudessem se casar. No entanto, ele não conseguiu ordenar a morte dela quando ela o delatou anos depois.

Durante a guerra *Castellammarese*, ele matou Gaetano Reina e Masseria, e foi recompensado com a posição de subchefe da família Luciano. Com a prisão de Luciano, porém, Genovese ascendeu ao cargo máximo. Em 1934, ele e Ferdinand "The Shadow" Boccia armaram um jogo de cartas fraudulento para lucrar em cima de um rico executivo italiano que Boccia havia apresentado a Genovese. Não disposto a dividir, Genovese contratou Willie Gallo e Ernest "The Hawk" Rupolo para matar Boccia quando este exigiu sua cota.

Quando o corpo de Boccia foi tirado do Rio Hudson, três anos depois, Genovese temeu ser implicado na morte e, por isso, ordenou a morte de Gallo. Quando se atinou da situação, Gallo foi à polícia e delatou Rupolo e Genovese. Rupolo ficou preso por 20 anos enquanto Genovese fugiu para a Itália com uma maleta que continha 750 mil dólares. Periodicamente, Anna pegaria outros 50 mil dólares a 100 mil dólares dados a ela por Michael, irmão de Genovese, que administrava as extorsões na ausência de Vito. Em sua estadia na Itália, Genovese fez doações generosas ao Partido Fascista. Ele também planejou a morte de Carlo Tresca, o editor de um jornal antifascista de língua italiana em Nova York, como um favor a Mussolini. Sua recompensa foi o título de Commendatore.

Durante a invasão aliada à Itália, Genovese atuou como intérprete e agente de ligação com as forças norte-americanas de ocupação. Ele também administrava o mercado negro. Quando o governo militar cercou o comércio ilegal, Genovese foi preso e mandado de volta para os Estados Unidos para enfrentar acusações de assassinato. No entanto, uma testemunha-chave foi morta por envenenamento enquanto Genovese estava em custódia protetiva, então, ele saiu impune.

Ele voltou à família Luciano, mas sua posição como subchefe havia sido tomada pelo temido extorsionário de New Jersey "Willie" Moretti e ele foi rebaixado a *capo*. Para se vingar, ordenou a morte de Moretti, Costello e Anastasia. Costello sobreviveu, mas renunciou ao controle da família, tornando Genovese o "chefe dos chefes".

Em 1959, ele foi sentenciado a 15 anos de prisão por tráfico e distribuição de heroína, embora se acredite que a principal testemunha de acusação contra ele estivesse mentindo. Ele continuou a dirigir a família da prisão, ordenando mortes de suas celas em Atlanta e Leavenworth. Ele ainda estava preso quando morreu por conta de um ataque cardíaco, em 1969.

Enquanto isso, as autoridades civis ficavam paradas sem nada fazer. O relatório concluía:

"Os carabineiros e outras agências de segurança pública eram abertamente favoráveis ao interesse dos líderes da Máfia de impor o respeito à lei e evitavam qualquer investigação sobre as mortes de criminosos procurados".

A vendeta foi vingada. Como prefeito de Villalba, *Don* Calò permitiu que os comunistas fizessem um reagrupamento de tropas na cidade. Isso foi preparado por Michele Pantaleone, que, pouco antes, se recusara a casar com a sobrinha de *Don* Calò, Raimondo. Um ato impensado, pois as lavouras das propriedades de sua família foram destruídas e ele tinha acabado de conseguir fugir de uma tentativa de assassinato.

O orador convidado foi o líder comunista da região Girolamo Li Causi, que havia passado alguns anos na prisão por causa de Mussolini e liderado a resistência antinazista em Milão. Ele fez um discurso incitador sobre a opressão contra os operários e camponeses que enfureceu *Don* Calò. Em seguida, fez uma referência direta ao próprio *Don* Calò, declarando que os camponeses haviam sido enganados. *Don* Calò gritou: "É mentira!".

Nesse ponto, foram disparados tiros e uma granada foi jogada pelo sobrinho de *Don* Calò. Li Causi se feriu, mas foi salvo por Pantaleone. Ao todo, 14 pessoas sofreram ferimentos. *Don* Calò e seu bando foram presos logo depois do incidente, mas os processos judiciais se arrastaram por 14 anos. Graças a vários indultos, anistias e remissões, poucos acusados cumpriram mais do que alguns meses na prisão. *Don* Calò e seu sobrinho foram condenados por ferir Li Causi e sentenciados a cinco anos de prisão. No entanto, *Don* Calò simplesmente desapareceu e só retornou depois da concessão de liberdade condicional por recurso. A sentença foi reiterada em 1954, mas ele foi solto por sua idade avançada, embora o juiz tenha admitido existirem indicações de que ele era o "chefe da Máfia". O processo não impediu *Don* Calò de montar uma fábrica de doces em Palermo com "Lucky" Luciano, na verdade uma fachada para o tráfico de heroína.

Em 10 de julho de 1954, aos 76 anos de idade, Calogero Vizzini morreu de causas naturais em sua casa em Villalba.

A cidade entrou em luto por oito dias e milhares de camponeses, políticos, padres e mafiosos compareceram a seu funeral. Na porta da igreja, pendia uma elegia escrita por seu irmão, o sacerdote:

"Com suas palavras e seus atos, ele demonstrou que sua Máfia não era criminosa".

Mesmo assim, conta-se que o iletrado *Don* Calò deixou mais de 1 bilhão de liras. Embora *Don* Calò normalmente evitasse falar sobre a Máfia, ele disse certa vez a um jornalista: "Quando eu morrer, a Máfia morre".

Assim como Cesare Mori, ele estava enganado.

Salvatore Giuliano e o Separatismo Siciliano

O glamoroso Salvatore Giuliano acompanhado por uma dama a cavalo.

No fim da Segunda Guerra Mundial, muitos sicilianos queriam que sua ilha fosse independente do governo italiano em Roma. O movimento, apoiado pela Máfia, era chamado de Separatismo Siciliano.

Lucio Tasca Bordonato, o mafioso que tinha sido nomeado prefeito de Palermo pelos Aliados, era um separatista, assim como *Don* Calogero Vizzini (*Don* Calò). Em setembro de 1945, *Don* Calò participou de uma reunião secreta de líderes separatistas em que se decidiu preparar uma insurreição armada. Um dos presentes no encontro era o filho de Bordonato. Entretanto, o separatista mais carismático era Salvatore Giuliano, que chegou a receber a ajuda de James Jesus Angleton, chefe do Setor de Contrainformação (SCI) e, posteriormente, da CIA, por sua posição anticomunista.

Nascido em 1922 em Montelepre, nas colinas 16 quilômetros ao oeste de Palermo, Giuliano estava prestes a ser convocado ao Exército italiano quando os Aliados invadiram. Ele, então, começou a trabalhar no mercado negro. Sua vida mudou quando matou um carabineiro a tiros depois de ser pego com um saco de grãos. Ferido na troca de tiros, Giuliano foi ajudado por seus familiares, que foram presos por lhe dar abrigo.

Ele os ajudou a escapar da prisão em Monreale, junto com vários outros prisioneiros que se tornaram o núcleo de sua gangue.

Eles financiavam seus estilos de vida com roubos e sequestros. Os carabineiros que os perseguiam eram metralhados.

Graças à belíssima aparência de Giuliano e seu hábito de dar entrevistas a jornais e ter amantes estrangeiras, ele conseguiu cultivar uma imagem internacional de *glamour*. Dizia-se também que ele roubava dos ricos e dava aos pobres, o que levou os camponeses da Sicília e a revista *Time* a compará-lo com Robin Hood. No entanto, ele matava sem dó nem piedade qualquer suspeito de traição. Durante sua carreira, acredita-se que ele tenha matado 430 pessoas, embora muitos tenham morrido em trocas de tiro com os policiais. Ele também trabalhou de mãos dadas com a Máfia, que negociava o resgate das vítimas que ele sequestrava. A bem da verdade, acredita-se que ele tenha chegado a ser iniciado na Máfia. O *pentito* Tommaso Buscetta afirmou que Giuliano lhe foi apresentado como um "igual", isto é, outro mafioso.

No início de 1945, Giuliano se reuniu com outros líderes separatistas e pediu 10 milhões de liras para apoiar a causa. Ele concordou com 1 milhão e a posição de coronel no braço armado, além do acordo de que lhe seria concedido indulto e um cargo na nova administração caso os separatistas triunfassem. Na verdade, Giuliano tinha outros planos. Com a ajuda de um jornalista, escreveu uma carta a Truman, então presidente dos Estados Unidos, em que lhe pedia para anexar a Sicília. O pai dele vivia nos Estados Unidos havia 18 anos e ele desejava fugir para lá e começar uma nova vida.

Giuliano, então, atacou alvos policiais e governamentais em nome do movimento separatista, financiando suas atividades com empreitadas ainda mais lucrativas, como o assalto ao trem Palermo – Trapani. Em janeiro de 1946, cerca de mil separatistas enfrentaram a polícia e os carabineiros em Montedoro. Apesar de as autoridades não conseguirem eliminar o "Rei de Montelepre", a insurreição separatista entrou em crise depois de sofrer uma derrota esmagadora nas eleições de 1946. A situação não foi muito melhor quando a Sicília foi às urnas em 1947. Os comunistas e socialistas se uniram em um Bloco Popular e venceram com impressionantes 30% dos votos, enquanto os democratas cristãos receberam 21%. Os separatistas levaram uma porcentagem um pouco maior do que em 1946, mas nada perto do resultado de que Giuliano precisava.

> "Assim que o líder do Bloco Popular se levantou para discursar, a multidão foi varrida a tiros de metralhadora disparados das montanhas ao redor. Onze pessoas foram mortas, incluindo quatro crianças, e 33 foram feridas."

A situação era diferente em Montelepre, onde os separatistas tinham recebido 1.521 votos contra 70 a favor dos comunistas, mas isso não bastou para impedir que Giuliano cometesse seu crime mais covarde.

Uma semana depois, um membro da gangue de Giuliano relatou que outro criminoso havia aparecido com uma carta a Giuliano. Ele a leu e a queimou em seguida. Na sequência, disse: "Chegou a hora... Temos de agir contra os comunistas". O alvo era Portella della Ginestra e a data marcada, o Dia do Trabalhador. Os camponeses estariam celebrando um festival esquerdista que tinha sido proibido durante o governo de Mussolini.

No dia decisivo, a população de Piana degli Albanesi (antes conhecida como Piana dei Greci) – da qual 2.739 tinham votado a favor do Bloco Popular contra 13 para os separatistas – se reuniu no vale de Portella della Ginestra para celebrar o Dia do Trabalhador e sua vitória eleitoral. Mas, assim que o líder do Bloco Popular se levantou para discursar, a multidão foi varrida a tiros de metralhadora disparados das montanhas ao redor. Onze pessoas foram mortas, incluindo quatro crianças, e 33 foram feridas, entre as quais uma garotinha cuja mandíbula foi arrancada a tiros.

Giuliano escreveu uma carta aberta assumindo a responsabilidade pelo massacre, mas afirmando que queria que seus homens disparassem apenas sobre as cabeças da multidão. As mortes e os ferimentos tinham sido um equívoco, especialmente no caso das crianças envolvidas. "Vocês acham que eu tenho uma pedra no lugar do coração?", perguntou ele. Nenhuma carta, porém, poderia ter aplacado a fúria popular, especialmente quando Giuliano voltou a matar pessoas inocentes em ataques contra instituições como os gabinetes do Partido Comunista.

Houve rumores de que a carta que Giuliano recebera continha ordens da "alta" Máfia, talvez até do ministro democrata cristão Bernardo Mattarella. Nascido e criado em Castellammare del Golfo, Mattarella foi um dos que receberam Joe Bonanno quando este retornou à Sicília para férias em 1957.

O comunista Girolamo Li Causi, que havia sido eleito senador, culpou a Máfia pelo massacre de Portella della Ginestra e exigiu que Giuliano citasse nomes. Giuliano se recusou, pois tinha de respeitar a *omertà*. Tendo perdido o apoio popular, ele agora dependia da proteção da Máfia. Li Causi então o advertiu de que o ministro do interior, Mario Scelba, siciliano de Caltagirone, o queria morto. Giuliano afirmou que isso era porque ele poderia "tomar providências para que [o ministro] fosse responsabilizado por atos que, se revelados, destruiriam sua carreira política e poriam fim à sua vida".

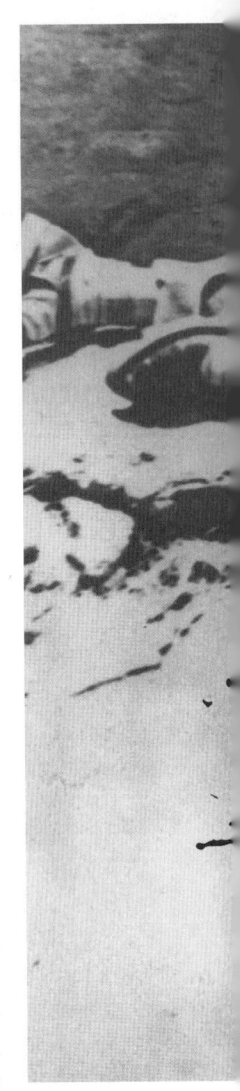

O corpo espancado e ensanguentado de Salvatore Giuliano, 1950.

A cabeça de Giuliano estava sendo procurada em troca de 3 milhões de liras. Mesmo assim, ele continuou provocando a polícia com cartas, chegando a deixar uma junto com a gorjeta em um restaurante de Palermo. Em 14 de agosto de 1949, os homens de Giuliano explodiram minas debaixo de um comboio de carabineiros em Bellolampo, matando 7 pessoas e ferindo outras 11. Isso impeliu o governo italiano a entrar em ação. Uma força especial chamada de Corpe delle Forze per la Repressione del Banditismo in Sicilia foi formada sob a liderança do coronel Ugo Luca e mil tropas extras foram enviadas para a Sicília oriental. A Máfia não gostou nada desse tipo de atenção. No fim de 1949, vários homens de Giuliano foram mortos ou capturados e levados para Viterbo, no continente, para enfrentar julgamento. No início de 1950, Giuliano decidiu que era hora de fugir. Ele abandonou sua base nas montanhas ao redor de Montelepre e atravessou 96 quilômetros para o sul em direção à cidade de Castelvetrano, onde existia uma pista aérea. De lá, ele voaria para Túnis e, então, para os Estados Unidos.

Em 5 de julho de 1950, porém, Giuliano foi encontrado morto no quintal de uma casa em Castelvetrano. Seu corpo foi varrido a balas de metralhadora. A versão oficial era de que ele tinha sido morto em um tiroteio com os carabineiros. Isso logo foi desmentido. Gaspare Pisciotta, primo e tenente de Giuliano, veio depois a assumir o assassinato. Ele havia tido desavenças com Giuliano por tentativas de resgatar os que enfrentavam julgamento em Viterbo e contatado o coronel Ugo Luca, líder das tropas. Em 5 de julho, Pisciotta atirou na cabeça de Giuliano. Uma carrada de carabineiros aguardava enquanto Pisciotta matava o primo. Eles, então, arrastaram o corpo para fora e dispararam balas para poder levar os créditos.

Mas o buraco era ainda mais embaixo. Pouco antes do assassinato, o coronel Luca foi visto saindo sem escolta de seu QG em Palermo. Ele estava indo se encontrar com "Three-fingers Frank" Coppola, que assumira o controle de Partinico depois de ser deportado dos Estados Unidos. Pisciotta afirmou que lhe havia sido prometido indulto e recompensa, mas, dois dias depois da morte de Giuliano, apareceu no quartel da polícia implorando para ser preso.

A polícia atendeu ao pedido contente e ele foi enviado para Viterbo, onde foi sentenciado à prisão perpétua por sua participação no massacre de Portella della Ginestra. Ele foi envenenado com estricnina enquanto estava encarcerado na prisão de Ucciardone, em Palermo. A verdade sobre o massacre de Portella della Ginestra nunca viria a público.

Curiosamente, a placa no lugar do massacre de Portella della Ginestra sequer menciona Giuliano.

Em vez disso, lê-se:

> *"Em 1º de maio de 1947, aqui, sobre a rocha de Barbato, na celebração do festival da classe trabalhadora e a vitória de 20 de abril, a população de Piana degli Albanesi, San Giuseppe Jato e San Cipirello, entre homens, mulheres e crianças, sucumbiu à barbaridade atroz das balas da Máfia e dos barões fundiários, que massacraram vítimas inocentes para pôr fim à luta dos camponeses pela liberação da servitude do feudalismo (...)".*

Giuseppe Bonanno

Nascido em Castellammare del Golfo, na Sicília, em 1905, Giuseppe Bonanno emigrou para os Estados Unidos com os pais quando tinha apenas 1 ano de idade. A família se estabeleceu no Brooklyn. No entanto, quando Joe tinha 6 anos, sua família retornou para a Sicília. Órfão aos 15 anos de idade, ele se matriculou no colégio náutico de Palermo, mas foi expulso por atividades antifascistas. Durante a repressão de Mussolini contra a Máfia, emitiu-se um mandato de prisão contra Bonanno e ele foi obrigado a foragir.

Depois de retornar aos Estados Unidos ilegalmente via Cuba, ele começou a trabalhar para Al Capone como contrabandista e sequestrador. Ao voltar para o Brooklyn, passou a trabalhar para o chefe da Máfia local, Nicolo Schiro, e não demorou a escalar a hierarquia. No início da Guerra Castellammarese, Bonanno transferiu sua aliança para Salvatore Maranzano. No entanto, simpatizava com os Jovens Turcos, nascidos nos Estados Unidos, sob a égide de "Lucky" Luciano, percebendo que o tempo dos Moustache Peters, os sicilianos de outrora, estava chegando ao fim. Quando a guerra terminou e Maranzano foi morto, Bonanno ficou no comando da sua família criminosa, bem como do império de jogos de azar e agiotagem que se estendiam do Haiti a Montreal.

Apreensivo com as investigações que levaram à prisão de Luciano e Lepke, Bonanno fugiu para a Sicília, em 1938. Ele retornou para se naturalizar como cidadão norte-americano em 1945, casando-se com a irmã do chefe do crime Frank Labruzzo. Em 1953, comprou uma luxuosa casa em Tucson, no Arizona, e anunciou sua aposentadoria. Na realidade, passou os dez anos seguintes consolidando sua posição. Com Vito Genovese preso, Bonanno acreditava poder assumir o comando das Cinco Famílias. Em 1964, deu ordens a seu capanga Joe Magliocco para exterminar os principais chefes da Máfia norte-americana, incluindo Tommy Lucchese, chefe da Máfia de Manhattan e Nova Jersey; Carlo Gambino, chefe da família de Boston; Steve Magaddino, primo de Bonanno, que cuidava de Buffalo; e Frank DiSimone, chefe da família de Los Angeles.

Obeso e sofrendo de pressão alta, Magliocco legou a missão a Joe Colombo. Imaginando que não teria nada a ganhar com a guerra resultante, Colombo contou da trama a Lucchese e Gambino. Bonanno e Magliocco receberam ordens de comparecer diante da Comissão, mas apenas Magliocco obedeceu. Ele foi multado em 50 mil dólares e obri-

Giuseppe Bonanno e seu sorriso enigmático.

gado a se aposentar, mas morreu logo depois, possivelmente envenenado por Bonanno.

No início dos anos 1960, Bonanno entregou seu império criminoso, cujo lucro anual estimado girava em torno de 2 bilhões de dólares, para que seu filho Salvatore ("Bill") administrasse, tornando-o *consigliere*.

Bill casou-se com a sobrinha de Joe Profaci. Isso não pegou muito bem com seu ambicioso subchefe Gaspar DiGregorio, que tinha sido padrinho no casamento de Bonanno e no batizado de Bill. Pouco depois, em 1964, Bonanno foi sequestrado por Steve Magaddino, que o manteve em cativeiro em seu refúgio nas Montanhas Catskills.

Na ausência de Bonanno, sua família se dividiu em duas facções. Um contingente era liderado por Bill, filho de Bonanno, enquanto o outro caiu nas mãos de DiGregorio. Essa divisão foi apelidada de "Banana Split" [literalmente, "divisão das Bananas", outro nome da família Bonanno]. Depois de um tempo, a Comissão apontou DiGregorio como chefe da família. Naturalmente, Bill Bonanno ficou furioso com a decisão e a família entrou em conflito. Quando DiGregorio convocou uma conferência de paz, Bill sugeriu que eles se encontrassem na casa do seu tio-avô na Troutman Street, no Brooklyn. No entanto, quando a facção de Bill se aproximou da casa, eles foram recebidos com disparos. Mais de 20 tiros foram disparados e a polícia encontrou sete pistolas no pavimento. Como que por milagre, ninguém se feriu.

Em seguida, Bonanno enviou uma ameaça de sua mansão em Tucson: na vez seguinte que seus homens fossem atingidos, ele eliminaria um dos *capi*. Fiel à sua palavra, fez com que Calogero Lo Cicero, *capo* de Colombo, fosse metralhado enquanto estava sentado ao lado de uma máquina de refrigerante em uma drogaria. Ao todo, 20 gângsteres morreram na Guerra das Bananas. Bonanno, então, sofreu um ataque cardíaco, depois do qual refez as pazes. Sua família recebeu permissão de manter algumas das extorsões desde que as mortes parassem.

A essa altura, a Comissão tinha ficado insatisfeita com DiGregorio, então, apontou Paul Sciacca para tomar seu lugar. Sciacca também recebeu um cargo na Comissão. Bonanno respondeu ordenando que três dos principais homens de Sciacca fossem metralhados em um restaurante do Brooklyn. Sam Perone, o fiel motorista de Bonanno, foi morto em retaliação.

A luta chegou ao fim em 1968, quando Bonanno anunciou sua aposentadoria. Em 1983, escreveu uma autobiografia interesseira chamada *A Man of Honor*, que levou a mais investigações sobre a existência da Comissão. Todavia, Bonanno se recusou a responder inquérito em frente a um grande júri e foi preso por desacato. Ele foi solto um ano depois, por sua saúde frágil.

O último dos mafiosos a sobreviver ao Fascismo e às guerras da Máfia em Nova York morreu por conta de um ataque cardíaco aos 97 anos de idade, em 2002. Acredita-se que Bonanno tenha sido a inspiração para *Don* Vito Corleono no romance de Mario Puzo *O Poderoso Chefão*.

7

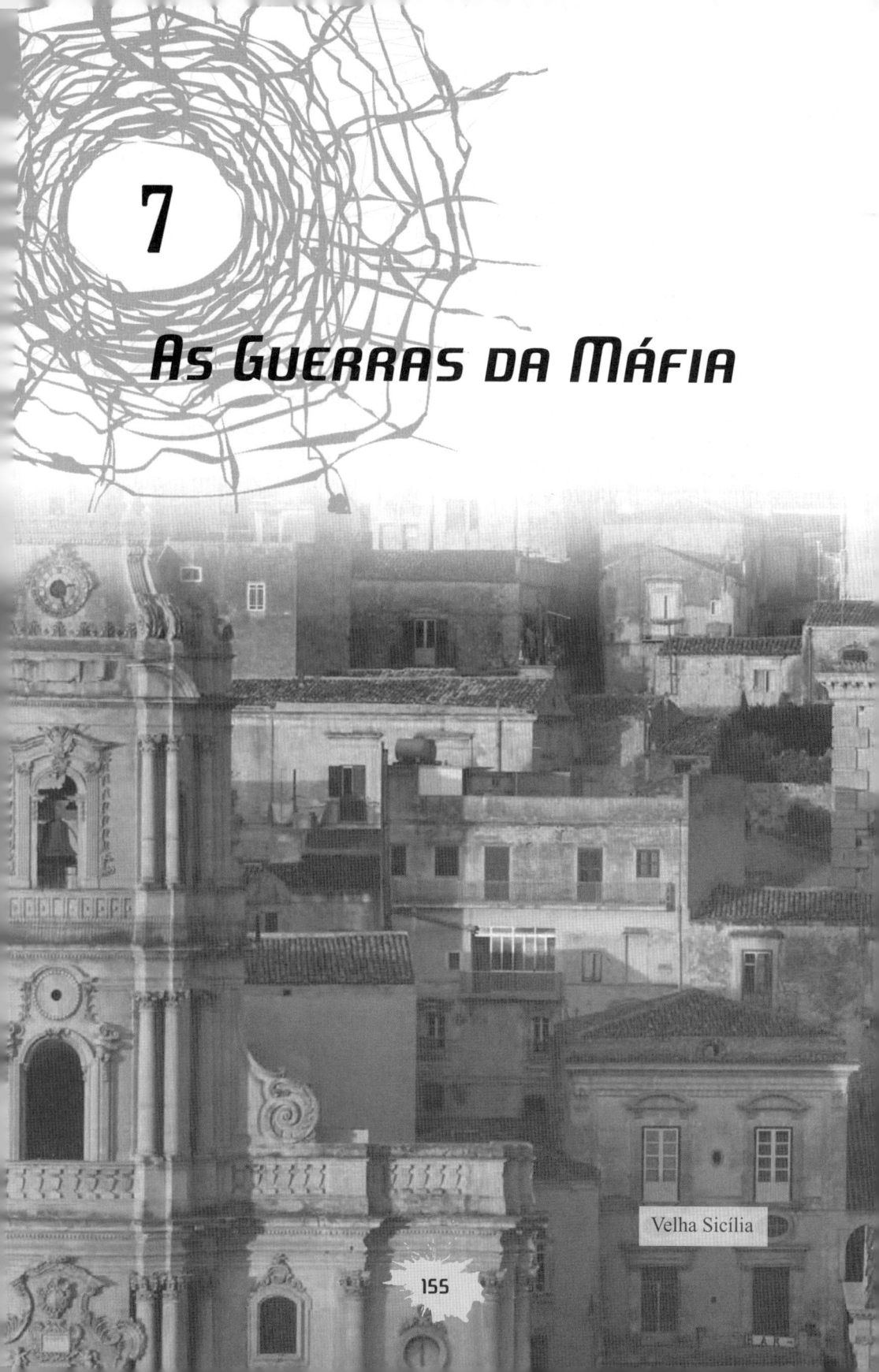

As Guerras da Máfia

Velha Sicília

A família Greco é uma das mais poderosas famílias da Máfia na Sicília. Suas origens podem ser rastreadas desde o fim do século XIX, quando o chefe de polícia Ermanno Sangiorgi identificou Salvatore Greco como *capomafia*. Entre si, os Greco dominavam as vilas de Ciaculli e Croceverde Giardini, nas cercanias de Palermo.

As primeiras atividades dos Greco eram parecidas com as da maioria dos clãs rurais da Máfia. Em 1916, um padre que denunciou a interferência criminosa na administração dos fundos da Igreja foi morto pelo marido de uma mulher que ele havia seduzido, segundo boatos da época. Cinco anos depois, um Greco que havia sofrido um *sgarro*, ou afronta pessoal, matou dois pastores e seus rebanhos. Então, em 1929, outro membro da família disparou 20 balas contra o tonel de vinho de um inimigo e, na sequência, sentou-se calmamente para fumar seu charuto. Dez anos depois disso, um Greco incendiou a moradia de um casal em sua noite de núpcias.

> "A rivalidade atingiu o clímax quando Antonio Conigliaro foi morto a tiros na praça principal. A viúva e a filha de um dos chefes Ciaculli terminaram de matá-lo com facas de cozinha."

Guerra dos Greco

Até 1946, os Greco eram uma ameaça apenas para os habitantes locais, mas não uns aos outros. As coisas mudaram em 1946, quando eclodiu a guerra entre os clãs Greco de Ciaculli e Croceverde Giardini. Segundo consta, a rixa entre os Greco teria suas origens em um incidente de 1939, quando seis jovens de Croceverde Giardini visitaram Ciaculli para a Exaltação da Santa Cruz. Quando eles tiraram um banco da igreja para ver o desfile, isso gerou uma briga com rapazes locais. Na volta para casa, os Greco de Croceverde Giardini foram confrontados por seus primos de Ciaculli, que estavam com pistolas e facas. Na briga que se seguiu, Giuseppe Greco – filho de 17 anos de Giuseppe "Piddu u tinenti" Greco, *capo* de Croceverde Giardini – foi morto e um dos primos de Ciaculli foi ferido. Ele morreu quatro anos depois, na prisão.

Em 26 de agosto de 1946, o chefe do clã de Ciaculli, cunhado de "Piddu u tinenti", também chamado de Giuseppe Greco, e seu irmão Pietro foram mortos a metralhadoras e granadas. Alguns meses depois, dois homens de Piddu u tinente foram mortos a tiros com uma *lupara*, a espingarda siciliana. Dois homens da facção Ciaculli desapareceram em seguida. Só suas roupas foram encontradas. Esse tipo de incidente ficou conhecido como *lupara bianca* "espingarda branca".

A animosidade alcançou um clímax sangrento em 17 de setembro de 1947, quando Antonio Conigliaro, amigo próximo e conselheiro de Piddu u tinenti, foi metralhado na praça principal de Ciaculli. Quando ficou claro que ele ainda não estava morto, Antonina e Rosalia, viúva e filha de um dos chefes de Ciaculli mortos anteriormente, terminaram o serviço com facas de cozinha.

O casal de irmãos da vítima abriram fogo contra as mulheres, matando Rosalia, com 19 anos na época, e ferindo sua mãe. O irmão da vítima foi então morto pelo filho de 18 anos de Antonina.

Onze membros dos dois clãs foram mortos e vários outros foram feridos. É possível que a vendeta não tenha passado de uma justificativa para que Piddu u tinenti assumisse o distrito e sua lucrativa produção cítrica. Mas, com a morte de Conigliaro, o próprio Piddu corria riscos agora. Enquanto isso, os outros chefes da Máfia queriam que ele acabasse com a contenda porque ela estava chamando muita atenção indesejada.

Ele buscou a ajuda de Antonio Cottone, o chefe da Máfia da cidade vizinha de Villabate. Cottone havia acabado de ser deportado dos Estados Unidos e acredita-se que tenha sido ele quem introduziu o termo "família" na organização da Máfia na Sicília. Anteriormente, os grupos da Máfia eram chamados de *cosca*, cujo plural é *cosche*, em italiano, e *coschi*, em siciliano. *Cosca* é a palavra siciliana para uma planta como a alcachofra ou o cardo, cujas folhas pontudas e agrupadas aparentemente simbolizavam o laço entre os membros da Máfia. A palavra *borgata*, ou *brugada*, pegou nos Estados Unidos posteriormente. *Borgata* é a palavra italiana para vila ou, dentro de uma cidade, um cortiço.

Antonio Cottone havia trabalhado com os irmãos Profaci em Nova York. Joe Profaci, também de Villabate, estava na Sicília na época e, por isso, ajudou nas negociações de paz. Piddu u tinenti fez emendas oferecendo sociedade na empresa de exportação de frutas cítricas e uma companhia rodoviária a dois de seus sobrinhos órfãos. Eles eram filhos de Giuseppe e Pietro Greco, os primeiros a morrer durante a guerra de Ciaculli. Os dois se chamavam Salvatore Greco; um era conhecido como "Ciaschiteddu" ("Fraquinho") por ter ombros estreitos e quadris largos, enquanto o outro era chamado de "L'ingegnere" ("O Engenheiro") ou "Totò il lungo" ("Totò o alto"). O filho de Piddu, também chamado Salvatore Greco, "The Senator", casou-se então com a filha de Cottone, Maria. Enquanto isso, Piddu u tinenti se aposentou da vida ativa como

O chefe mafioso Tommaso Buscetta tenta permanecer incógnito em um tribunal fortificado na prisão Rebibbia, Palermo, 1984.

mafioso e se mudou para Palermo, onde se infiltrou nos escalões mais elevados da sociedade, jantando ocasionalmente com o cardeal, apesar de sua casa ainda ser usada como base de operações criminosas.

TOMMASO BUSCETTA

Nascido em um cortiço de Palermo em 1928, Buscetta entrou para a Máfia em 1945 e se tornou um "homem-feito" na família Porta Nuova no ano seguinte. Suas atividades se limitavam basicamente ao contrabando de cigarros. Durante a repressão que se seguiu à Primeira Guerra Mundial, Buscetta fugiu para os Estados Unidos, onde a família Gambino o ajudou a entrar no mercado de *pizza*.

Em 1968, ele foi julgado *in absentia* na Itália por duplo homicídio e sentenciado à prisão perpétua. Dois anos depois, foi preso em Nova York, mas, como as autoridades italianas não tinham pedido sua extradição, ele acabou sendo solto. Em seguida, fugiu para o Brasil, onde montou uma operação de tráfico de drogas. Em 1972, voltou a ser preso. Depois de ser torturado, foi mandado de volta à Itália para cumprir prisão perpétua. Na prisão de Ucciardone, ouviu que a Cosa Nostra planejava expulsá-lo por sua infidelidade flagrante contra suas duas primeiras esposas.

Depois de cumprir oito anos, ele foi solto em regime de semidetenção. Ele aproveitou a oportunidade para voltar ao Brasil, onde sobreviveu à Segunda Guerra da Máfia, que causou a morte de dez parentes seus, incluindo dois filhos e um irmão. Depois de retornar à Itália, tentou se suicidar. Não conseguindo, pediu para conversar com o juiz Giovanni Falcone. Na sequência, tornou-se um delator, explicando depois: "Junto com as drogas, veio mais dinheiro, mas também mais ganância, mais violência e menos honra. Foi-se o tempo dos homens de honra em que se podia confiar".

Na Itália, ele testemunhou nos Maxiprocessos, responsáveis pela condenação de 350 mafiosos. No Pizza Connection Trial, de Nova York, seu depoimento mandou outras centenas para a prisão. Ele também depôs para o Subcomitê Permanente de Investigações do Senado. Em troca do seu testemunho, ele recebeu a permissão de viver nos Estados Unidos sob uma nova identidade, que lhe foi oferecida pelo Programa de Proteção às Testemunhas.

Depois do assassinato de Falcone e do também juiz Paolo Borsellino, em 1992, Buscetta denunciou ligações entre a Máfia e importantes políticos italianos. Ele viveu o resto de sua vida tranquilamente nos Estados Unidos, morrendo de câncer em Nova York aos 71 anos de idade, no ano 2000.

> "BUSCETTA TESTEMUNHOU NOS MAXIPROCESSOS, RESPONSÁVEIS PELA CONDENAÇÃO DE 350 MAFIOSOS. NO PIZZA CONNECTION TRIAL, SEU DEPOIMENTO MANDOU OUTRAS CENTENAS PARA A PRISÃO. EM TROCA, ELE RECEBEU A PERMISSÃO DE VIVER NOS ESTADOS UNIDOS SOB UMA NOVA IDENTIDADE."

A paz reinou até janeiro de 1955, quando o mercado atacadista de frutas e verduras controlado por Cottone e pelos Greco foi transferido do distrito Zisa para Acquasanta, à beira-mar, uma jogada que perturbou o delicado equilíbrio da Máfia no distrito. Acquasanta era controlada por Nicola d'Alessandro e Gaetano Galatolo, que viu uma oportunidade para se meter nas extorsões protetivas controladas por Cottone e pelos Greco. Mas a ambição gerou a carnificina. Primeiro, Galatolo foi morto a tiros no mercado. Sua morte foi a primeira de 29 naquele ano. Nino Cottone foi metralhado à frente de sua casa de campo e Francesco Greco, um "trabalhor no atacado de frutas e verduras", também foi morto. No lado de Acquasanta, Nicola d'Alessandro foi morto violentamente e um terceiro *capo*, Salvatore Licandro, foi perseguido até Como, onde foi assassinado.

Simultaneamente, discussões pelo controle da irrigação e do transporte levaram ao combate em algumas vilas circundantes. Naquele ano, na província de Palermo, 60 pessoas desapareceram. Os cadáveres eram descartados em concreto, que veio a se tornar parte do crescimento vertiginoso no setor da construção que ocorreu depois da guerra.

Enquanto a Máfia local perseguia atividades como o controle do mercado atacadista, do tráfico de cigarros e da intervenção no setor da construção, ela também negociava heroína. Antes da morte de Nino Cottone, a polícia de Palermo registrou sua conversa com Joe Profaci em Nova York. O assunto era a exportação de laranjas sicilianas. O número do Brooklyn para o qual Cottone ligou era o usado por "Lucky" Luciano, que então residia em Nápoles, e Frank Coppola, que estava morando em Anzio. Eles também conversaram sobre laranjas de boa safra. Em 1959, a alfândega norte-americana interceptou um engradado, que continha 90 laranjas frescas ocas, preenchidas por heroína. De acordo com Nick Gentile, também havia drogas escondidas em carregamentos de queijo, anchovas, azeite e outros produtos sicilianos.

Ciente do problema cada vez maior da tóxico-dependência, o Congresso dos Estados Unidos acelerou a aprovação do Narcotic Control Act [Lei de Controle de Entorpecentes], de 1956. Como resultado, mais de 200 dos principais gângsteres norte-americanos foram presos e sentenciados a longas penas de prisão. Entre eles, estavam três quintos da família Lucchese, metade dos Genovese, dois quintos dos Gambino, além de um terço dos Colombo e dos Bonanno. Tempos depois, viriam a incluir também Carmine Galante, subchefe de Joe Bonanno, que foi sentenciado à pena de 15 a 20 anos, enquanto dois Lucchese importantes levaram sentenças de 40 anos cada.

A Primeira Guerra da Máfia

Em outubro de 1957, "Lucky" Luciano presidiu uma reunião no Little Red Room, ao lado da Sala Wagner, no Grand Hotel Et Des Palmes, no centro de Palermo. Era a sala em que se dizia que Wagner orquestrou *Parsifal*. Renoir pintou o retrato de Wagner na mesma sala. O propósito da reunião era definir as regras básicas para renovar a cooperação entre as Máfias siciliana e norte-americana. Os Greco compareceram, assim como os Inzerillo, os Bontade, os Badalamenti e os La Barbera, cuja delegação incluía Tommaso Buscetta. Outro representante era Giuseppe Genco Russo, que havia sucedido Calogero *Don* Calò Vizzini como chefe dos chefes.

Representando os norte-americanos, estava Joe Bonanno. Ele não permitiu que nenhuma outra língua além do dialeto siciliano fosse falada em sua casa e contratou apenas sicilianos. Bonanno primeiro voou para Roma, onde recebeu tratamento *vip* do então ministro italiano de Relações Estrangeiras, Bernardo Mattarella, que também era de Castellammare del Golfo. Como a Máfia norte-americana não poderia continuar no tráfico de entorpecentes em razão das penas que estavam sendo impostas, eles estavam preparados para "alugar" suas cidades aos sicilianos, que poderiam fornecer caras novas sem fichas criminais. Isso agradava os sicilianos, pois não havia demanda por drogas na Itália e, na época, existia apenas um pequeno mercado no norte da Europa.

> "Naquele ano, na província de Palermo, 60 pessoas desapareceram. Os cadáveres eram descartados em concreto, que veio a se tornar parte do crescimento vertiginoso no setor da construção que ocorreu depois da guerra."

Luciano percebeu a tensão entre as famílias sicilianas na reunião. Nas palavras de Bonanno: "Havia cachorros demais atrás de um único osso". Assim se chegou ao acordo de que se montaria uma Comissão nos moldes da nova-iorquina para resolver quaisquer dificuldades. A primeira Comissão cobria apenas a província de Palermo. Mesmo havendo 15 famílias, demais para serem representadas na Comissão, estava decidido. A solução foi que três famílias em cada distrito, ou *mandamento*, escolhessem um de seus membros para representá-los na Comissão de Palermo. Cada província, então, definiria sua própria Comissão. Foi apenas em 1975 que se estabeleceu uma Comissão que cobrisse toda a ilha.

O primeiro secretário, ou diretor, da Comissão de Palermo, foi Salvatore "Ciaschiteddu" Greco. Isso não foi de grande ajuda na eclosão

A HISTÓRIA DA MÁFIA

Sorridente, Angelo La Barbera conversa com seu advogado durante o julgamento de 152 membros da Máfia em Catanzaro, Itália, 1967.

da Primeira Guerra da Máfia entre os já estabelecidos Greco e os La Barbera, em ascenção. Em 1962, um carregamento de heroína foi encaminhado para Nova York por Cacedonio di Pisa, um aliado dos Greco. O carregamento tinha sido financiado pelos Greco, pelos La Barbera e por Cesare Manzella, que fazia parte da primeira Comissão da Máfia. Todavia, quando o carregamento chegou ao Brooklyn, descobriu-se que estava abaixo do peso. Di Pisa foi absolvido pela Comissão por qualquer dano. No entanto, em 26 de dezembro de 1962, ele foi morto a tiros em frente a um quiosque na Piazza Principe di Camporeale, em Palermo. Três homens armados com pistolas e um revólver tinham conduzido o tiroteio, mas, quando a polícia montou inquérito, ninguém na praça conseguia se lembrar de ter ouvido os disparos.

> "Em 26 de abril de 1963, Cesare Manzella, que ficou do lado dos Greco, foi explodido em pedacinhos por um carro-bomba. Só foram encontrados um sapato e o seu chapéu de abas largas à americana na cena do crime."

Os Greco suspeitaram de Salvatore e Angelo La Barbera, que haviam contestado a decisão da Comissão. Eles faziam parte da "Nova Máfia", que administrava empresas imobiliárias, construía apartamentos e negociava no mercado de imóveis, além de traficar cigarros e heroína. Ao contrário da "Velha Máfia", que mantinha a discrição, levavam um estilo de vida à moda de Al Capone, com carros exuberantes, roupas de alfaiataria, lindas mulheres e viagens frequentes a Milão e Roma, onde ficavam nos melhores hotéis. Em janeiro de 1963, Salvatore La Barbera desapareceu. Quando seu Alfa Romeo Giuletta foi encontrado incendiado, presumiu-se que ele tinha sido vítima de um "tiroteio branco", ou desaparecimento misterioso. Acreditou-se que Buscetta tivesse sido responsável pela colocação do cadáver nas fornalhas de sua fábrica de vidro. Ele disse que a responsabilidade era da Comissão.

Angelo La Barbera desapareceu na sequência, mas ressurgiu duas semanas depois em Milão, onde deu uma entrevista coletiva, nunca dada por um mafioso antes. Em 26 de abril de 1963, Cesare Manzella, que ficou do lado dos Greco, foi explodido em pedacinhos por um carro-bomba. Só foram encontrados um sapato e o seu chapéu de abas largas à americana na cena do crime, embora partes de seu corpo viessem a ser encontradas depois, presas a limoeiros que cresciam a centenas de metros da cratera.

Em 25 de maio, La Barbera foi baleado em Milão, mas sobreviveu. Ele foi preso no leito de hospital. Buscetta admitiu ter sido contratado para matar Angelo, mas disse que outra pessoa havia chegado antes.

O alvo seguinte era "Ciaschiteddu" Greco. Em 30 de junho, um carro-bomba direcionado a ele explodiu em Ciaculli, matando sete policiais e oficiais do Exército enviados para desativá-lo. Houve um clamor público. Nas dez semanas que se seguiram, 1.995 mafiosos foram presos. A Comissão se dissolveu e muitos fugiram para o exílio. "Ciaschiteddu" Greco foi para a Venezuela. Nada se sabe sobre o paradeiro de Salvatore Greco "The Engineer", embora houvesse rumores de que ele estivesse na Venezuela com seu primo. Outros dizem que ele estava no Líbano, onde teria continuado o tráfico de entorpecentes. Mesmo o idoso "Piddu u tinenti" foi preso e banido da Sicília em 1966.

Os Julgamentos da Máfia dos Anos 1960

O primeiro julgamento começou em 1967. Entre os acusados estavam Tommaso Buscetta, Giuseppe Genco Russo (conhecido como "Gina Lollobrigida") e Gaetano Badalamenti, que havia assumido como *capo-mafia* da *cosca* de Cinisi depois da morte de Cesare Manzella. Eles foram acusados de "crime organizado", que foi o mais perto a que os promotores conseguiram chegar da acusação de ser membro da Máfia, que só se tornou um crime específico em 1982. Joe Bonanno e Carmine Galante também foram indiciados, mas não puderam ser extraditados porque os Estados Unidos não reconheciam a acusação de "crime organizado".

A evidência veio das mãos de Joseph "Joe Cargo" Valachi, que se tornou testemunha do governo em 1962. Ao se apresentar no tribunal, Genco Russo mostrou uma petição de 7 mil políticos, padres, banqueiros, advogados e empresários importantes que prometiam depor a seu favor. Seu advogado também prometeu publicar telegramas de 37 deputados, incluindo um ministro, agradecendo-o por garantir a eleição deles. Bernardo Mattarella negou fazer parte desse grupo. Nessas circunstâncias, a evidência era tão frágil que os réus saíram impunes. Entretanto, em um tribunal em Caltanissetta, Genco Russo foi exilado a Lovere, perto de Bergamo, onde continuou a conduzir os negócios como de costume, gastando 125 mil liras em ligações telefônicas. Mesmo assim, seus dias estavam contados. Ele era um mafioso à moda antiga, que, segundo Buscetta, continuaria a conduzir seus negócios mesmo sentado no banheiro. Uma nova geração de mafiosos não demoraria a tomar as rédeas.

O julgamento de outros 114 suspeitos de envolvimento com a Máfia foi transferido para Catanzaro, no continente, na esperança de minimizar a intimidação das testemunhas. Os réus voltaram a ser acusados de "crime organizado", mas também por crimes substanciais de assassinato, sequestro, roubo, tráfico e "massacre público", referente ao disparo da bomba em Ciaculli. Houve apenas dez condenações, a maior parte por "crime organizado". Entretanto, Buscetta e os irmãos La Barbera foram sentenciados *in absentia*, embora ninguém tenha sido condenado pelo massacre de Ciaculli.

Entre os 104 réus que foram absolvidos, estava Luciano Leggio. Ele voltou a ser submetido a julgamento dois meses depois, desta vez em Bari, ao lado de outros 63 mafiosos de Corleone. Leggio era um criminoso de carreira. Depois de cometer seu primeiro assassinato aos 20 anos de idade, foi recrutado pela Máfia, tornando-se braço-forte e pistoleiro de Michele Navarra, médico local e *capomafia* de Corleone. Em março de 1948, ele e outros dois homens sequestraram o sindicalista Placido Rizzotto em plena luz do dia.

Dezoito meses depois, seus dois cúmplices confessaram e guiaram a polícia para uma caverna de 60 metros de profundidade onde foram encontrados os restos mortais de Rizzotto, assim como os esqueletos de dois outros homens. A mãe de Rizzotto só pôde identificar o corpo dele pelos sapatos. Apesar do depoimento de seus cúmplices, Leggio foi solto. No entanto, durante o período que passou atrás das grades, conhecera Salbatore "Totò" ou "Shorty" Riina, de 19 anos de idade, que cumpria pena de seis anos por homicídio culposo, e o jovem Bernardo Provenzano, também conhecido como "The Tractor" por matar as pessoas como um trator. Esses dois assassinos ficaram conhecidos como as "feras" de Leggio.

Leggio passou a trabalhar com roubo de gado e a competir com alguns homens de Michele Navarra. Em junho de 1958, balearam-no enquanto atravessava um campo, mas ele escapou apenas com um ferimento na mão. Sua resposta foi cruel. Em 2 de agosto, Navarra estava voltando de carro de Lercara Friddi para casa com outro médico, um homem completamente inocente, quando Leggio, Riina e Provenzano o emboscaram. Eles dispararam dezenas de balas contra o carro, matando ambos os ocupantes. Leggio, então, declarou-se *capomafia* de Corleone. Ele passou os cinco anos seguintes perseguindo e matando 50 apoiadores de Navarra e, em seguida, entrou para a Comissão. Depois da Primeira Guerra da Máfia, ele virou foragido, mas foi capturado em maio de 1964. Ele estava alugando uma casa em Corleone que pertencia à ex-noiva de Placido Rizzotto, o sindicalista que ele tinha assassinado.

No terceiro julgamento, que ocorreu em Bari, todos os 64 réus, incluindo Leggio e Riina, foram absolvidos. Bernardo Provenzano sequer estava presente. Apesar de ter sido indiciado por assassinato em 1963, ele tinha conseguido escapar às armadilhas da polícia e continuou livre até 2006. Todos os réus negaram ter sequer ouvido falar da Máfia, que dirá ser membro. E a evidência havia sido adulterada. Partes de um farol quebrado tinham sido identificadas como sendo de um Alfa Romeo do modelo de Leggio, mas, antes do julgamento, elas foram substituídas por partes de um farol quebrado de outra marca de carro. E Leggio afirmou te sido enquadrado por um policial que "me pediu repetidamente para

Casa cheia enquanto 152 membros da Máfia estavam reunidos atrás de uma grade gigante em um tribunal na escola primária Aldisio, em Catanzaro. Outubro de 1967.

satisfazer sua esposa e eu, por motivos morais, recusei (...). Por favor, não me perguntem nomes, eu sou um cavalheiro".

Ao se recolherem, os membros do júri e o juiz receberam um bilhete anônimo:

"Ao presidente do Tribunal de Assizes de Bari e aos membros do júri: a população de Baria não entendeu ou, melhor, não quer entender o que significa Corleone. Os senhores estão julgando um cavalheiro honesto de Corleone, denunciado pelos caprichos dos carabineiros e da polícia. Nós simplesmente queremos adverti-los de que, se um único homem de Corleone for condenado, os senhores serão explodidos às alturas, aniquilados, massacrados e o mesmo ocorrerá a todos os membros das suas famílias. Acho que fomos claros. Ninguém será condenado. Caso contrário, os senhores serão condenados à morte, assim como as suas famílias. Um provérbio siciliano diz: 'Um homem avisado é um homem salvo'. A escolha é sua. Sejam sábios".

"NAVARRA ESTAVA VOLTANDO DE CARRO DE LERCARA FRIDDI PARA CASA COM OUTRO MÉDICO QUANDO LEGGIO, RIINA E PROVENZANO O EMBOSCARAM. ELES DISPARARAM DEZENAS DE BALAS CONTRA O CARRO."

O juiz, Cesare Terranova, também siciliano, recorreu contra as absolvições, mas Leggio e Riina desapareceram. Em 1970, foram submetidos a novo julgamento, condenados e sentenciados à prisão perpétua *in absentia*. Enquanto isso, Leggio ficou internado em uma clínica particular em Roma durante seis meses por sofrer de Mal de Pott, uma doença da coluna vertebral que o obrigava a usar uma cinta. Quando a polícia finalmente chegou para prendê-lo, ele tinha recebido alta. Houve suspeitas de que teria conseguido fugir da prisão graças à ajuda de Pietro Scaglione, promotor-geral da Sicília, morto a tiros em 1971, quiçá por Leggio, que foi julgado duas vezes pela morte de Scaglione, mas foi absolvido por falta de evidências. Em 1973, Damiano Casuso foi morto a mando de Leggio, que o culpava pela morte de um de seus amigos anos antes. Quando a namorada de Caruso e sua filha de 15 anos de idade foram à procura de Leggio, ele estuprou e matou mãe e filha. Uma escuta telefônica levou Leggio ao tribunal em 1974 e ele finalmente deu incício à sua prisão perpétua pela morte de Navarra.

As Guerras da Máfia

Tony Provenzano chegando ao Bowl-O-Rama para a contagem de voto do sindicato Teamsters.

O Massacre de Viale Lazio

Quando Buscetta se tornou delator em 1984, ficou claro que os irmãos La Barbera não eram, de modo algum, responsáveis pela eclosão da Primeira Guerra da Máfia. O culpado era Michele Cavataio, o novo chefe da *cosca* de Acquasanta. Sua alcunha era "Il Cobra", porque sua arma favorita era um revólver Colt Cobra de seis cartuchos. Segundo Buscetta, Cavataio tinha ordenado a morte de Calcedonio de Pisa, sabendo que a culpa recairia sobre os La Barbera. Outros assassinatos e explosões de bombas foram executados com a única intenção de inflamar os ânimos da guerra. Ficou claro para os outros chefes da Máfia que Cavataio, e não os irmãos La Barbera, estava por trás do massacre de Ciaculli, pois Salvatore já tinha sido morto e Angelo estava relegado a segundo plano. Cavataio, então, assumiu a *cosca* deles.

Ele foi preso no acercamento de julho de 1963. Apesar de ser julgado por cinco assassinatos em Catanzano, Cavataio foi sentenciado a apenas quatro anos de prisão, que foram suspensos imediatamente. Em uma reunião em Zurique, à qual compareceu "Ciaschiteddu" Greco, que tinha vindo de Caracas, decidiu-se pela eliminação de Cavataio. Em 10 de dezembro de 1969, os dois filhos do incorporador Girolamo Moncada, velho amigo de Angelo La Barbera e agora parceiro de Cavataio, estavam parados à frente do escritório de seu pai em Viale Lazio quando surgiram quatro homens vestidos em uniformes policiais.

"**Provenzano terminou o trabalho com uma submetralhadora. Quando acabaram as balas, Cavataio e seus três sócios estavam mortos (...). Cento e oito balas foram encontradas na cena do crime**"

Gaetano Grado, que organizou o ataque, estava perto para testemunhá-lo, e disse que todos estavam com medo de Cavataio, mas os "soldados" que ele havia escolhido eram "veteranos". Eles já haviam matado dez pessoas.

Os quatro homens arrastaram os dois rapazes para o escritório onde Cavataio estava sentado atrás de uma mesa. Quando Cavataio reconheceu um dos homens, apanhou seu revólver e disparou, matando Calogero Bagarella, cunhado de Totò Riina. Os dois irmãos Moncada estavam dando cobertura, um embaixo da escrivaninha e outro em uma saleta nos fundos, mas, no tiroteio que se seguiu, ambos foram feridos. Damiano Caruso, um soldado da família de Giuseppe "La Tigre" di Cristina, em Riesi, também se feriu.

Por fim, Provenzano terminou o trabalho com uma submetralhadora. Quando acabaram as balas, Cavataio e seus três sócios estavam mortos. Derrubando as armas, os pistoleiros arrastaram seus cúmplices feridos para fora do escritório e o amarraram no porta-malas de um Alfa Romeo.

Em seguida, saíram cantando pneu no tráfego vespertino. Cento e oito balas foram encontradas na cena do crime, além uma pistola Beretta 7,65, uma pistola Mauser 7,63, a Colt Cobra de Cavataio, uma espingarda Zanotti 38A, uma metralhadora Beretta 38/49 e uma pistola automática MP40. Esse incidente sangrento marcou o fim dos seis anos de guerra implacável.

De início, os irmãos Moncada foram considerados suspeitos de participar da trama e foram presos. Mas, de sua cama no hospital, Filippo Moncada começou a falar. Ele descreveu as reuniões de seu pai com Cavataio e como ele gradualmente assumiu o comando da firma. Seu pai foi preso em seguida. Filippo também disse reconhecer Francesco Sutera, soldado da *cosca* Santapaola, como um dos assassinos. Enquanto estava na prisão, ameaças foram rabiscadas nos muros do pátio, dizendo: "Filippo, retire suas acusações". Outros prisioneiros lhe disseram: "Moncada, se você não reconhecer ninguém, ficará a salvo". Mas, apesar de ser siciliano, Filippo Moncada tinha sido criado no norte. As tradições sicilianas nada significavam para ele e a *omertà* começou a escorregar.

Vinte e quatro homens foram a julgamento pelo massacre de Vialo Lazio, incluindo Gerlando Alberti, que estava foragido desde o assassinato de Scaglione, dois anos antes. Os carabineiros tinham evidências de que ele estava em Palermo na época do massacre, o que era por si só um delito, uma vez que ele tinha sido exilado ao continente. Ele admitiu ter estado em Palermo naquele dia, mas alegou ter passado a noite com uma mulher casada. Como homem de honra, ele não poderia dar o nome dela e preferiria ir preso a revelar maiores detalhes. Apesar das evidências de Filippo, nenhum dos acusados foi condenado pelo massacre de Viale Lazio.

Gaetano Badalamenti

Durante a *Pax Mafiosa* dos anos 1970, outros dois Greco de Croceverde ganharam destaque. Eles eram filhos de Piddu u tinenti e, assim como o pai, governavam em Ciaculli. Conhecido como "Il Papa", Michele Greco entretinha políticos e banqueiros em reuniões de caça em sua propriedade em La Faravelli. No porão, havia um laboratório que processava heroína. Com seu irmão Salvatore Greco, "The Senator", e outras famílias da Máfia, controlavam o abastecimento de água em Palermo, vendendo-a para irrigação no verão a preços exorbitantes. Os Greco também pediam subsídios da Comissão Europeia destruindo plantações cítricas que nunca tinham plantado e subornando os inspetores para falsificarem os registros. Mesmo assim, Michele declarou uma renda inferior a 20 mil dólares, menos dinheiro do que havia recebido da Comissão Europeia. Ele também era um assassino consumado.

Em 1974, a Comissão tinha sido restaurada sob o comando de Gaetano Badalamenti, que traficava milhões de dólares em heroína e cocaína para Nova York, que eram distribuídas pela rede de pizzarias da família Bonanno. Um de seus primeiros atos como líder da Comissão comum foi ordenar a eliminação de um criminoso napolitano de pouca importância que estapeara "Lucky" Luciano no hipódromo. A essa altura, Luciano já estava morto havia oito anos. Contudo, Badalamenti poderia informar à Comissão nova-iorquina de que o insulto fora vingado. Ao lado de Stefano Bontade, ele se opôs aos naturais de Corleone, que eram representados na Comissão por Salvatore Riina, que, por sua vez, planejava expungir sozinho a Comissão da família palermitana. Com o aumento das tensões, "Ciaschiteddu" Greco viajou da Venezuela para tentar apaziguar os ânimos. Mesmo assim, Riina e Provenzano mataram Giuseppe Calderone e Giuseppe di Cristina, que tinham conversado com os carabineiros depois de se atinarem que a família de Corleone pretendia assumir o poder. Di Cristina foi morto no território de Salvatore "Totuccio" Inzerillo como um insulto deliberado. Temendo uma nova guerra da Máfia, Inzerillo havia acabado de receber o carro à prova de balas que havia encomendado.

> "IMPASTATO FOI SEQUESTRADO, TORTURADO E, EM SEGUIDA, JOGADO NUM TRILHO DE TREM COM BANANAS DE DINAMITE AMARRADAS AO CORPO."

Antes de sua morte, Di Cristina denunciou às autoridades que Leggio havia criado um esquadrão da morte de elite formado por 14 membros que se infiltraram em outras famílias da Máfia. Eles operavam em Roma, Nápoles e outras cidades italianas, e ganhavam dinheiro com sequestros. Segundo Di Cristina, Leggio estava por trás do sequestro, em 1973, de John Paul Getty III, neto de 17 anos do fundador da empresa petrolífera Getty Oil, que pagou um resgate de 2,9 milhões de dólares depois que a orelha da vítima lhe foi enviada em um envelope.

Na Itália, é frequente suspeitar-se que os carabineiros locais estejam atuando em conjunto com a Máfia. O irmão de Giuseppe Impastato afirmou ao inquérito parlamentar que, em Cinisi, era comum ver a polícia ao lado da Máfia.

Simultaneamente, a Máfia estava sob o ataque do esquerdista radical Giuseppe "Peppino" Impastato, natural de Cinisi, que havia sido profundamente afetado pela morte de seu tio Cesare Manzella. Depois da morte de Manzella, Gaetano Badalamenti assumiu como *capomafia* da *cosca* em Cinisi. Impastato revidou contra a Máfia ridicularizando os "homens de honra" em seu programa de rádio e nos jornais. De início, ele era protegido pelo fato de seu pai ser um mafioso, mas, quando seu pai foi perseguido e morto, perdeu sua imunidade. Em 1978, foi sequestrado, torturado e, em seguida, jogado em um trilho de trem com bananas de dinamite amarradas ao corpo. Seus restos mortais se espalharam por uma área de 275.000 quilômetros quadrados. Amigos se reuniram às portas da casa de Badalamenti com gritos de "Assassino". Anos de agitação levaram a instauração de um inquérito parlamentar no ano 2000. O irmão de Impastato contou às autoridades que, em Cinisi, era comum ver carabineiros agindo de braços dados com os mafiosos. Por fim, em 2002, Badalamenti foi condenado à prisão perpétua como mandante do homicídio de Impastato.

Em 1978, Badalamenti foi removido da Comissão, apesar de ser padrinho de Leggio. Ele foi substituído por Michele Greco, que se aliou à família de Corleone. Na sequência, Badalamenti foi expulso da Cosa

Nostra. Seu primo, Antonio Badalamenti, assumiu como chefe da *cosca* de Cinisi e Gaetano Badalamenti emigrou para o Brasil.

O Massacre dos Inzerillo

Com a iminência da guerra, Tommaso Buscetta fugiu da Sicília com sua jovem esposa e meio milhão de dólares como um presente de despedida. Mas Salvatore Inzerillo continuou seus negócios como de costume. Todo dia, mais de 50 carros eram vistos estacionados à frente da sua casa de campo. Eles pertenciam a traficantes, refinadores, mulas (pessoas usadas para transportar drogas) e soldados da Máfia. Na sequência, membros importantes das famílias Inzerillo, Spatola e Gambino foram presos por tráfico de heroína. Em protesto, Stefano Bontade, o "príncipe de Villagrazia", foi morto por ordens de Riina. Bontade tinha conexões com o primeiro-ministro democrata cristão Giulio Andreotti. A caminho de casa de sua festa de aniversário de 42 anos, o carro de Bontade foi atingido em um semáforo. Acredita-se que o pistoleiro fosse o capanga favorito de Riina, Giuseppe "Pino" Greco, primo de Michele Greco. "Pino" Greco também era conhecido como "Scarpuzzedda" ("Sapatinho") porque seu pai era apelidado de "Scarpa", que, em siciliano, significa "sapato".

No mês seguinte, "Scarpuzzedda" matou Inzerillo a tiros no curto caminho entre a casa de sua amante e seu Alfa Romeo à prova de balas. Sem pedir autorização à Comissão, Inzerillo havia ordenado a morte do juiz do Ministério Público, Gaetano Costa, que emitira 53 mandatos de prisão contra a rede de tráfico de heroína Spatola-Inzerillo-Gambino. Giuseppe, filho adolescente de Inzerillo, foi morto em seguida depois de jurar vingança pela morte do pai. Primeiro de tudo, o braço com que pretendia administrar a vingança foi simbolicamente cortado. Quando Santo, irmão de Salvatore Inzerillo, foi a uma reunião para descobrir por que os membros de sua família estavam sendo mortos, foi estrangulado, ao passo que outro irmão, Pietro, foi encontrado morto em Nova Jersey, com notas de dólares enfiadas na boca e em torno da genitália.

Mais de 200 homens do clã Bontade-Inzerillo foram mortos e as suas *coschi* foram assumidas pelos lealistas de Corleone. Outros fugiram atravessando o Atlântico. Com o suprimento de heroína em risco, John Gambino voou de Nova York para descobrir o que estava acontecendo. Disseram-lhe que era imperativo que Buscetta e os demais que tinham fugido para o exterior fossem encontrados e mortos. Entretanto, Gambino conseguiu forjar um acordo para que os Inzerillo sobreviventes que haviam fugido para os Estados Unidos continuassem vivos desde que jamais retornassem à Sicília.

Julgamento de um Homem Morto

Em Palermo, porém, a matança continuou. Os membros restantes da *cosca* de Bontade de Santa Maria di Gesù, nos arredores de Palermo, foram convidados para um churrasco na propriedade de Michele Greco. Na sequência, as 11 pessoas que compareceram foram mortas. Salvatore "Totuccio" Contorno, que havia tido o bom senso de não comparecer, escapou depois de outro atentado empreendido por Pino Greco e seu parceiro Giuseppe Lucchese. Ele então se tornou um foragido. Na tentativa de encontrá-lo, mais de 35 amigos e parentes que poderiam estar lhe dando cobertura foram mortos a tiros. Isso foi o bastante para convencê-lo a se tornar um informante, inicialmente por uma carta anônima. No entanto, sua prisão por posse de drogas em Roma, seguida pela deserção de Buscetta, convenceu-o a quebrar a *omertà* e falar.

Salvatore Riina começou a temer que Pino Greco estivesse se fortalecendo demais; então, em 1982, tocou em sua arrogância ordenando-lhe que matasse Filippo Marchese, o chefe da Corsa dei Mille, que comandava a "Sala da Morte", um pequeno apartamento onde inimigos da família de Corleone eram estrangulados. A essa altura, Greco sequer comparecia às reuniões da Comissão, mandando seu subchefe, Vincenzo Puccio, no seu lugar. Para enfraquecer a posição de Greco, Riina ordenou o massacre de oito homens do mandamento de Ciacullo, o que mostrou a todos o pouco poder que Greco tinha realmente. Em seguida, deu ordens a Pioggio Puccio e Giuseppe Lucchese para matarem Greco em sua própria casa. Ao mesmo tempo, Riina espalhou o boato de que Greco havia fugido para os Estados Unidos porque a polícia estava no seu encalço. Consequentemente, Greco foi julgado *in absentia* no Maxiprocesso da Máfia, em meados da década de 1980. Ele foi sentenciado à prisão perpétua por 58 acusações de assassinato, embora já estivesse morto.

> "Contorno escapou de outro atentado empreendido por Pino Greco e seu parceiro. Ele então se tornou um foragido. Na tentativa de encontrá-lo, mais de 35 amigos e parentes seus foram mortos a tiros."

A Máfia na Política Italiana

Ignazio Salvo sentado no tribunal da casamata construída dentro da prisão de Ucciardone em Palermo. Ele foi morto pela Máfia, em 1992, como uma resposta brutal às sentenças concedidas depois do Maxiprocesso.

Depois do massacre em Portella della Ginestra (ver página 147), Calogero Vizzini (*Don* Calò) se voltou contra os separatistas e começou a cultivar contatos na Democracia Cristã (DC) após ser abordado por Bernardo Mattarella. Durante as eleições de 1948, que tornaram os democratas cristãos o maior partido no parlamento, *Don* Calò compareceu a um almoço eleitoral com Giuseppe Genco Russo, seu sucessor como chefe dos chefes da Sicília. Os democratas cristãos teriam o poder na Itália, em diversas coalizões, durante os 45 anos seguintes. A Máfia os auxiliou oferecendo os votos da Sicília repetidas vezes, os quais representam 10% do eleitorado italiano.

Quando Amintore Fanfani se tornou líder da DC, em 1954, ele deu carta branca à nova geração dos Jovens Turcos para introduzir reformas na administração do partido. O jovem turco responsável pela introdução das reformas na Sicília foi Giovanni Gioia. Ele aumentou ostensivamente o número de democratas cristãos na ilha, embora fossem alistados mortos, assim como amigos e parentes. Isso significava que o gabinete da DC em Palermo era desproporcionalmente forte em comparação à escala nacional. Também deu a Gioia e a seus correligionários da DC mais poder dentro da Sicília.

Em 1958, com a ajuda de Angelo La Barbera, Salvo Lima foi eleito prefeito de Palermo e Vito Ciancimino, também democrata cristão de Corleone, era superintendente de obras públicas. Juntos, deram início a um *boom* no setor de construção. Mais da metade dos alvarás imobiliários emitidos direcionavam-se para pessoas que não tinham absolutamente nenhuma conexão com o mercado imobiliário. Palácios no estilo *art déco* foram derrubados e parques cimentados, enquanto a Máfia tomava conta das imobiliárias e administrava as empreiteiras. Todos ganharam dinheiro com subsídios imobiliários do governo e superfaturação de obras de má qualidade. As construções também eram usadas como um meio de lavagem de dinheiro oriundo do tráfico. Conhecida como "saco de Palermo", essa torpe e destrutiva corrupção continuou por anos.

Depois de ser nomeado para a Câmara dos Deputados em 1968, Lima se tornou um aliado fundamental de Giulio Andreotti, eleito primeiro-ministro pela primeira vez em 1972. A arrecadação de impostos era contratada pelo governo na Itália, então, Lima tomou providências para que Nino e Ignazio Salvo ganhassem a concessão na Sicília. Os Salvo eram mafiosos da família Salemi na província de Trapani. Com o favoritismo de Lima, os primos embolsavam 10% da renda, ao passo que, no restante da Itália, cerca de 3% eram embolsadas. Quando estava na Sicília, Lima era levado de um lado a outro no carro à prova de balas dos Salvo. Nino morreu de câncer em uma clínica na Suíça em 1986 e Ignazio foi morto em 1992, após o Maxiprocesso da Máfia.

Vito Ciancimino foi preso em 1984 e condenado em 1992, mesmo ano em que Lima foi morto com uma eficiência brutal. A Máfia acreditava que ele não havia se esforçado o bastante para impedir as condenações no Maxiprocesso da Máfia. Ele estava sendo levado de carro de sua casa de campo em Mondello, um subúrbio à beira-mar, para Palermo, quando um pistoleiro montado na garupa de uma motocicleta atirou nos pneus e no para-brisa do carro. Enquanto Lima tentava escapar a pé, o motociclista voltou. O pistoleiro, então, atirou nas costas de Lima e terminou o serviço com uma bala no pescoço.

> "LIMA ESTAVA SENDO CONDUZIDO EM PALERMO QUANDO UM ATIRADOR NA GARUPA DA MOTOCICLETA DE SO UM TIRO NOS PNEUS E PÁRA-BRISAS DE SEU CARRO. COMO LIMA TENTOU FUGIR A PÉ, O MOTOCICLISTA VOLTOU ..."

Tommaso Buscetta depôs que: "Salvo Lima era, com efeito, o político a quem a Cosa Nostra recorria com mais frequência para resolver os problemas da organização cuja solução ficava em Roma". Ele foi morto porque não havia conseguido cumprir as promessas que fizera em Palermo, "porque era o maior símbolo de que parte do mundo político que, depois de oferecer favores à Cosa Nostra em troca de votos, não foi mais capaz de proteger os interesses da organização na época de seu mais importante julgamento".

Favores Políticos

Na época de sua morte, Lima estava ocupado preparando uma grande recepção para Andreotti, que começaria a fazer campanha na Sicília, no dia seguinte. A morte de Lima marcou o fim do pacto entre a Máfia e os democratas cristãos. O pacto tinha sido formado por Benardo Mattarella e *Don* Calò nos tempos de Salvatore Giuliano. No funeral de Lima,

Andreotti defendeu a Sicília e o seu amigo falecido. Ele vinha sendo "caluniado há décadas", disse ele. Mas as conexões de Andreotti com a Máfia estavam ficando extremamente claras.

No ano seguinte, Andreotti tinha deixado de ser chefe de Estado e, no lugar, sido eleito como senador vitalício. Isso deu aos promotores a oportunidade de pedir ao Senado italiano permissão para investigar suas conexões com a Cosa Nostra. As acusações choveram. Em 1995, foi indiciado por vender favores políticos para a Máfia. Também foi acusado como cúmplice no assassinato do jornalista investigativo Carmine Pecorelli. Buscetta testemunhou que Gaetano Badalamenti havia lhe dito que o assassinato fora encomendado pelos primos Salvo como um favor a Giulio Andreotti. O então primeiro-ministro, em seu único mandato, temia que Pecorelli estivesse prestes a publicar informações sobre o sequestro e o assassinato do ex-primeiro-ministro democrata cristão Aldo Moro empreendido pelos terroristas das Brigadas Vermelhas, em 1978. Uma revelação como essa poderia ter destruído a carreira política de Andreotti. Acreditava-se que a morte de Pecorelli estivesse ligada ao assassinato de 1982 do general dos carabineiros Carlo Alberto Chiesa, que havia sido nomeado prefeito de Palermo por Andreotti.

Em 1999, Andreotti, Gaetano Badalamenti e outros foram considerados inocentes do assassinato de Pecorelli. Andreotti também foi absolvido do envolvimento com a Cosa Nostra. Seus acordos com Stefano Bontade, Gaetano Badalamenti, Michele "Il Papa" Greco, Vito Ciancimino, os irmãos Salvo e Totò Riina, que ele cumprimentou com um beijo, tinham acontecido muito tempo antes e estavam além dos estatutos de limitação. No entanto, a promotoria recorreu e, em 2002, Andreotti e Badalamenti foram sentenciados a 24 anos de prisão pela morte de Pecorelli. Essa decisão foi derrubada pelo Tribunal de Cessação.

Propaganda Due ou P2

Carmine Pecorelli, Giulio Andreotti, o general Carlo Alberto Chiesa, Salvo Lima e Stefano Bontade eram todos membros de uma Loja maçônica secreta chamada Propaganda Due, ou P2. Uma lista parcial de membros foi descoberta na casa do Grão-Mestre da Loja, Licio Gelli, durante uma investigação sobre transações monetárias ilegais no Banco Ambrosiano.

Ela incluía 54 membros do parlamento, 12 generais dos carabineiros, 14 juízes, os chefes dos três serviços secretos, cinco membros importantes da Guarda de Finanças, almirantes, generais, jornalistas, empresários ricos, o pretendente ao trono italiano, Silvio Berlusconi, e Michele Sindona, um financista siciliano que tinha usado subornos e fraudes para tirar 30 mihões de dólares do Banco do Vaticano e de outras instituições financeiras. Sindona foi condenado como mandante do homicídio de Giorgio Ambrosoli, o responsável por liquidar seu império compilando um dossiê de mais de 2 mil páginas que detalhava as contravenções financeiras de Sindona. Sentenciado à prisão perpétua, Sindona tinha cumprido apenas dois dias quando foi encontrado morto em sua cela depois de beber café envenenado por cianeto.

Algumas das atividades da P2 são cobertas de mistério, mas materiais fornecidos pelos serviços de segurança foram usados para chantagem e também há evidências de que a P2 planejava um golpe de Estado de direita. Sete milhões de dólares haviam sido depositados em uma conta de um banco suíço que pertencia a Bettino Craxi, que se tornou o primeiro chefe de Estado socialista da Itália. Esse dinheiro tinha sido depositado pelo diretor do Banco Ambrosiano, Roberto Calvi, também membro da P2. As conexões de Calvi com o arcebispo Paul Marcinkus, que tinha nascido em Chicago e trabalhava no Banco do Vaticano, eram tão próximas que ele era chamado de "banqueiro de Deus".

Após uma investigação em 1978, Calvi foi sentenciado a quatro anos de prisão e multa de 19,8 milhões de dólares por enviar ilegalmente para fora do país o equivalente a 27 milhões de dólares em liras italianas. Havia mais 1,4 bilhão de dólares em empréstimos "suspeitos" a serem pagos a uma empresa fantasma com bases nas Bahamas e na América Latina, de posse do Banco do Vaticano.

Em 5 de junho de 1982, Calvi escreveu uma carta ao papa João Paulo II em que advertia sobre a falência iminente do Banco Ambrosiano e o dano que isso causaria à Igreja. Duas semanas depois, o banco faliu com dívidas de cerca de 1 bilhão de dólares, a maior parte das quais sobrou para o seu principal acionista, o Banco do Vaticano. Em 1984, o Banco do Vaticano aceitou pagar 224 milhões de dólares aos 120 credores do extinto Banco Ambrosiano, que, segundo suspeitas, era usado para lavar dinheiro do tráfico de drogas.

Nesse ínterim, Calvi desapareceu de seu partamento em Roma em 10 de junho de 1982. Ele tinha sido solto sob recurso pendente. Oito dias depois, foi encontrado pendurado sob a Blackfriars Bridge, em Londres. Havia tijolos e 10 mil dólares em notas de banco em seus bolsos. Um inquérito inicial em 1982 chegou ao veredito de suicídio, mas conclui-se depois que ele tinha sido assassinado.

Vinte e cinco anos depois da morte de Calvi, cinco réus, incluindo o mafioso Giuseppe Calò, foram absolvidos do assassinato por "falta de evidências", embora se tenha acumulado o equivalente a 20 meses de depoimentos. O tribunal chegou ao consentimento, porém, de que a morte de Calvi se tratava de um homicídio, e não suicídio.

Como cidadão do Vaticano, o arcebispo Marcinlus não podia ser acusado, ao passo que Gelli fugiu para Suíça e foi extraditado. Depois de fugir da prisão de helicóptero, ele buscou refúgio em suas terras no Uruguai.

Quatro anos depois, voltou a ser preso na Suíça e foi extraditado novamente, mas, pelos termos de sua extradição, ele só poderia ser julgado por acusações relativas à falência do Banco Ambrosiano. Posteriormente, foi acusado de financiar os terroristas fascistas que explodiram a estação de trem de Bologna, em 1980, matando 85 pessoas. Mas ele não cumpriu pena. Giuseppe Calò foi sentenciado à prisão perpétua por outras acusações referentes à Máfia, e Bettino Craxi escapou de acusações de corrupção em 1993 para morar em sua casa em Túnis. Ele nunca retornou à Itália.

O banqueiro italiano Roberto Calvi

8
A Strip e o Boardwalk

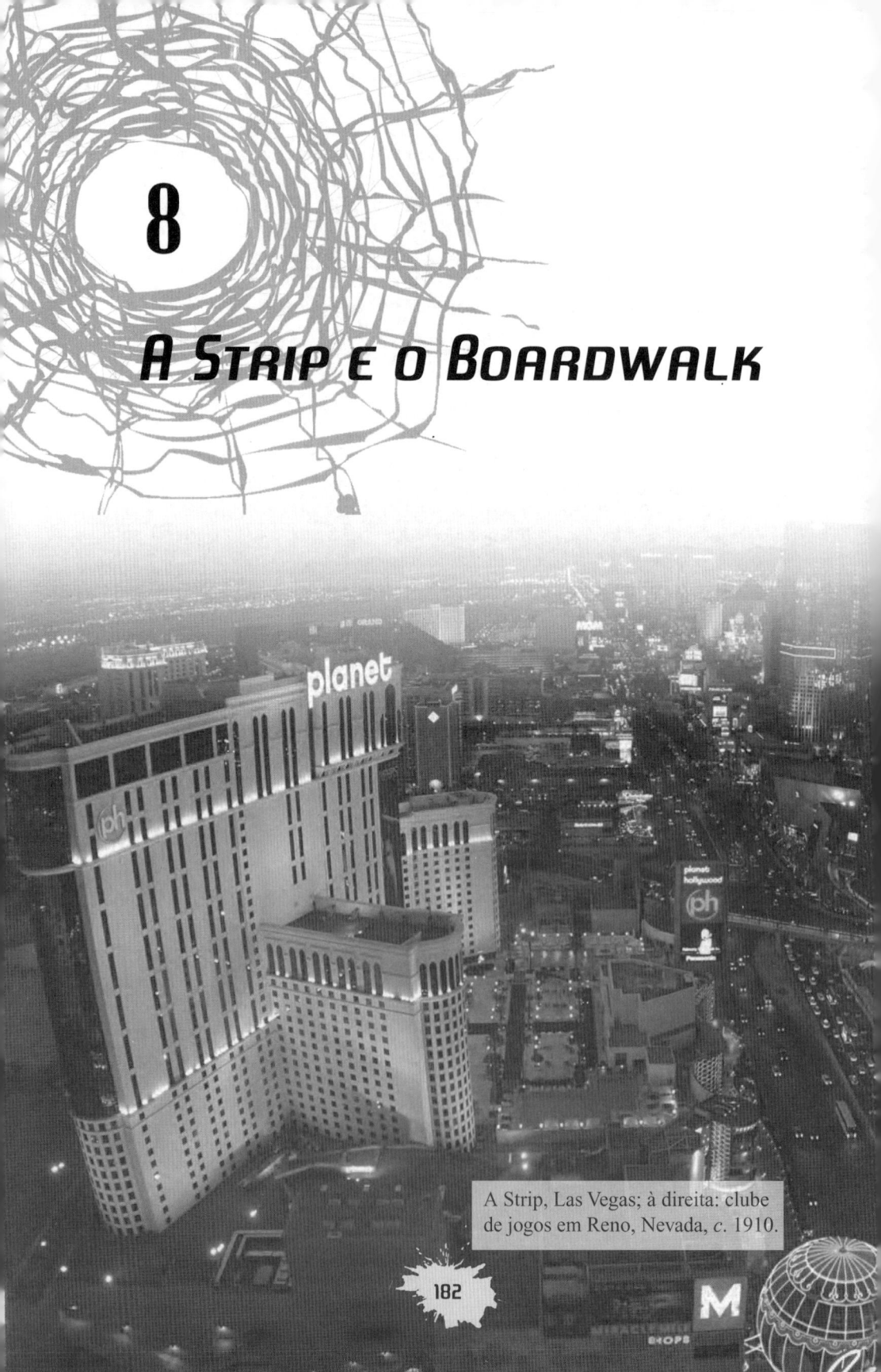

A Strip, Las Vegas; à direita: clube de jogos em Reno, Nevada, *c.* 1910.

A Máfia nos Estados Unidos sempre esteve envolvida nos jogos ilegais. Ela chegava a administrar a loteria italiana em áreas afro-americanas e hispânicas impedindo as apostas de gerenciadores de menor porte ou simplesmente se infiltrando à força. Como parceiros, também conseguiam oferecer proteção de políticos, policiais e outros bandidos.

Perto do fim da era da Lei Seca, Meyer Lansky percebeu que, embora a Máfia pudesse ganhar dinheiro com os jogos ilegais, os jogos legais a tornariam ainda mais milionária. Na época, o único estado norte-americano que permitia jogos de azar era Nevada, que, porém, era árido, inóspito e de difícil acesso. Por isso, em 1932, Lansky começou a cultivar relações com o poderoso cubano Fulgencio Batista, que assumiu o governo de Cuba no ano seguinte. Havana era um parque de diversões para os magnatas norte-americanos, então, Lansky ofereceu subornos astronômicos a Batista em troca do monopólio dos cassinos para a Máfia.

Depois da Segunda Guerra Mundial, a melhor infraestrutura de transporte aéreo facilitou a chegada dos grandes apostadores à ilha. Na década de 1950, por cortesia de Lansky, todas as famílias da Máfia norte-americana tinham uma parte dos lucros em Cuba, mas, em 1959,

O líder cubano Fulgencio Batista em Washington DC, c. 1935. Batista negociou contratos lucrativos com a Máfia dos Estados Unidos referentes a drogas, jogos e prostituição na capital de Cuba, Havana.

Fidel Castro marchou em direção a Havana e deu ordens para que suas forças de guerrilha destruíssem os cassinos por completo. Os restantes foram fechados. No entanto, Lansky já havia começado operações de jogos nas Bahamas e em outras ilhas do Caribe. Ele também comprou parte das ações do London's Colony Club, mas seu representante na mesa diretora, Dino Cellini, foi deportado, assim como o ator George Raft, ex-sócio de um cassino em Havana.

Lansky havia percebido, havia tempos, que a instabilidade política no Caribe, combinada às restrições do Gaming Act [Lei relativa aos jogos de azar] da Grã-Bretanha, obrigava a Máfia a montar um cassino em Nevada, onde a situação era muito mais simples. A lei de 1931 que legalizava os jogos de azar no estado não proibia criminosos consumados de administrar cassinos, tampouco os regulava. E nenhuma autoridade tinha sido definida para supervisionar os xerifes dos condados com a tarefa de coletar o dinheiro de alvará.

Reno era a maior cidade de Nevada, abrigando 20% da população do estado. A menos de 320 quilômetros de São Francisco, já era a capital do divórcio dos Estados Unidos e tinha inúmeros cassinos legais em plena atividade. No entanto, o antigo sócio de Lansky, Bugsy Siegel, havia enxergado uma opção melhor, Las Vegas, um cruzamento rodoviário sossegado a mais de 320 quilômetros de Los Angeles.

Os Primeiros Anos de Bugsy

Nascido em Williamsburg, no Brooklyn, Siegel era filho de uma família judaica pobre da Ucrânia. Ele começou sua carreira criminosa extorquindo dinheiro de proteção de vendedores ambulantes. Quando não pagavam, ele punha fogo à mercadoria. Na sequência, entrou para a gangue de Meyer Lansky, roubando carros e controlando jogos de dados ilegais. Lansky também contratou Siegel como matador de aluguel.

Bugsy Siegel conversa com o astro cinematográfico George Raft, 1947.

Virginia Hill, c. 1950: tendo começado a carreira como dançarina na Exposição Mundial de Chicago, ela tornou-se acompanhante de criminosos e, posteriormente, ficou com Bugsy Siegel.

Em 1926, Siegel, com 20 anos de idade, foi preso por estupro, mas os capangas de Lansky disseram à vítima que, a menos que ela desenvolvesse uma amnésia súbita, jogariam-lhe ácido na cara, marcando-a para sempre. A Máfia de Bugs e Meyer juntou forças a Luciano e, em 1931, Siegel foi um dos pistoleiros que matou Joe Masseria. Na sequência, fez parte da Murder, Inc. tendo Abe "Kid Twist" Reles como guarda-costas, foi mandado para coordenar o controle de grupos de extorsão locais em Miami e na Filadélfia. Sua boa aparência e seu charme natural também faziam dele uma ligação útil nos acordos da Máfia com políticos e outras pessoas importantes.

Como traficante de bebidas alcoólicas, foi preso sob acusações de menor importância, embora estivesse envolvido nos assassinatos de meia dúzia de fornecedores rivais.

Em retaliação, o também traficante de bebidas Waxey Gordon enviou seu melhor pistoleiro, Francis Anthony Fabrizio, para jogar uma bomba pela chaminé do quartel-general de Bugs e Meyer na Grand Street, em Manhattan, em 1934. Siegel ficou ferido, mas, depois de se recuperar, rastreou Fabrizio e o matou a tiros.

Siegel matou vários gângsteres, incluindo seu amigo de infância Abe "Bo" Weinberg, como um favor a Dutch Schultz, granjeando a antipatia do submundo. Sua cabeça foi colocada à venda e, para sua própria proteção, foi enviado para a Califórnia em 1937, onde ligou as casas de jogos e os salões de apostas de Jack Dragna ao serviço de rede nacional. Operando como banqueiro do cartel, Lansky embolsou milhões.

Siegel foi apresentado a estrelas de Hollywood por seu amigo de infância, George Raft, que baseava seus papéis de criminosos em Joe Adonis e na condessa Dorothy di Frasso, uma anfitriã da alta sociedade. Posteriormente, usou os contatos que havia feito para extorquir milhões de dólares dos magnatas de Hollywood. O sindicato dos projecionistas era controlado pela Máfia, portanto, ele era capaz de cortar o fluxo de receitas a menos que eles pagassem.

> "LANSKY DISSE A SIEGEL PARA 'DAR UM JEITO' EM HARRY GREENBERG, QUE HAVIA FUGIDO PARA A COSTA OESTE. SIEGEL BALEOU GREENBERG, QUE ESTAVA SENTADO EM SEU CARRO."

Embora fosse casado e tivesse várias aventuras, Siegel apaixonou-se por Virginia Hill, uma mensageira que levava dinheiro da Chicago Outifit para bancos suíços. Hill fora amante de vários mafiosos. Enquanto colhia evidências em um interrogatório do Congresso, o senador Charles W. Tobey perguntou-lhe por quê. "Eu sou a melhor transa do mundo, porra", respondeu ela. Juntos, Siegel e Hill começaram a importar ópio e heroína do México, distribuindo a mercadoria por traficantes do grupo.

Apesar de Siegel ter dito ao IRS* que era um "esportista" que ganhava dinheiro com apostas legais, ele ainda atuava como matador de aluguel. Em novembro de 1939, Lansky lhe disse para "dar um jeito" em Harry "Big Greenie" Greenberg, ex-membro da Murder, Inc. que havia fugido para a Costa Oeste dos Estados Unidos e estava prestes a se tornar informante da polícia. Ao lado de Whitey Krakower, seu cunhado, Siegel baleou Greenberg enquanto este estava sentado no carro em frente à sua casa em Hollywood.

---

*N.T.: Do inglês, Internal Revenue Service, o correspondente norte-americano à Receita Federal.

Em seguida, quando Lansky lhe disse que Krakower também era um informante, Siegel viajou até Nova York e matou Krakower a tiros em uma rua do Brooklyn.

Quando outro cúmplice, Albert "Allie" Tannenbaum, se tornou delator, Siegel foi indiciado pela morte de Greenberg. No entanto, outra testemunha, Abe Reles, não sobreviveu para testemunhar e Siegel foi solto. A essa altura, ele já havia enxergado as possibilidades de Las Vegas.

O Último Canto do Flamingo

Primeiro, ele tentou investir nos pequenos cassinos que já existiam no centro da cidade. Na sequência, comprou um pedaço de terras no deserto a 11 quilômetros da cidade, que ficaria conhecido como "The Strip". Com 1 milhão de dólares do seu próprio dinheiro, começou a construir o primeiro hotel cassino, o Flamingo, o nome carinhoso pelo qual chamava Virginia Hill; porém, com os preços e as propinas exorbitantes, os custos começaram a fugir do controle. Enquanto isso, Siegel passava o tempo passeando pelos estúdios de Hollywood com George Raft, na esperança de entrar para o cinema. Mas ninguém tinha coragem de contratá-lo. Quando um dos contratantes ouviu Siegel falando que alguém precisava ser "eliminado", ele empalideceu, mas Siegel rapidamente o tranquilizou com um sorriso: "Não se preocupe, nós só matamos uns aos outros".

Para terminar o hotel, ele teve de pegar 5 milhões de dólares emprestados do grupo, que, porém, logo começou a cobrar o dinheiro de volta. Por isso, Siegel teve de abrir o Flamingo antes que ele estivesse completado. Nenhum de seus conhecidos de Hollywood apareceu na inauguração, exceto por George Raft e Jimmy Durante, que foi o primeiro grande comediante de Las Vegas. Mas, em vez dos lucros esperados, o cassino estava rendendo prejuízos colossais. O motivo era que alguns dos crupiês contratados de cassinos rivais do centro da cidade, tinham se deixado subornar para perder dinheiro e colocá-lo fora do ramo. Os financiadores de Siegel viram de outro jeito. Acharam que ele estava se apoderando dos lucros.

Siegel insistiu que o Flamingo precisava de publicidade para lucrar, o que, para Luciano e os outros mafiosos sicilianos à moda antiga, era uma proscrição. Quando se encontraram em Havana, em 1947, Luciano cobrou o empréstimo, ao que Siegel respondeu com um "vá para o inferno". Ele disse que pagaria o empréstimo no seu devido tempo. Mas

Um assistente de médico-legista cobre o corpo cheio de balas de Bugsy Siegel, atingido por cinco de nove projéteis disparados pela janela da casa de Virginia Hill, junho de 1947.

isso contou pouco para Luciano. Ele disse a Lansky: "Ben precisa ser eliminado e não tem discussão".

Lansky disse ao guarda-costas de Siegel, Mickey Cohen, para ficar do lado do seu chefe dia e noite. Ele também pediu a Siegel que fizesse as pazes com Luciano e quitasse pelo menos parte do empréstimo, mas Siegel ignorou o conselho. Na noite de 20 de junho de 1947, Siegel estava sentado com seu companheiro de jogos, Allen Smiley, na casa de Virginia Hill, que estava na Europa na época, quando uma bala de um rifle 30-30 acertou seu olho esquerdo, que caiu a quase 5 metros no piso frio. Outros cinco disparos se seguiram. Foi um ataque profissional e Smiley não foi ferido.

Ao ouvir sobre o assassinato, Cohen invadiu o saguão do Roosevelt Hotel, onde acreditava estarem os assassinos. Ele, então, sacou duas automáticas calibre 45. Depois de encurralar todos na cobertura, exigiu que os responsáveis o encontrassem do lado de fora. Antes que alguém descesse, a polícia apareceu e Cohen fugiu. Virginia Hill não voltou a tempo para o funeral de Siegel, e George Raft estava de cama com um ataque de asma.

A Máfia Assume o Controle

Ironicamente, a morte de Siegel trouxe a Las Vegas a publicidade de que precisava. Jogadores foram em bando para o Flamingo. Com Siegel fora do caminho, Lansky delegou homens mais confiáveis para gerenciar o investimento do grupo. Quando Moe Sedway e Gus Greenbaum entraram no negócio, logo começaram a lucrar e, em poucos meses, o Flamingo saiu do vermelho. Sedway continuou a controlar a operação até sua morte em 1942, enquanto Greenbaum passou a administrar o Riviera para o antigo capanga de Capone, Tony Accardo. Como líder do cartel em Las Vegas, Greenbaum viria depois a ordenar as mortes de Tony Brancato e Tony Tombino como punição por roubarem de um hotel do grupo. Mas o fato de ser um jogador inveterado, um mulherengo incorrigível e um usuário de drogas logo o levou a roubar também, diretamente do caixa.

Ao ser descoberto pelo cartel de Chicago, Greenbaum e sua mulher foram encontrados mortos em sua casa em Phoenix com as gargantas cortadas. Seus assassinos tinham vindo de Miami, que era, na época, a base de Lansky. Ele raramente visitava Las Vegas, mas ainda controlava os interesses do grupo na cidade.

Em 1960, Lansky recebeu uma "taxa de agenciamento" de 500 mil dólares de Morris Lansburgh e Sam Cohen quando lhe compraram o Flamingo. Ele continuou a controlá-lo enquanto Lansburgh e Cohen desviaram 30 milhões de dólares (não declarando a renda para o IRS). Em 1971, foram investigados por sonegação fiscal e Lansky foi intimado a comparecer diante do júri. Com propriedades no valor de 300 milhões de dólares, Lansky temia também ser indiciado por sonegação fiscal; portanto, fugiu para Israel e tentou permanecer lá sob a Lei do

A piscina no Flamingo Hotel de Siegel, Las Vegas, Nevada, 1947.

Retorno, que permite que qualquer judeu se estabeleça no país. No entanto, a lei não incluía aqueles com passado criminoso; por isso, dois anos depois, ele foi deportado de volta para os Estados Unidos. Ele foi condenado por desacato por não ter obedecido à intimação e foi sentenciado a um ano de cadeia, mas a sentença foi derrubada por recurso. Em seguida, foi julgado por fraude fiscal por conta do London's Colony Club, mas foi absolvido. Lansburgh e Cohen se declararam culpados de sonegação fiscal e receberam uma sentença simbólica, enquanto as acusações posteriores contra Lansky foram arquivadas. Ele morreu em janeiro de 1983, em Miami. Todo o dinheiro que ele ganhou tinha desaparecido. Ele nunca voltou a ser condenado por um crime federal e passou apenas dois meses na prisão, em 1953, quando foi sentenciado por gerenciar uma casa de jogos em Saratoga.

Além de controlar o Flamingo e o Thunderbird, Lansky também tinha ações no Sands Hotel, assim como Frank Costello, Joe Adonis e Joseph "Doc" Stacher, outros ex-membros da quadrilha de Bugs e Meyer que escaparam da prisão por sonegação fiscal emigrando para Israel.

A residência na cobertura de cortinas cerradas do multimilionário recluso Howard Hughes, no hotel Desert Inn, um dos cinco hotéis cassinos de que ele era dono.

George Raft também tinha um investimento de capital, e Frank Sinatra recebeu 9% das ações para cantar lá. Além de sua participação no Sands, Costello controlava o Tropicana. O Sahara e o Riviera eram de Sam Giancana e outros membros da Chicago Outfit, que também possuíam investimentos no Caesars Palace, assim como Raymond Patriarca (mafioso da Nova Inglaterra), Jerry Catena (principal assistente de Vito Genovese) e Vincent "Jimmy Blue Eyes" Alo (a ligação de Lansky com a Máfia italiana). Como afirmou o comediante Alan King, ao contrário do que sugeria o nome, o Caesars Palace [Palácio de César] era menos romano e "mais no estilo siciliano antigo".

Jimmy Hoffa e os Teamsters também tinham investido 10 milhões de dólares no Palace, além de outros 40 milhões de dólares em empréstimos permanentes por toda Las Vegas.

Morris "Moe" Dalitz, velho amigo de Lansky, e a Máfia de Cleveland eram donos do Desert Inn. Ex-membro da "Jewish Navy", que contrabandeava uísque canadense pelo Lago Erie durante a Lei Seca, Dalitz construiu o Las Vegas Country Club, o Sunrise Hospital e vários abrigos para crianças especiais. Ele doava frequentemente para o sistema de bibliotecas públicas e para os fundos de campanha de Paul Laxalt, senador de Nevada e um dos conselheiros mais próximos do então presidente Ronald Reagan. Em 1951, o Comitê Especial do Senado responsável por investigar o crime organizado no comércio interestadual concluiu que Dalitz era um criminoso importante que havia participado na "formação do grupo criminoso nacional". Então, em 1978, a comissão para o controle do crime organizado da Califórnia declarou que ele era um dos criadores do processo de sonegação fiscal que se desenvolveu em Las Vegas no início dos anos 1960. Mesmo assim, ele nunca chegou a ser preso ou acusado de nenhum crime e é conhecido como "Mr. Las Vegas" em reconhecimento a seus esforços para transformar Las Vegas em uma cidade moderna.

Quando o Stardust estava sendo construído, Dalitz reclamou que ele concorreria com o Desert Inn, e ele estava disposto a resolver a questão à moda antiga.

Lansky, porém, arranjou uma reunião entre Dalitz, o mafioso de Nova Jersey, Abner "Longy" Zwillman, e o operador de navio de jogos californiano, Tony Cornero, representando o Stardust. Um acordo foi forjado, dando a cada um interesses convergentes nos hotéis uns dos outros.

Em 1966, Howard Hughes se mudou para o nono andar do Desert Inn. Depois de perder muito nas mesas de jogos, ofereceu 30 milhões de dólares para comprar o hotel. Em seguida, começou a comprar cassinos em Las Vegas e no Reno. Isso agradava aos proprietários da Máfia, porque, na época, eles estavam sendo investigados por sonegação fiscal. Hughes tinha certeza de que conseguiria aumentar a margem de lucro a 20%, mas os cassinos ainda estavam empregando mafiosos, de modo que o dinheiro continuava indo para a Máfia.

Operação em Vegas

O que Hughes não entendia é que a Máfia não ganhava dinheiro apenas com o desvio do dinheiro dos cassinos. Por meio dos sindicatos, eles controlavam os fornecedores que abasteciam os cassinos de comida, bebida e serviços de lavanderia, tudo que era necessário. Hughes nunca lucrou mais do que 6%. A Máfia, então, comprou de volta a maioria dos cassinos, sobretudo por intermédio de empresas de fachada legal.

Os hotéis e cassinos não eram úteis para a Máfia apenas pelo dinheiro que ganhavam, mas também consistiam em uma maneira proveitosa de lavar dinheiro vindo de drogas, agiotagem e extorsão, além de fazer pagamentos. Membros importantes da Máfia ganhavam quartos e entretenimento gratuitos. Eles também ganhavam de "cortesia" milhares de dólares em fichas grátis, que trocavam por dinheiro na saída sem sequer terem jogado. Em Nevada, não eram deduzidos impostos desse tipo de "prejuízo".

A Máfia também assumiu as rédeas da cobrança de dívidas. O alvo eram jogadores inveterados que não pagavam nada pelos voos, quartos de hotel, comida ou entretenimento desde que jogassem, por exemplo, 5 mil dólares, ganhando ou perdendo. A Máfia comprava os prejuízos dos que não pagavam no valor de um quarto das dívidas. Então, caçavam os devedores e os forçavam a quitá-las, enquanto os juros corriam a 5% por semana. Os devedores descobriam que estavam nas mãos de agiotas para toda a vida.

As figuras que de fato administravam as operações em Las Vegas eram homens muito perigosos. Um dos mais importantes era Marcello Caifano. Membro da Chicago Outfit, sob o comando de Sam Giancana, ele tinha condenações por arrombamento, apropriação indébita, roubo a bancos, fraude e extorsão. Giancana regularmente o alugava para assassinatos e ele era o principal suspeito em pelo menos dez homicídios.

Ele tinha sido acusado de desacato ao Congresso em 1958 depois de citar a Quinta Emenda da Constituição dos Estados Unidos* 73 vezes diante do Comitê McClellan. Investigações policiais também o ligaram à morte da bela garçonete Estelle Carey, namorada de Nick Circella, que estava preso por conta de uma trama de extorsão em Hollywood.

Quando surgiu o temor de que Circella pudesse abrir o bico, Carey foi sequestrada, amarrada a uma cadeira, torturada e, em seguida, embebida em gasolina e queimada viva. Depois disso, o bico de Circella se fechou.

Posteriormente, acreditou-se que Caifano tinha assassinado Richard Cain, um policial corrupto que virou gângster, e o magnata do petróleo Raymond J. Ryan. Caifano tinha sido preso por tentar extorquir 60 mil dólares de Ryan, mas, depois de sua soltura, Ryan foi morto por um carro-bomba.

Louco para sair de Chicago, Caifano ofereceu sua linda esposa a Sam Giancana em troca de ser promovido a *Don* de Las Vegas. Na sequência, mudou de nome para John Marschall e se mudou para Nevada, onde, segundo boatos, teria planejado o desaparecimento de Louis "Russian

---

*N.T.: A Quinta Emenda da Constituição dos Estados Unidos assegura aos norte-americanos o direito de permanecer calado e evitar, assim, a autoincriminação, além de assegurar a proteção contra buscas e apreensões descabidas.

Louie" Strauss, que estava chantageando Benny Binion, ex-contrabandista de Dallas e incorporador de Las Vegas.

Caifano acabou preso pela Nevada Gaming Control Board e passou 20 anos na cadeia por uso de equipamentos de segurança roubados. Em 1971, foi substituído por Tony "The Ant" Spilotro.

Tony "The Ant" Spilotro

Capanga da Chicago Outfit, Spilotro tinha aprendido o ofício com "Mad" Sam DeStefano, um especialista em tortura e assassinato com picador de gelo. Spilotro logo ganhou notoriedade quando esmagou a cabeça de uma vítima contra o torno de uma bancada. Depois de ser "feito" em 1963, ele foi delegado para administrar um território de agenciamento de apostas com seu amigo de infância Frank "Lefty" Rosenthal. Na sequência, gerenciou as operações de apostas da Máfia em Miami. Depois disso, foi enviado a Las Vegas, aonde levou seus próprios homens e impôs uma taxa a todos os agenciadores de apostas, agiotas, traficantes de drogas e cafetões na cidade. O agenciador Jerry Dellman foi um dos poucos que resistiram a ele. Ele foi morto a tiros em plena luz do dia e seu corpo foi largado na área aberta da garagem

Anthony Spilotro, que, segundo as autoridades federais, supervisionava as atividades da Máfia em Chicago; ele estava sendo julgado em Las Vegas por dois assassinatos cometidos em 1962.

atrás de sua casa. Era uma mensagem de que havia um gângster autêntico na cidade.

Depois de Spilotro assumir o controle, houve uma série de assassinatos. As vítimas eram torturadas e jogadas no deserto. Ele também infiltrou os tentáculos da Máfia no gabinete do xerife, no tribunal e na empresa telefônica, de modo que pudesse grampear os telefones das pessoas.

Em 1973, Spilotro foi indiciado por assassinato com DeStefano, mas foi absolvido depois da morte brutal deste. No ano seguinte, foi indiciado uma segunda vez, então com o conhecido chefe da Máfia Joseph Lombardo. Os dois foram absolvidos quando uma testemunha-chave foi morta, mas, na sequência, a Nevada Gaming Commission impediu que Spilotro entrasse em seus cassinos. Não intimidado, ele diversificou seus negócios com roubos e proteção. Corretores de seguros forneciam detalhes de casa onde quantias significativas de itens de valor eram mantidas. Se as portas e janelas acionassem alarmes, os homens de Spilotro entravam abrindo buracos nas paredes. Ele facilitava fornecendo a eles misturadores que captavam as frequências policiais. O dinheiro roubado era lavado pelos cassinos, enquanto relógios e joias eram vendidos ou dados como presentes.

Em certo momento, Spilotro estava apostando 30 mil dólares por semana com um agenciador de apostas que oferecia melhores chances do que qualquer outro estabelecimento na cidade. Tratava-se, na verdade, de um espião do IRS.

Quando o agente do IRS teve a pachorra de pedir uma garantia a Spilotro, que o respondeu com um bastão de beisebol. "Você sabe quem eu sou?", perguntou ele. "Eu mando nesta cidade."

As atividades de Spilotro não passaram despercebidas. Ele foi colocado sob vigilância ininterrupta, em que foram empregados homens para segui-lo, grampos telefônicos, câmeras e microfones escondidos. Mesmo sendo indiciado por assassinato, nunca houve evidências suficientes para sua condenação. No entanto, um arrombamento malfeito resultou na captura de cerca de meia dúzia de membros da quadrilha de invasão de Spilotro. A Máfia não ficou nada contente, pois isso feria a imagem de Las Vegas. Em seguida, alguns dos homens que Spilotro havia levado para a cidade tornaram-se informantes, o que levou à prisão e à condenação de vários mafiosos importantes no Kansas, em Milwaukee e em Chicago. Quando circularam rumores de que Spilotro estava dormindo com a mulher de Rosenthal, a Outfit decidiu a sua morte.

Eles o convenceram a voltar a Illinois, onde Spilotro e seu irmão Michael foram espancados com tacos de beisebol e, em seguida, queimados vivos em um milharal. O FBI soube a respeito disso pela mulher de um dos homens que cavaram a cova deles, mas fez pouco para investigar e ninguém chegou a ser preso pelas mortes.

Começam os Negócios em Atlantic City

Apesar da corrupção indiscriminada que havia, o estado de Nevada estava ganhando dinheiro com Las Vegas; por isso, outros estados quiseram entrar no negócio. Em 1976, os cidadãos de Nova Jersey votaram para permitir os jogos no balneário decadente de Atlantic City. Quando o Casino Act foi aprovado no salão de convenções de Atlantic City dois anos depois, o governador Brendan Byrne disse para que o crime organizado "mantivesse suas mãos sujas longe de Atlantic City; fique fora do nosso estado". Essas palavras foram em vão. Os mafiosos vinham migrando de Nova York pelo Rio Hudson desde a década de 1920. Havia sete famílias no estado e Atlantic City era uma cidade da Máfia desde que Nicky Johnson realizou sua primeira conferência do grupo criminoso nacional lá em 1929.

Em maio de 1978, a Resorts International reformou um hotel de mil quartos no Boardwalk e abriu o primeiro cassino. Uma antiga encarnação da empresa havia se envolvido com cassinos nas Bahamas, em que Dino Cellini e Meyer Lansky também se envolveram, mas esse fato foi ignorado. A Bally Manufacturing, de longe a maior fabricante de caça-níqueis nos Estados Unidos, ganhou a licença sob a condição de que o presidente William O'Donnel renunciasse, em virtude de suas supostas ligações com o crime. O'Donnel tinha assumido a companhia em 1963 com a ajuda de Gerardo "Jerry" Catena, subchefe da família Genovese. Outro sócio da empresa era Dino Cellini.

Mesmo antes da inauguração do primeiro cassino em Atlantic City, o chefe da Máfia da Filadélfia, Angelo Bruno, convocou uma reunião. Todos os principais membros receberam a ordem de levantar 500 mil dólares para que a Máfia pudesse ter o monopólio de alimentos, bebidas, lençóis e máquinas de venda que entrassem nos hotéis. Os contratantes da Máfia construiriam os cassinos e a Máfia controlaria também os sindicatos. O homem no comando, Nicodemus "Little Nicky" Scarfo, tinha sido mandado para Atlantic City em 1964 porque muitas pessoas na Filadélfia queriam vê-lo morto. Ele assumiu o controle do Local 54 do Hotel Employees e do Restaurant Employees International

Union; posteriormente, disse a um bombeiro hidráulico local para que não se preocupasse em ter problemas com seus funcionários "porque nós controlamos os sindicatos".

Então, de frente para a vista do Boardwalk, Scarfo afirmou: "Nós vamos mandar nesta cidade um dia. É isso que nós vamos fazer".

Assim como em Las Vegas, o dinheiro era lavado pelos cassinos e os pagamentos se faziam oferecendo-se cortesias aos "homens feitos". Não demorou a que as Cinco Famílias de Nova York começassem a se interessar. Mas Atlantic City era, tradicionalmente, domínio da família criminosa da Filadélfia. Angelo Bruno não estava disposto a compartilhar e Scarfo protegeu os direitos territoriais da família, aproveitando para construir sua temível reputação, com uma série de assassinatos violentos.

Em 1980, Bruno foi morto a tiros por Alfred Salerno. O assassinato tinha sido ordenado pelo *consigliere* de Bruno, Antonio "Tony Bananas" Caponigro, depois que Frank "Funzi" Tieri, chefe da família Gambino, lhe garantira que a morte havia sido aprovada pela Comissão. Salerno e Caponigro foram, em seguida, convocados a Nova York. Eles esperavam receber a permissão de assumir o comando da família da Filadélfia, mas, em vez disso, souberam que a Comissão não tinha aprovado a morte de Bruno. Como acontecia com todos que contrariavam a Comissão, eles foram torturados e mortos. O corpo de Caponigro foi perfurado por 14 balas diferentes, além de apresentar ferimentos de faca; se não bastasse, notas de 20 dólares foram inseridas em seus orifícios. Era a maneira da Máfia de mostrar que ele fora morto por ser excessivamente ganancioso. O corpo de Salerno foi encontrado no porta-malas de um carro estacionado a 5 quilômetros de distância.

Frank Tieri recebeu a lucrativa operação de jogos de Caponigro em Newark, ao passo que o subchefe de Bruno, Phil "Chicken Man" Testa, assumiu o comando da família da Filadélfia, tendo Scarfo como seu *consigliere*. Scarfo estava sendo indiciado por homicídio na época, mas foi absolvido inesperadamente. Testa e Scarfo começaram, então, a matar todos aqueles cuja lealdade era dubitável.

Testa cavou sua própria cova ao tentar impedir as Cinco Famílias de entrarem em Atlantic City. Ele foi morto por uma bomba na entrada de sua casa. Na sequência, o subchefe de Testa, Pete Casella, contou a Scarfo que era o novo chefe da família da Filadélfia por decisão de "Big Paul" Castellano, chefe da família Gambino, e "Fat Tony" Salerno. Scarfo tinha esperanças de ser ele próprio promovido ao cargo; por isso, foi até Nova York e disse a Castellano e Salerno que eles poderiam operar em Atlantic City desde que o tornassem chefe. Sua manobra deu certo. Casella foi afastado para a Flórida.

"Little Nicky" Scarfo

Scarfo começou seu reinado impondo uma "taxa de rua" a todos os criminosos que não trabalhassem diretamente para a Máfia. Aqueles que não pagassem eram mortos. Membros da família que não provassem sua lealdade a Scarfo também pagavam o preço.

O septuagenário "Harry the Huchback" Riccobene logo se desentendeu com Scarfo. Riccobene chefiava um bando envolvido em jogos de azar, máquinas de venda, agiotagem e drogas. Por anos, ele vinha pagando um tributo anual a Bruno e estava disposto a manter o acordo com os seus sucessores. Mas, para Scarfo, isso não era o suficiente: ele queria um pagamento semanal. Riccobene recusou e rompeu relações. O septuagenário foi baleado cinco vezes enquanto fazia uma ligação de uma cabine telefônica para, segundo se acredita, sua amante de 23 anos de idade. No entanto, ele sobreviveu e até conseguiu tirar a arma de seu agressor. Houve retaliações, que raras vezes foram fatais. Assim, a facção de Scarfo tornou-se conhecida na imprensa como a "gangue que não conseguia atirar direito". Entretanto, a contagem de corpos se multiplicava. A lista de baixas incluía o meio-irmão e o sobrinho de Riccobene. Por fim, três membros da família de Riccobene foram presos e passaram a fornecer evidências para o estado. Harry foi condenado por homicídio em primeiro grau. Em 2000, morreu de causas naturais na prisão, depois de ceder seu território a Scarfo.

O cantor Steve Lawrence no cassino da Resorts International, em Atlantic City.

Mas Scarfo estava desafiando o perigo. Primeiro, ele ordenou a morte de seu pistoleiro mais competente, Salvatore Testa. Filho de Phil "Chicken Man" Testa, Salvatore era um capanga fiel. Ele havia chefiado a família durante a "Guerra Riccobene" enquanto Scarfo esteve preso por conta de um tiroteio, havia levado uma bala no cumprimento do dever e quase perdera um braço por um tiro de espingarda. Ele foi recompensado com uma bala na nuca.

Scarfo teve então de ser convencido a não matar dois de seus primos. Ele chegou a considerar a morte de sua própria esposa depois que ela perdeu 400 mil dólares nas mesas de jogos. Os jovens soldados temiam serem os próximos na linha de fogo e, assim, começaram a desertar para o FBI. Até mesmo o sobrinho favorito de Scarfo, Phil Leonetti, recém-apontado como subchefe, tornou-se testemunha federal. Em 1988, Scarfo e 16 outros foram condenados por acusações de homicídio e extorsão. Ele foi sentenciado à prisão perpétua, que foi reduzida sob recurso. Se ainda estiver vivo, ele será solto em janeiro de 2033, aos 104 anos de idade.

Scarfo continuou a chefiar a família por intermédio de seu primo, Anthony "Tony Buck" Piccolo. No entanto, quando este se aposentou em 1991, aos 80 anos de idade, os Gambino e Genovese instauraram Giovanni "John the Dour Don" Stanfa como chefe da família da Filadélfia. A segunda guerra filadelfiana eclodiu em 1993, quando os Jovens Turcos, liderados por "Skinny Joey" Merlino, desafiaram os veteranos. Em 1995, Stanfa foi sentenciado cinco vezes à prisão perpétua e Merlino assumiu o comando. Por sua vez, ele foi condenado a 14 anos em 2001 e foi substituído pelo chefe em exercício "Uncle Joe" Ligambi, que tem mantido menor visibilidade do que o extravagante Merlino. Acredita-se que ele tenha restaurado o tipo de estabilidade de que a família da Filadélfia gozava sob o comando de Angelo Bruno.

O chefe do crime de Atlantic City, Nicodemo "Little Nicky" Scarfo, depois de ser absolvido da execução do fornecedor de cimento, Vincent Falcone.

CARLO GAMBINO

Nascido em Palermo em 1902, Gambino embarcou clandestinamente a bordo do SS *Vincenzo Florida* aos 19 anos de idade. Depois de trabalhar na empresa de caminhões do seu tio, no Brooklyn, tornou-se soldado de Joe Masseria. Com a morte de Masseria, transferiu sua aliança a Salvatore Maranzano.

Na reorganização que se seguiu à morte de Maranzano, Gambino e seus cunhados, Paul e Peter Castellano, tornaram-se soldados da família Mangano. Quando Albert Anastasia assumiu, Gambino tornou-se subchefe. Mas isso não era o suficiente; ele queria o cargo máximo. A única maneira era matar Anastasia. No

Carlo Gambino

entanto, ele teve uma ajudinha de Genovese, afinal, foi dito que: "Se não fosse pelo apoio de Vito, Carlo nunca teria se arriscado".

Aniello Dellacroce, fiel a Anastasia, se opôs à promoção de Gambino, que, então, simplesmente eliminou o também lealista Armand "Tommy" Rava e ofereceu a Dellacroce a posição de subchefe, que sabiamente aceitou. Juntos, tornaram os Gambino a família criminosa mais poderosa dos Estados Unidos, embora não traficassem drogas, acreditando que isso atraía atenção federal indesejada. O lema da família passou a ser: "Trafique e morra".

Em 1962, o filho mais velho de Carlo, Thomas Gambino, casou-se com a filha de Tommy Lucchese, que, então, aumentou o pagamento de Gambino nas extorsões do aeroporto John F. Kennedy. Durante a Banana War, Gambino queria a morte de Bonanno, mas foi convencido a deixá-lo se aposentar.

Gambino era fã e amigo de Frank Sinatra. Eles foram fotografados bebendo com Luciano, Lansky e Anastasia na Conferência de Havana, em 1946. Ele também saiu com o Rat Pack (Sinatra, Dean Martin, Sammy Davis Jr., entre outros) em Las Vegas, em 1967.

Depois de ser apontado chefe dos chefes após a morte de Luciano, acredita-se que Gambino tenha sido responsável por muitas mortes, o que lhe trouxe imenso respeito na Cosa Nostra. O respeito era um produto importante. Quando Camine "Mimi" Scialo, soldado de Colombo, o provocou bêbado em um restaurante, Gambino não respondeu. Pouco depois, o cadáver de Scialo foi encontrado no piso de cimento do Otto's Social Club, no Brooklyn.

Durante sua carreira criminal, Gambino foi preso 16 vezes e condenado em seis ocasiões, mas só foi para a cadeia uma vez. Ele passou 22 meses preso em 1937 depois de ser condenado por evasão fiscal por causa de uma destilaria de 1 milhão de litros na Filadélfia. Em 1970, foi indiciado por conspirar o sequestro de um veículo que transportava 3 milhões de dólares, mas estava doente demais para ir a julgamento. Problemas cardíacos também impediram sua deportação quando se definiu que ele tinha entrado no país ilegalmente.

Ele negou ter recebido a oferta de 1 milhão de dólares para assassinar Martin Luther King. Nenhum mafioso faria uma coisa dessas, afirmou ele.

Frank Sinatra posando com mafiosos conhecidos em um teatro em Westchester, Nova York.

Antes de morrer por conta de um ataque cardíaco em 1976, ele passou por cima de Dellacroce e apontou seu cunhado Paul Castellano como sucessor.

Os Kennedy Contra A Máfia

Quando John F. Kennedy concorreu contra Richard Nixon na eleição presidencial de 1960, ele ganhou por apenas 113 mil votos. Tinha sido depositado nas urnas o gigantesco montante de 68 milhões de votos, de modo que Kennedy ganhou por uma margem de menos de 0,2 pontos percentuais. Fundamental para sua vitória foi o Condado de Cook, antigo território de Al Capone, que ofereceu expressivos 450 mil votos a Kennedy, dando-lhe 27 votos eleitorais do estado de Illinois e a presidência.

O senador e candidato democrata John Kennedy, com sua esposa, Jackie (à sua direita), discursa a correligionários na corrida presidencial de 1960.

Seu pai, Joe Kennedy, tinha sido contrabandista nos tempos da Lei Seca, portanto, ele tinha boas conexões com a Máfia. Ele usou sua influência a favor do filho. Em particular, recrutou o prefeito de Chicago,

Richard Daley, o último dos grandes chefes da cidade. Daley era reeleito a cada quatro anos de 1955 a 1975. John F. Kennedy brincaria depois que, na véspera da eleição, seu pai lhe perguntou o exato número de votos de que ele precisaria para vencer, pois se recusava a pagar por uma vitória esmagadora.

John F. Kennedy também tinha relações próprias com a Máfia. Em fevereiro de 1960, ele estava no Sands Hotel, em Las Vegas, quando Frank Sinatra o apresentou a uma jovem chamada Judith Campbell. Eles viraram amantes. Uma semana depois do seu primeiro encontro, ela conheceu Sam Giancana, que foi chefe da Chicago Outfit de 1957 a 1966. Por causa da filosofia de Giancana de "atirar primeiro, perguntar depois", houve 75 assassinatos no submundo do crime em Chicago durante seu reinado de nove anos. Acredita-se também que ele tinha vários chefes de polícia na sua lista de pagamento e afirma-se que tinha o Condado de Cook "bem trancadinho".

Certo dia, Kennedy disse a Campbell que poderia precisar da ajuda de Giancana em sua campanha eleitoral. Ela atuou como ligação entre os dois e marcou-se uma reunião em um hotel de Miami Beach em abril daquele ano. Kennedy ficou tão contente com o resultado que prometeu se divorciar de Jackie e casar-se com Campbell caso não ganhasse a candidatura democrata. Depois, Giancana prometeu entregar votos a Kennedy na eleição de novembro. De acordo com Campbell, Giancana se vangloriava de ter elegido o namorado dela, embora o prefeito Daley também reivindicasse crédito.

Prefeito de Chicago, Richard J. Daley, ao lado de Lyndon B. Johnson.

Alguns dias depois da fracassada Invasão da Baía dos Porcos em abril de 1961, Campbell afirmou que Kennedy a chamou e pediu que voasse até Las Vegas. Ele precisava que ela pegasse um envelope de Johnny Roselli, subchefe na família criminal Dragna de Los Angeles. O envelope foi entregue a Giancana, e outra reunião entre Kennedy e Giancana foi marcada, dessa vez no Ambassador East Hotel em Chicago. Depois de Fidel Castro ter assumido o comando de Cuba, em 1959, e fechado as lucrativas operações de jogos da Máfia no país, a Máfia tinha todos os motivos para apoiar a Operação Mongoose, um programa de tentativas de assassinato contra Castro.

> "ROSELLI FOI SEQUESTRADO, BALEADO E ESTRANGULADO. DEPOIS DISSO, SUAS PERNAS FORAM ARRANCADAS DO CORPO, QUE FOI ACONDICIONADO NUM BARRIL DE ÓLEO DE 55 LITROS."

As relações entre John F. Kennedy, Judith Campbell e Sam Giancana esfriaram depois que o irmão de Kennedy, Robert F. Kennedy, procurador-geral dos Estados Unidos, começou a investigar a Máfia. A história das conexões de John F. Kennedy com a Máfia morreu junto com ele, em 1963, mas ressurgiu em 1975. Cinco dias depois de Giancana ter sido morto a tiros em sua casa, Johnny Roselli foi convocado diante do Comitê de Espionagem do Senado que estava investigando a trama para matar Castro. Roselli não revelou nada ao comitê, mas os chefes da Máfia o consideraram um risco à segurança da organização, portanto, ele foi sequestrado, baleado e estrangulado. Depois disso, suas pernas foram arrancadas do corpo, que foi acondicionado em um barril de óleo de 55 litros, amarrado em correntes e jogado no mar da Flórida. No entanto, os gases de seu corpo em putrefação fizeram com que o barril flutuasse para a superfície. Seus assassinos nunca foram identificados, embora se imaginasse que o chefe da Máfia da Flórida, Santo Trafficante, outro dos conspiradores da Operação Mongoose, tivesse ordenado sua morte. Também houve rumores de que Roselli estivesse envolvido no assassinato de John F. Kennedy, que não havia honrado as promessas que fizera à Máfia durante sua eleição.

Robert F. Kennedy era conselheiro-chefe do comitê de extorsões trabalhistas do Senado dos Estados Unidos, chefiado por John L. McClellan, quando este presidiu o famoso interrogatório de Jimmy Hoffa, presidente do sindicato Teamsters. Dave Beck, antecessor de

A Strip e o Boardwalk

O líder sindical norte-americano Jimmy Hoffa apresentando-se diante de um comitê do Senado, c. 1960; havia boatos de que ele tivesse conexões com o crime organizado. Em 1975, ele desapareceu e seu corpo nunca chegou a ser encontrado.

Hoffa, citou a Quinta Emenda da Constituição dos Estados Unidos mais de 100 vezes durante sua aparição diante do comitê de McClellan em 1957 (a Quinta Emenda protege testemunhas de serem forçadas a se autoincriminar). Mesmo assim, em 1959, ele foi acusado por fraude, extorsão trabalhista e sonegação fiscal, e foi encarcerado por três anos. Depois que Hoffa assumiu o comando em 1957, os Teamster foram expulsos da Federação Americana do Trabalho e Congresso de Organizações Industriais, conhecida por sua sigla AFL-CIO, cujo líder, George Meany, afirmou que só poderia aceitar o retorno da Teamsters se Hoffa fosse demitido como presidente. Entre outras acusações, alegava-se que Hoffa tinha desviado 500 mil dólares para o fundo de campanha de Nixon.

Em 1960, Robert Kennedy publicou *The Enemy Within*, um relato das malversações sindicais. Depois de dirigir a campanha do seu irmão, John fez de Robert promotor-geral, cargo em que de início a uma bem-sucedida campanha contra o crime organizado: as condenações chegaram a 80% durante seu período no gabinete. Ele continuou sua perseguição contra a Teamsters e voltou a confrontar Hoffa em audiências televisionadas. Então, em 1962, tentou instaurar processo contra Hoffa por aceitar subornos de uma transportadora, mas o julgamento acabou com um júri suspenso.

Para a surpresa de todos, em 1964, um dos associados sindicais de Hoffa, Edward Partin, tornou-se testemunha federal e Hoffa foi condenado por manipulação do júri. No mesmo ano, ele também foi condenado por fraude relativa ao uso inapropriado do fundo de pensão da Teamsters e teve mais cinco anos somados à sua sentença. No entanto, foi solto em dezembro de 1971 depois de cumprir menos de cinco dos 13 anos de sua pena de prisão. O presidente Nixon havia comutado sua sentença por tempo de serviço. A Teamsters, então, deu-lhe uma pensão de montante fixo no valor de 1,7 milhão de dólares, algo que nunca tinha feito antes.

Em 30 de julho de 1975, Hoffa tinha um encontro marcado com dois líderes da Máfia: Anthony "Tony Jack" Giacalone, de Detroit, e Anthony "Tony Pro" Provenzano, *caporegime* da família Genovese em Nova York. Provenzano também era ex-vice-presidente de Hoffa na Teamsters. O encontro seria no estacionamento do Machus Red Fox Restaurant, no Condado de Oakland, no Michigan. Hoffa nunca foi visto novamente. Giacalone e Provenzano negaram tê-lo encontrado, mas poucos duvidaram de que seu desaparecimento fosse obra da Máfia.

De acordo com o ex-funcionário da Teamsters, Daniel Sullivan, Hoffa tinha-lhe dito pouco antes que: "Tony Pro ameaçou arrancar minhas tripas ou sequestrar meus netos se eu continuasse a tentar voltar à presidência da Teamsters".

Richard Kuklinski, um matador de aluguel polonês que trabalhava para a Máfia, afirma ter matado Hoffa. Donald "Tony the Greek" Frankos, outro assassino independente da Máfia, também. Segundo Frankos, ele e outros assassinos da Máfia capturaram Hoffa e seu Red Fox e o levaram a uma casa em Mount Clemens, no Michigan.

"Disparei duas balas na testa de Hoffa", afirmou Frankos.

Em seguida, cortaram seu corpo com uma serra elétrica. Os restos foram ensacados para serem jogados no depósito de lixo dirigido pela Máfia. No entanto, o gerente estava preocupado em lidar com um caso de tamanha visibilidade; por isso, as partes foram depositadas em um frigorífico até, por fim, serem enterradas nos alicerces do Giant Stadium, em Meadowlands, Nova Jersey. O corpo de Hoffa nunca foi encontrado, portanto, de acordo com a lei, ele foi declarado morto sete anos depois de seu desaparecimento.

9
A Conexão Francesa

Cercado de agentes federais, Auguste Joseph Ricord (centro) abre um fraco sorriso no fundo de uma limusine no Aeroporto Kennedy.

Quando Luciano decidiu instaurar a operação do tráfico de drogas nos Estados Unidos, ele se deparou com um grande problema. Apesar de a Máfia e a Camorra serem versadas no tráfico, faltavam químicos talentosos na Itália. Por isso, recorreu à contraparte francesa da Máfia, a Unione Corse, que tinha suas principais bases de operações em Córsega e Marselha.

Durante a Segunda Guerra Mundial, alguns membros da Unione Corse tinham combatido na resistência e outros foram recrutados como agentes dos Aliados, por isso, era simplesmente natural que a CIA recorresse ao gângster e ex-líder da resistência Antoine Guérini no fim das hostilidades. Ele foi recrutado para quebrar o poder dos comunistas nos portos. Na sequência, tornou-se chefe do crime em Marselha e, com a ajuda de Luciano, passou a representar um papel fundamental no comércio de heroína. A base de morfina vinha de Beirute e atravessava a Sicília valendo mil dólares o quilo, e as refinarias em Marselha a transformavam em heroína 90% pura, que valia 7 mil dólares o quilo.

"Montreal era a capital da Máfia no Canadá. O chefe da cidade, Vincent 'Vic the Egg' Cotroni, era aliado dos Bonannos."

Quando chegava aos Estados Unidos, valia 30 mil dólares o quilo. Nas ruas, onde era talhada com leite em pó, era vendida a 300 mil dólares o quilo, segundo os preços dos anos 1950.

A maior parte da heroína entrava nos Estados Unidos via Montreal. Como a cidade fazia parte da província francófona do Quebec, trabalhar lá era fácil para os gângsteres corsos de Marselha. Montreal também era a capital da Máfia canadense. O chefe da cidade, Vincent "Vic the Egg" Cotroni, era aliado da família Bonanno em Nova York. A ligação tinha sido formada pelo corso Anoine d'Agostino, protegido de Luciano, que abastecia a família Genovese pelo que ficou conhecido como "Gino's Tours". Turistas italianos atravessavam o Atlântico por um navio de cruzeiro até Montreal, trazendo consigo um carro especialmente abastecido na Itália ou na França. Do Canadá, dirigiam-no até perto de Nova York, onde os narcóticos eram retirados dos compartimentos secretos do carro.

Agostino fugiu do Canadá depois de ser preso por processamento de heroína e gerenciamento de um bordel. Ele se assentou no México, onde montou uma nova operação de tráfico. A operação canadense foi assumida pelo irmão mais novo de Vic Cotroni, Giuseppe ("Pep"), e Carmine Galante, até este ser deportado. Em 1956, Cotroni e Salvatore Giglio, substituto de Galante, aliaram-se à família Genovese para controlar dois terços da entrada de heroína nos Estados Unidos, que tinham um valor de rua estimado de 50 milhões de dólares por mês. No entanto, a operação foi descoberta em 1961, e Galante e "Pep" Cotroni foram presos.

A rota da heroína adotou então um caminho mais ao sul, por cortesia de Meyer Lansky, que estava morando em Miami, e Santo Trafficante, Jr., chefe de Tampa. O pai de Santo Trafficante era há muito associado de Lansky e Luciano. Ele tinha assumido o controle das conexões com Córsega e Marselha depois do assassinato de Ignacio Antinori, chefe do crime na Flórida, em 1940. Santo Trafficante, Jr. cuidou dos interesses da família em Cuba durante 13 anos até ser expulso por Castro. Depois disso, passou a controlar um exército de pistoleiros e traficantes emigrados de Cuba.

Quando o abastecimento da base de morfina do Oriente Médio começou a secar, ópio, que era mais barato, começou a vir de Laos, graças à CIA, que negociava com as tribos montanhesas como uma proteção contra os comunistas. Como Laos tinha feito parte da antiga Indochina francesa, os corsos e marselheses já cultivavam contatos no país; assim, em 1968, Trafficante visitou Saigon, onde se encontrou com alguns mafiosos corsos. Enquanto isso, Auguste Ricord, um dos fundadores da Conexão Francesa, tinha instalado bases na Argentina e no Paraguai, de onde conduzia a heroína pela fronteira mexicana ou a mandava por avião diretamente a Miami. Ele tinha sido membro da Carlingue (a Gestapo francesa sob o regime de Vichy). Nos dez anos até a sua captura em Assunção em 1972, estima-se que ele tenha traficado 5 toneladas de heroína, no valor de mais de 1 bilhão de dólares, para os Estados Unidos.

Na sequência, italianos que tinham emigrado para Buenos Aires ou São Paulo assumiram o comando, usando o que restou da rede de contatos corsa de Antoine d'Agostino no México, que era, então, financiada pelo rico executivo Jorge Asaf y Bala, conhecido como o "Al Capone do México". Mais heroína era trazida por Montreal. Essa também foi a rota usada por Carmine Galante para introduzir imigrantes ilegais da Sicília, que eram necessários para trabalharem nas redes de pizzarias em franca expansão controladas pela Máfia, usadas como fachadas para operações de tráfico de drogas. Os imigrantes eram conhecidos como "Zips" [energia, vigor] por sua propensão à violência. Mesmo Carlo Gambino, que costumava se opor às drogas, recorria aos Zip quando precisava de assassinos de confiança.

Outro refúgio dos traficantes da Máfia era a Venezuela, que, além de fazer fronteira com a Colômbia, rica em cocaína, tem 2.800 quilômetros de costa. As ilhas próximas das Antilhas Holandesas (Aruba, Bonaire e Curaçao) eram terras de contrabando há séculos. De acordo com o jornal italiano *Corriere dela Sera*, Aruba foi "o primeiro Estado comprado pelos chefes da Máfia". A cidadania venezuelana podia ser obtida por apenas 500 dólares. O país não tinha controles de câmbio, muito menos tratados de extradição com outras nações.

Os pescadores de atum de Agrigento, na costa sul da Sicília, começaram então a pescar no Caribe. Eles compraram locais de pesca e fábricas de conserva na América Latina. Em pouco tempo, heroína e cocaína começaram a ser contrabandeadas para os Estados Unidos em latas de conserva e peixes congelados. As quantidades incluídas eram tão grandes que as drogas se tornaram conhecidas como "atum branco".

No final dos anos 1960, as autoridades começaram a varrer Marselha. Mais de 40 ex-agentes franceses de espionagem foram presos e oito refinarias de drogas foram fechadas. Em 1967, Antoine Guérini foi morto a tiros por dois assassinos contratados à frente de um posto de gasolina. O fornecedor corso Pascal Molinelli tentou, em seguida, fazer um acordo com a Camorra. Isso levou a uma breve e sangrenta guerra contra a Máfia, que transformou a Camorra em um mero parceiro secundário.

A conexão pizza

Com o fluxo de dinheiro para a Sicília vindo de operações de drogas da Máfia ao redor do mundo, os sicilianos começaram a construir refinarias próprias, nas quais se empregaram químicos de Marselha. Delas, as drogas eram enviadas a navio diretamente aos Estados Unidos. Em 1971, 82 quilogramas de heroína 90% pura foram embarcados para Nova York em um navio de cruzeiro italiano. O homem responsável por coletar o carregamento era um membro da família Gambino que trabalhava no Piancone's Pizza Palace, parte da rede de Michael Piancone. Ele era sócio de Salvatore e Matteo Sollena, sobrinhos do chefe do crime siciliano Gaetano Badalamenti. Os Sollena também dirigiam pizzarias e eram suspeitos de envolvimento no tráfico de drogas.

Em 1978, a namorada de Salvatore Sollena foi presa em Nova Jersey por portar dinheiro falso. Ela também carregava 50 mil dólares em dinheiro genuíno e 25 mil dólares em cheques bancários. Uma investigação revelou que os irmãos Sollena tinham mandado o equivalente a 330 mil dólares em cheques administrativos para Palermo, que foram sacados em quantias inferiores a 10 mil dólares para não levantar suspeitas. No

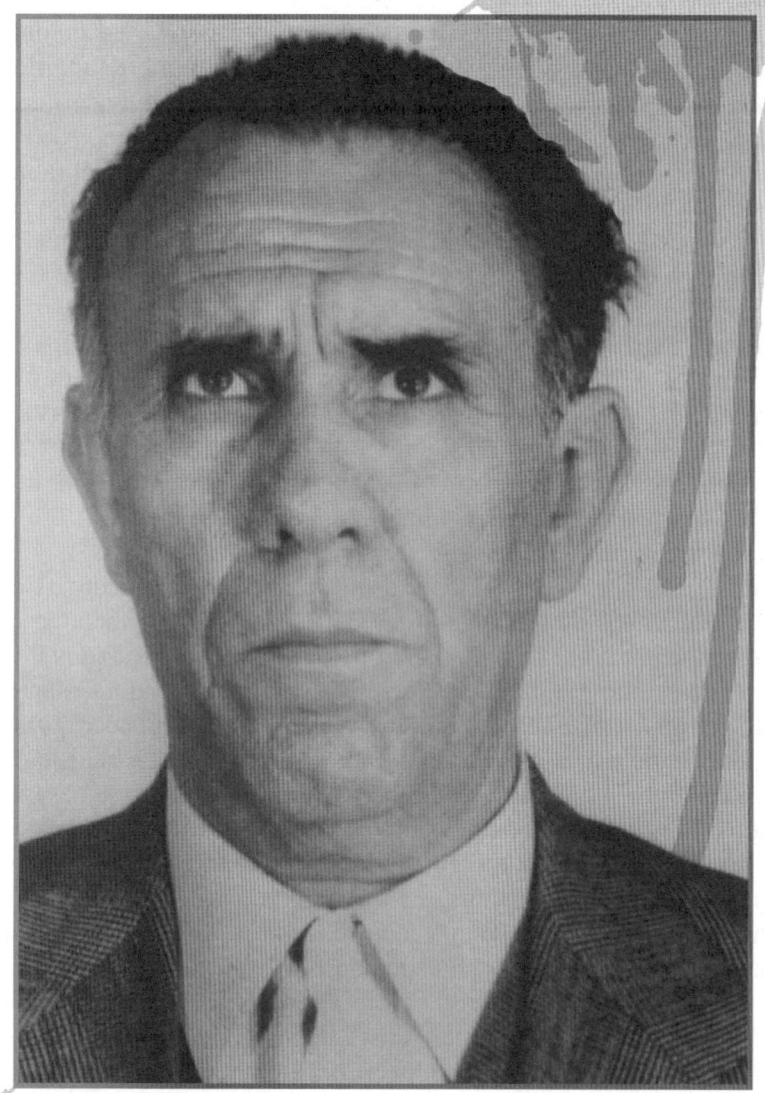

Gaetano Badalamenti, aos 61 anos de idade.

ano seguinte, 4 milhões de dólares foram enviados de Nova Jersey à Sicília, incluindo 1 milhão de dólares de uma pequena rede de pizarrias de Nova York. Em seguida, quase 500 mil dólares em notas foram encontrados em uma maleta em um aeroporto de Palermo. O dinheiro estava envolvido em um avental que, segundo a investigação, pertencia a uma das pizzarias dos Sollenas, em Nova Jersey. Depois disso, os irmãos foram assassinados.

De sua cela, Carmine Galante vinha planejando tomar o controle da família Bonanno e, em seguida, de toda a Máfia norte-americana. Em 1974, foi-lhe concedida liberdade condicional depois de cumprir 12 anos de sua sentença. Quarenta e oito horas depois, a tumba de Frank Costello foi explodida. Então, em 1978, Galante ordenou a eliminação de oito dos principais tenentes da família Genovese. Outros foram aconselhados a ceder terreno ou enfrentar as consequências. Entretanto, uma reunião secreta de outros chefes da Máfia decidiu pela eliminação de Galante. O serviço foi entregue a Salvatore Catalano e outros Zip.

Em 12 de julho de 1979, Galante apareceu no Joe and Mary Restaurant em Bushwick, no Brooklyn. Ele tinha ido lá para se despedir de seu primo Giuseppe Turano, que estava prestes a tirar férias na Itália. Acompanhando Galante, estavam seu guarda-costas, Leonardo "Nina" Coppola, e dois soldados mais jovens, Baldassare Amato e Cesare Bonventre, ambos de Castellammare del Golfo. Galante tinha acabado de comer seu prato principal quando três pistoleiros mascarados invadiram o restaurante e o pátio em que eles estavam comendo. Galante foi morto por uma espiganda com o famoso charuto ainda na boca. Turano e Coppola também foram mortos. Apesar de haver apenas três pistoleiros, foram encontradas munições de cinco armas. Portanto, acredita-se que Amato e Bonventre também tenham participado da carnificina.

> "Outros chefes da Máfia decidiram pela eliminação de Galante. O serviço foi entregue a Salvatore Catalano e outros Zip (...)."

No outono de 1980, o FBI, a DEA (Drug Enforcement Administration) e a United States Customs estavam monitorando Salvatore Catalano e seu parceiro Giuseppe Ganci, cuja base de operações ficava na Al Dente Pizzeria, no Queens. Inesperadamente, os dois homens saíram para um casamento da Máfia no Hotel Pierre, em Nova York. Os líderes de muitas famílias criminais dos Estados Unidos, do Canadá e da Sicília estavam presentes; assim, pela conta telefônica do hotel, as autoridades obtiveram uma lista dos números de telefones que tinham sido discados. Isso lhes deu a primeira pista de que a Máfia controlava uma vasta rede de traficantes de drogas.

Em 1983, agentes da DEA disfarçados tentaram comprar heroína de dois suspeitos de traficarem drogas na Filadélfia, um dos quais era dono de uma pizzaria que também se chamava Al Dente. A vigilância de Ganci, porém, estava um passo adiante.

A essa altura, a Máfia estava tendo problemas com a quantia de dinheiro que estava ganhando. Estima-se que, entre 1979 e 1984, as

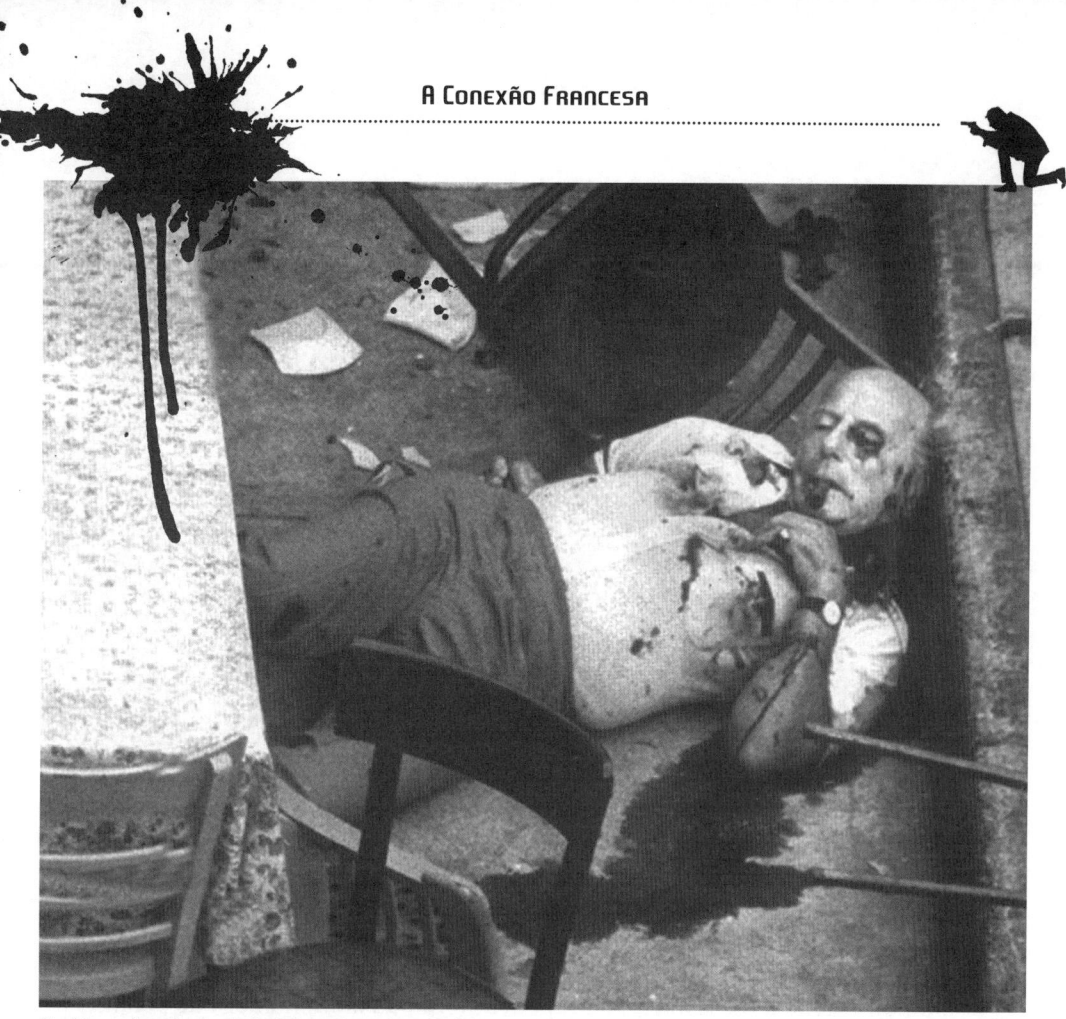

Cadáver do chefe da Máfia, Carmine Galante, ainda com o famoso charuto.

pizzarias na Costa Leste e no Centro-Oeste dos Estados estavam lidando com 150 quilogramas de heroína por ano, com um valor de rua de 1,65 bilhão de dólares. No antigo sistema, caixeiros-viajantes pegavam o dinheiro e, então, levavam-no de banco a banco, trocando em cheques administrativos de menor valor; no entanto, isso foi se tornando cada vez menos prático. Em vez disso, jatos particulares passaram a ser contratados para levar milhões de dólares em dinheiro para os bancos em Bermudas. O capital era, em seguida, encaminhado para a Suíça. Na sequência, mensageiros voavam diretamente para lá para sacar o dinheiro. Mais tarde, a Máfia teve de cooptar grandes instituições financeiras. Dezenas de milhões de dólares eram depositadas por meio de firmas de Wall Street, como a E. F. Hutton e a Merril Lynch. Essas grandes somas eram, então, sacadas por uma série de empresas até chegarem a algum

O juiz Giovanni Falcone, cercado por guarda-costas armados, chega a Marselha para encontrar seus parceiros franceses no combate à Máfia.

tipo de operação dirigida pela Máfia na Sicília ou a um número de conta bancária na Suíça.

Nessa altura, as drogas estavam sendo fornecidas por Gaetano Badalamenti, que morava no Brasil na época, mas, por volta de 1984, a procura começou a ultrapassar a oferta. Quando uma reunião de emergência foi convocada em Madri, em 8 de abril de 1984, Badalamenti, seu filho Vito e seu sobrinho Pietro Alfano foram presos. Na sequência, a polícia começou a fazer buscas nas pizzarias.

Em Nova York, o Processo da Conexão Pizza se prolongou por 16 meses. Havia 22 réus, todos sicilianos. Muitos sequer sabiam falar inglês. Cesare Bonventre foi indiciado, assim como o dono de pizzaria, Getano Mazzara, mas ele foi morto antes de poder ser submetido a julgamento. E Giuseppe Ganci faleceu de câncer antes do início dos procedimentos. A principal testemunha era Tommaso Buscetta. Embora não fizesse parte da Conexão Pizza, ele havia montado algumas das primeiras pizzarias nos Estados Unidos e introduzido os Zip para administrá-las.

A Conexão Francesa

Gaetano Badalamenti foi condenado a 45 anos e morreu na prisão; Salvatore Catalano também foi preso por 45 anos depois de ordenar a morte de seu primo e xará Salvatore "Saca" Catalano, quando Saca se viciou em heroína; Pietro Alfano foi baleado e mutilado enquanto estava solto sob fiança aguardando a sentença; e Baldassare "Baldo" Amato safou-se com a pena relativamente leve de cinco anos de prisão.

Logo depois de ser solto, foi condedado por homicídio e sentenciado à prisão perpétua. Giovanni Ligammari foi sentenciado a 15 anos. Ele foi solto depois de oito anos, mas ele e seu filho Pietro foram, na sequência, encontrados enforcados em sua casa em Nova Jersey. O veredito foi de suicídio duplo. Outros foram sentenciados a longas penas de prisão. Apenas Vito Badalamenti foi absolvido. No entanto, por não sair do país, foi preso pelas autoridades de imigração. Depois, no Maxiprocesso de meados de 1980, na Itália, ele foi sentenciado a seis anos de prisão. Todavia, em 1995, tornou-se fugitivo. Acredita-se que ele esteja escondido na Austrália ou no Brasil.

Processo da Comissão da Máfia

O Processo da Conexão Pizza não foi o único contratempo da Máfia. Em dezembro de 1984, toda a Comissão nova-iorquina foi presa: Phil "Rusty" Rastelli, dos Bonanno; Anthony "Fat Tony" Salerno, dos Genovese; Paul "Big Paulie" Castellano, da família Gambino; Tony "Tony Ducks" Corallo, dos Lucchese; e Gennaro "Gerry Lang" Langella, chefe interino da família Colombo. A média de idade deles era de 70 anos. A fiança foi definida como 2 milhões de dólares para cada, e foi paga em questão de minutos.

A Rastelli foi concedido um julgamento à parte. Depois de se descobrir que a família Bonanno fora infiltrada pelo agente do FBI Joseph Pistone, sob a alcunha de "Donnie Brasco", Rastelli foi removido da Comissão. Condenado por acusações de chantagem e extorsão trabalhista com o subchefe Joey "The Ear" Massino, ele foi sentenciado a 12 anos de cadeia, mas foi solto sob argumentos humanitários em 1991. Ele morreu por conta de um câncer no fígado três dias depois. Massino ficou preso durante dez anos após ser absolvido de triplo homicídio. Depois de ser solto, ficou conhecido brevemente como "o último *Don*", pois os chefes das outras Cinco Famílias estavam todos presos. No entanto, em julho de 2005, foi condenado por extorsão, incêndio criminoso, agiotagem, lavagem de dinheiro, jogo ilegal, conspiração, além

O promotor Rudolph Giuliani

de sete homicídios. Para escapar à pena de morte, virou testemunha do Estado, o primeiro dos chefes oficiais a fazer isso.

Na abertura do Processo da Comissão da Máfia, os réus tinham recebido a companhia de Carmine "Junior" Persico, chefe oficial da família Colombo; Aniello "The Lamb" Dellacroce, subchefe da família Gambino; Salvatore "Tom Mix" Santoro, subchefe da família Lucchese; Christopher "Christy Tick" Furnari, *consigliere* dos Lucchese; Ralph "Ralphie" Scopo, soldado da família Colombo e presidente do Cement and Concrete Workers District Council; além de Anthony "Bruno" Indelicato, o soldado da família Bonanno que se acreditava ser um dos pistoleiros responsáveis pela morte de Carmine Galante. Eles foram acusados de delitos sob o Racketeer Influenced and Corrupt Organizations Act (RICO), incluindo extorsão trabalhista, chantagem e assassinato de aluguel.

Paul Castellano jaz morto na calçada ao lado de Thomas Bilotti.

As evidências contra eles tinham sido coletadas por uma série de grampos telefônicos, um dos quais tinha sido colocado na casa de Paul Castellano. Descobriu-se que a Máfia era dona de todas as empresas que ofereciam contratos de construção envolvendo cimento ou concreto no valor de mais de 2 milhões de dólares. Outros grampos estavam no carro de Anthony "Tony Ducks" Corallo, em um clube social de propriedade da família Genovese e no gabinete sindical de Ralph Scopo. Até mesmo a mesa favorita de Langella em um restaurante do Brooklyn tinha sido grampeada.

Os acusados foram julgados culpados de todas as 151 acusações do indiciamento. Eles foram sentenciados a 100 anos de prisão por pertencerem a "uma organização criminosa indelével", exceto por Indelicato, que ficou preso por 45 anos pela morte de Galante. Solto em 2000, retornou à prisão por violações da condicional.

Em 2 de dezembro de 1985, Aniello Dellacroce morreu de câncer enquanto estava solto sob fiança. Duas semanas depois, Paul Castellano, que também estava solto sob fiança, foi morto por obra de um jovem e ambicioso *capo* chamado John Gotti. Depois de cumprir pena por sequestro, Gotti tinha voltado à família Gambino quando o sobrinho de Carlo Gambino foi sequestrado. Parte do resgate foi pago, mas o garoto foi morto. O FBI prendeu dois suspeitos e Carlo Gambino mandou matar o terceiro. Gotti era um dos três homens do esquadrão que matou o terceiro suspeito em um bar em Staten Island. Após assumir a culpa pela tentativa de homicídio, Gotti ficou preso por quatro anos.

O Teflon Don

Ao ser solto dois anos depois, Gotti tornou-se um "homem-feito" na família Gambino. Promovido a *capo*, ficou próximo de Dellacroce, mas Castellano o temia. Enquanto isso, Gotti desenvolveu uma reputação de tamanha brutalidade que a polícia o comparou a Albert Anastasia. No entanto, não era sempre que ele sujava suas mãos.

Em março de 1980, John Favara, vizinho de Gotti, acidentalmente atropelou e matou Grank, filho de 12 anos de idade de Gotti. Favara foi absolvido de toda culpa pelo acidente, mas encontrou a palavra "murderer"* pixada em seu carro. Ele foi aconselhado a se mudar, mas ignorou as advertências. Quatro meses depois do acidente, alguns homens o jogaram em um carro enquanto ele saía do trabalho. Ele nunca foi visto novamente. Gotti estava na Flórida na época do incidente.

Castellano descobriu que Gotti estava traficando heroína, o que era contra as regras da família; por isso, ele vetou os planos de Gotti de se infiltrar no Aeroporto John F. Kennedy, privando-o de lucrativas oportunidades de extorsão trabalhista e roubo de cargas. Em vez disso, tentou convencer Gotti a aceitar um contrato para eliminar Roy DeMeo, um infame assassino que matara mais de 200 pessoas depois de levá-las ao Gemini Lounge, no Brooklyn. Gotti recusou polidamente, diminuindo ainda mais o conceito em que Castellano o tinha. Com a morte de Dellacroce, Gotti aspirava assumir sua posição como subchefe, mas Castellano escolheu seu protegido Thomas Bilotti em detrimento de Gotti. Todavia, os dias de Castellano estavam contados. Na época, o septuagenário chefe da família Gambino estava se deparando com uma longa pena de prisão e sempre havia a possibilidade de que se tornasse informante em vez de passar os anos restantes atrás das grades.

Em 2 de dezembro de 1985, Castellano tinha marcado uma reunião com Buddy, filho de Dellacroce, em uma mesa reservada às 17h30 no Sparks Steak House na East 46th Street, em Manhattan. O chefe

---

*N.T.: *Murderer* significa assassino.

Vestido impecavelmente, John Gotti chega ao funeral do guarda-costas Anthony J. "Shorty" Mascuzzio, morto em uma discoteca do West Side após sacar a pistola contra o dono. À direita está Salvatore "Sammy the Bull" Gravano.

da família Gambino iria oferecer condolências e explicar por que não havia ido ao funeral. Castellano tinha acabado de sair de sua limusine quando três homens de gabardina e *ushanka** desceram correndo pela rua. Depois de sacarem pistolas, eles atiraram repetidas vezes nos rostos de Castellano e Bilotti, parando apenas para disparar um tiro de misericórdia na nuca de Castellano. Em seguida, desapareceram na multidão. John Gotti assistiu a tudo de um carro do outro lado da rua.

Embora fosse contra as regras da Máfia assassinar um chefe sem permissão, ninguém se incomodou com o falecimento de Castellano. Sua imprudência permitiu que o FBI colocasse escutas em sua casa e, como resultado, toda a Comissão tinha sido presa.

Transcrições das fitas também mostraram que ele tagarelava sobre os negócios da Máfia a quem quer que o visitasse, mesmo quando

---

*NT.: *Ushanka* é uma espécie de gorro típico da Rússia confeccionado com pele de animais, como a zibelina ou outros mais comuns.

essas pessoas não pertenciam a nenhuma das famílias criminosas. Ele também chegou a discutir assuntos da Comissão com seu subchefe. Por esses motivos, não houve objeções quando Gotti assumiu a maior família da Máfia no país, tendo Sammy "The Bull" Gravano como subchefe.

Famoso por seus ternos de alfaiataria e sua aparência impecável, Gotti logo foi apelidado pelos jornais como "the Dapper Don". Não bastasse isso, uma série de processos judiciais o manteve sob o olhar do público. Em setembro de 1984, atacou o técnico de refrigeradores Romual Piecyk, que havia tido uma briga com Frank Colletta, associado da família Gambino. Piecyk denunciou o caso à polícia e, em seguida, identificou Gotti e Colleta diante do júri. No entanto, quando o caso foi a julgamento, Piecyk disse que não conseguia se lembrar dos homens que o atacaram, motivando a famosa manchete no *New York Daily News*: "I FORGOTTI".*

Um mês depois, Gotti voltou ao tribunal sob acusações do Racketeer Influenced and Corrupt Organizations Act (RICO). O julgamento logo se afundou em caos com uma ameaça de bomba, a explosão do carro de um dos corréus de Gotti, Frank DeCicco, e alegações de intimidação de testemunhas. Como consequência, o processo judicial foi suspenso por quatro meses e a fiança de Gotti, revogada.

A bomba sob o carro de Frank DeCicco tinha sido plantada por ordens de Vincent "The Chin" Gigante.

Ela também era dirigida a Gotti. Castellano era um dos amigos mais próximos de Gigante e, por isso, pretendia vingar sua morte. Ele também tinha outro motivo: com a morte de Gotti e DeCicco, Gigante imaginava que poderia instalar seu próprio homem como chefe dos Gambino. Ele também ordenou a morte de Edward Lino, um dos assassinos de Castellano, "Bobby" Boriello, confidente de Gotti, e de seu filho John Jr.

Gotti também estava fazendo suas próprias manobras para controlar a Comissão. Ele apoiou Vittorio "Little Vic" Orena como chefe da família Colombo e estava tentando angariar votos para que Joey "The Ear" Massino, então chefe da família Bonanno, voltasse à Comissão. Enquanto isso, ainda se faziam planos para se livrar de Gotti. Ouviu-se que Louis Manna, *capo* de 59 anos de idade de Nova Jersey, e cinco soldados da família Genovese estavam discutindo o assassinato dele em um restaurante em que havia escutas pela polícia. Gotti foi informado, e Manna e os dois outros foram condenados em seguida.

---

*N.T.: Jogo de palavras com *I forgot* (eu esqueci, em inglês) e a tradicional terminação "tti" de nomes de origem italiana.

Durante o julgamento, ficou claro que várias testemunhas de acusação tinham recebido imunidade e até mesmo benefícios financeiros em troca do fornecimento de evidências. Gotti fez comentários sarcásticos alto o bastante para que o júri ouvisse e deu várias coletivas de imprensa durante os recessos. Ele estava confiante de que o júri seria, no mínimo, suspenso, pois havia comprado um dos jurados por 60 mil dólares. Depois de um julgamento que durou sete meses, o júri se recolheu por sete dias. Claramente intimidados, declararam um veredito de inocência.

Em janeiro de 1989, Gotti voltou a ser preso, dessa vez por um ataque a John O'Connor, chefe da Local 608 do sindicato United Brotherhood of Carpenters and Joiners. Philip Modica, soldado da família Gambino, havia pagado uma propina de 5 mil dólares a O'Connor para que pudesse empregar trabalhadores não sindicalizados na reforma de seu restaurante na Battery Park City, mas O'Connor julgou que o valor não era suficiente. Ele voltou com alguns capangas do sindicato, que causaram um dano no valor de 30 mil dólares. Modica reclamou a Gotti, que deu instruções a Angelo Ruggiero para que contratasse quatro pistoleiros da Westies, uma violenta gangue irlandesa, para atacarem O'Connor, que sofreu quatro disparos nas pernas, nas nádegas e no quadril. Ele sobreviveu, mas logo depois foi chamado a juízo por coerção e vandalismo criminoso.

Quando Gotti foi preso, apostou com a polícia que seria solto. Depois da acusação formal, foi aplaudido de pé na cela de detenção e, após ser solto sob uma fiança de 10 mil dólares, foi recebido por uma multidão de jornalistas e câmeras.

A essa altura, o FBI tinha instalado escutas nas bases de operações de Gotti, o Ravenite Social Club da Mulberry Street, na Little Italy de Manhattan, e o Bergin Hunt and Fish Club no Ozone Park, no Queens. A defesa de Gotti argumentou que as fitas de suas conversas não poderiam ser usadas, pois implicavam na invasão de privacidade. No entanto, quando se decidiu que elas poderiam ser usadas, os advogados de Gotti alegaram que elas não revelavam nada além de conversas normais entre o réu e seus amigos.

"Os senhores vão ouvir linguagem de baixo calão", afirmou seu advogado de defesa, "e algumas ameaças inofensivas."

Nas fitas, ouvia-se Gotti dizer: "Nós vamos espancar aquele cara".

Sua equipe de defesa alegou equívocos de transcrição, defendendo que a frase original poderia ter um sentido completamente inocente. Além disso, segundo os advogados, havia a possibilidade de as fitas terem sido adulteradas.

A principal testemunha era James McElroy. Ele já tinha sido condenado pelo ataque a O'Connor, mas esperava ter sua sentença reduzida pelo Programa de Proteção às Testemunhas. Seu testemunho, porém, foi inconsistente. Apesar de citar Joseph Schlereth como o verdadeiro responsável pelos disparos, em seu próprio julgamento foi Kevin Kelly, outro membro da gangue, que tinha sido identificado como atirador.

O'Connor depôs em seguida, como testemunha de defesa. Ele disse que havia conflitos internos no sindicato e que tinha muitos inimigos. Posteriormente, "Sammy the Bull" Gravano contou ao escritor Peter Maas que O'Connor tinha sido advertido a não testemunhar contra Gotti.

Depois da deliberação, que durou três dias, o júri absolveu Gotti. O Dapper Don ficou conhecido então como "Teflon Don", pois nada conseguia agarrá-lo.

A Derrocada de John Gotti

Em 11 de dezembro de 1990, John Gotti voltou a ser preso, dessa vez pelo FBI. Ele seria acusado pelas mortes de Castellano e Bilotti. A testemunha-chave era Philip Leonetti, ex-subchefe da família criminosa da Filadélfia, cujo depoimento já tinha garantido que Nicodemo "Little Nicky" Scarfo nunca mais saísse detrás das grades. Ele alegou ter estado em uma reunião de chefes do crime da Filadélfia em que Gotti teria se gabado do ataque a Castellano.

> "Uma terceira testemunha de acusação foi Peter Chiodo. Durante o processo, sua irmã foi baleada e ferida depois de deixar os filhos na escola."

Em seguida, o promotor deu ordens para que a equipe regular de defesa de Gotti fosse banida do julgamento, sob o argumento de que seus membros foram gravados nas fitas e que eles poderiam ser convocados como testemunhas. Detalhes das fitas do FBI foram publicados na imprensa, incluindo conversas entre Gotti e seu *consigliere* Frank LoCascio.

Seus comentários sobre "Sammy the Bull" Gravano fizeram com que este se voltasse contra o chefe. No entanto, panfletos retratando Gravano como um rato mentiroso foram encontrados nas cadeiras do tribunal. Uma terceira testemunha de acusação foi Peter Chiodo, *capo* dos Genovese, que confessou quatro assassinatos. Durante o processo, sua irmã foi baleada e ferida depois de deixar os filhos na escola. Além disso, houve pelo menos duas ameaças de bomba contra o tribunal.

O júri ouviu as fitas que mostravam Gotti ordenando as mortes de Robert DiBernardo, Louis Milito e Louie DiBono, todos membros da família Gambino suspeitos de traírem o grupo.

Na sequência, duas testemunhas juraram ter visto dois associados de Gotti, Anthony Rampino e John Carneglia, à frente da Sparks Steak House na tarde do assassinato de Castellano.

A promotoria também convocou um investigador da IRS, que depôs que o elegante Gotti não vinha preenchendo nenhuma declaração de imposto de renda nos últimos seis anos. Um advogado tributarista convocado pela defesa alegou ter aconselhado Gotti a não fazer nenhuma declaração de imposto de renda enquanto estivesse sob indiciamento.

À parte ele e todas as outras testemunhas de defesa de Gotti foram julgadas inelegíveis. Ao todo, três jurados foram dispensados.

Levou 13 horas para que os jurados restantes julgassem Gotti culpado de todas as acusações. Ele foi sentenciado à prisão perpétua sem condicional.

Frank LoCascio recebeu a mesma sentença. Quando perguntado se tinha algo a declarar, ele voltou a negar todas as acusações contra ele e afirmou em seguida: "Sou culpado, porém. Sou culpado de ser um bom amigo de John Gotti. E, se houvesse mais homens como John Gotti nesta terra, nós viveríamos em um país melhor".

Do lado de fora do tribunal, cerca de mil pessoas estavam presentes em um protesto.

Elas tinham sido trazidas de ônibus de Ozone Park e Howard Beach, no Queens, pelo filho de Gotti, John Gotti Jr. Seu pai já tinha feito dele *capo* e ele foi apontado como chefe interino após a condenação do pai.

Depois de confessar 19 assassinatos, Sammy Gravano foi condenado a apenas cinco anos de prisão, mas, como já havia ficado preso por um período equivalente, saiu impune. Ele voltou ao tribunal em 1997 para dar evidências contra Vincent Gigante, que vinha forjando uma doença mental há anos em uma tentativa de evitar a instauração de processo, porém, não foi o bastante dessa vez. Ele foi sentenciado a 12 anos de prisão e morreu na cadeia.

Depois do fracasso de sucessivos recursos, parecia não haver perspectiva para a soltura de Gotti; sendo assim, ele foi forçado a renunciar à sua posição como chefe da família Gambino. Nicolas "Little Nicky" Corozzo parecia adequado para assumir o comando, mas ele logo foi envolvido em uma série de acusações de extorsão.

Em janeiro de 1998, John Gotti Jr. foi indiciado por extorsão, agiotagem e fraude. Acredita-se que seu pai tenha lhe dado permissão para assumir a culpa em troca de uma sentença menor. Quatro outros membros da família Gotti foram parar na cadeia. Logo após a morte de John Gotti na prisão em 2002, seu irmão mais velho, Peter Gotti, um gari aposentado, foi indiciado. Embora fosse o chefe nominal da família Gambino, os próprios promotores afirmaram que ele não passava de uma fachada. No entanto, ele havia trabalhado como zelador do Bergin Hunt and Fish Club e levado mensagens de John Gotti da prisão.

Embora Peter alegasse que não havia ganhado nenhum dinheiro com atividades ilegais, ele foi condenado por extorsão e lavagem de dinheiro em 2003 e sentenciado a 20 anos de prisão.

No ano seguinte, ele foi condenado por mais uma acusação de extorsão e por planejar a morte de Sammy Gravano, o que aumentou a sua sentença em mais nove anos e meio.

John Gotti Jr. também enfrentou vários outros indiciamentos, incluindo um por tentar sequestrar o fundador da ONG Guardian Angels, Curtis Sliwa. Ao se defender no tribunal, Gotti alegou ter abandonado sua vida criminosa depois de sua condenação em 1999, pelo bem de seus filhos. Após três nulidades de julgamento, os promotores federais decidiram arquivar o caso.

Em agosto de 2008, John Gotti Jr. foi indiciado por uma lista de infrações ao RICO, que incluíam tráfico de cocaína e três homicídios. A principal testemunha de acusação era John Alite, assassino consumado que se tornou informante. Ele alegou ter sido parceiro de Gotti no comércio de cocaína. No entanto, o júri não achou Alite convincente e, por isso, não conseguiu chegar a um veredito unânime. Gotti foi solto em 2009.

Joe Colombo

Algemado, Joe Colombo chega ao gabinete de William Cahn, promotor do Nassau District, em Mineola, Long Island, depois de ser preso.

Nascido no Brooklyn em 1923, Colombo ainda era adolescente quando seu pai foi morto em uma guerra entre gangues rivais. Depois de servir na Guarda Costeira dos Estados Unidos durante a Segunda Guerra Mundial, trabalhou como segurança nos *piers* de Nova York e organizou jogos de dado fraudulentos.

Em seguida, entrou para a família Profaci, tornando-se um "homem-feito" no fim dos anos 1950.

Depois disso, foi promovido a *capo* e participou do esquadrão de morte composto por cinco homens que se acredita ser responsável por 15 assassinatos. Com a morte de Profaci, seu cunhado Giuseppe Magliocco assumiu o comando, mas quem mexia os pauzinhos era Joe Bonanno. Quando soube da informação de que Lucchese, Gambino, Magaddino e DeSimone seriam eliminados, Colombo a revelou a Carlos Gambino. Magliocco foi então removido e Colombo assumiu o que viria a se tornar a família Colombo. Ele tinha apenas 40 anos de idade.

Quando seu filho, Joe Colombo Jr., foi preso por derreter o equivalente a 500 mil dólares em moedas norte-americanas pelo seu teor de prata, Colombo se queixou de perseguição policial. Em seguida, formou a Italian-American Anti-Defamation League, que depois se tornou a Italian-American Civil Rights League. Depois disso, realizou um comício em 29 de junho (Italian Unity Day), no Columbus Circle, que atraiu 50 mil pessoas. Sua manobra seguinte foi organizar um espetáculo de caridade no Madison Square Garden. Estrelado por Frank Sinatra, o *show* levantou 500 mil dólares. A ideia era convencer todos os ítalo-americanos de Nova York a pagar uma taxa de adesão no valor de 10 dólares, o que levantaria 250 milhões de dólares. No entanto, a maior parte do dinheiro levantado foi embolsada por Colombo. Ele não fez caso de dividir o dinheiro com as outras famílias e alguns membros da Máfia não gostaram nada da atenção que isso estava atraindo para eles. Pior foi que, quando os livros de contabilidade da liga foram auditados, ela estava falida.

Em 28 de junho de 1971, Colombo realizou um segundo comício no Columbus Circle. A essa altura, a Máfia queria se livrar de Colombo e, por isso, conseguiram credenciais da imprensa para um jovem afro-americano chamado Jerome Johnson, permitindo-lhe passar pelo cordão policial que cercava o evento. Ele seria o assassino de Colombo, cujo guarda-costas recebeu a instrução de facilitar o trabalho de Johnson. Ao se aproximar, Johnson puxou o gatilho, ferindo Colombo gravemente. Enquanto um policial derrubava Johnson, o guarda-costas saltou da plataforma e estourou os miolos do assassino. Acreditou-se que o homem por trás dos disparos fosse Joey "Crazy Joe" Gallo. Os Gallo estavam em guerra com Colombo havia cerca de um ano e tinham bons contatos no Harlem.

Colombo foi levado às pressas para o hospital com uma bala na cabeça. Embora tivesse sobrevivido, ele sofreu dano cerebral permanente. Ele morreu sete anos depois, em coma.

10
Os Pentiti

Penitentes católicos

Os Pentiti

Em 30 de abril de 1982, Pio La Torre, dirigente do Partido Comunista italiano na Sicília, foi morto a tiros em Palermo. Sua morte não foi muito surpreendente, uma vez que ele era tremendamente malquisto pela Máfia. Em 1962, tornou-se membro da primeira Comissão Antimáfia e, em 1972, foi eleito para a câmara dos deputados, onde tentou aprovar uma lei que proscrevesse membros da Máfia.

Como consequência da morte de La Torre, o primeiro-ministro democrata cristão Giulio Andreotti nomeou o general Carlo Alberto Dalla Chiesa como prefeito de Palermo. O general era considerado o responsável pela destruição das Brigadas Vermelhas. Dalla Chiesa logo percebeu que havia recebido uma bomba em suas mãos, pois os democratas cristãos eram aliados da Máfia. Em 3 de setembro de 1982, Chiesa e sua jovem esposa foram mortos a tiros disparados de um veículo em movimento. A arma do crime era a mesma AK-47 que havia sido usada para matar Stefano Bontade e Salvatore Inzerillo. Era a arma favorita de Pino Greco. Naquele dia, a lei antimáfia de La Torre foi finalmente aprovada.

A morte de Chiesa era a última de uma série de assassinatos em que todas as vítimas eram agentes da lei. Boris Giuliano, o chefe de polícia que havia descoberto a conexão da heroína entre a Sicília e os Estados Unidos, tinha sofrido quatro disparos nas costas enquanto tomava seu cappuccino na manhã de 21 de julho de 1979. No outono do mesmo ano, o juiz Cesare Terranova, que estava no comando do julgamento em Bari, foi enviado para Palermo. Ele foi morto a tiros dois dias depois. Em maio do ano seguinte, Emmanuele Basile, capitão dos carabineiros, também foi morto a tiros. Ele tinha emitido 55 mandados de prisão relacionados a drogas contra membros das famílias Bontade e Inzerillo.

O general Carlo Alberto Dalla Chiesa, que foi morto a tiros de um carro em movimento.

A lei antimáfia foi motivo para otimismo para dois magistrados. Giovanni Falcone e Paolo Borsellino haviam nascido em Palermo e trabalhado nos redutos da Máfia de Monreale, Agrigento e Trapani antes de serem transferidos de volta à sua cidade natal. Lá, Falcone assumiu um cargo na seção de falência, na qual se tornou especialista em contabilidade forense.

Os juízes antimáfia Giovanni Falcone e Paolo Borsellino

Quando Tommaso Buscetta e Salvatore Contorno começaram a conversar, o chefe adjunto do esquadrão investigativo, Antonio "Ninni" Cassarà, redigiu o relatório "Michele Greco+161". O relatório recomendava a prisão de Michele Greco e outros 161 envolvidos no tráfico de heroína, incluindo os primos Salvo. Em seguida, Falcone foi transferido para o gabinete investigativo, onde começou a analisar os casos de Rosario Spatola, primo de Salvatore Inzerillo e John Gambino. Ele conseguiu provar que a empresa de construção de Spatola era uma fachada para o contrabando de drogas. Depois de analisar cinco anos de registros bancários manuais, ele conseguiu prender o resto da família Spatola, conseguindo 74 condenações ao todo. Seus casos se baseavam apenas em registros financeiros, portanto, nenhuma testemunha podia ser intimidada; além disso, ele apenas instaurou processos que pudessem ser levados diante de um tribunal de três juízes, para que não houvesse jurados a comprar.

Borsellino concentrou-se em promover ação penal contra os assassinos do capitão Basile, mas o juiz declarou nulidade do julgamento, permitindo que os suspeitos voltassem às ruas. Não bastasse isso, o chefe de Borsellino, Rocco Chinnici, estava tão preocupado com a segurança do seu subordinado que o removeu da investigação da Máfia. Mas foi o próprio Chinnici quem foi morto, assim como seus dois guarda-costas e o porteiro do prédio, quando Pino Greco organizou um ataque de carro-bomba. Seu substituto, Antonino Caponnetto, permitiu que Falcone e Borsellino trabalhassem juntos e compartilhou informações com outros magistrados. E, quando Bettino Craxi se tornou primeiro-ministro, em 1984, seu novo ministro da justiça lhes permitiu a compra de computadores para que pudessem dar conta da enorme quantia de dados financeiros que afluía.

Maxiprocesso da Máfia

As informações fornecidas por Buscetta e Contorno possibilitaram que 474 réus fossem à justiça no famoso Maxiprocesso de meados dos anos 1980. Um tribunal subterrâneo especial do tamanho de um pequeno estádio desportivo foi construído perto da prisão de Ucciardone, em Palermo. A fortaleza de concreto reforçado foi então cercada por arame farpado e protegida por 3 mil soldados e um tanque. Trinta celas, cada

Os 474 acusados de atividade mafiosa foram trancafiados atrás de grades de aço em um tribunal especialmente construído em Palermo, 1986.

uma grande o bastante para abrigar 20 réus, foram montadas dentro dos muros da fortaleza e uma dúzia de mesas foi instalada para os advogados e as testemunhas. Observando todo o espetáculo, havia uma galeria pública, onde mil espectadores se sentavam por trás de um vidro à prova de balas e assistiam aos procedimentos.

Além de Buscetta e Contorno, havia mais de mil testemunhas. O processo durou por 22 meses, durante os quais 344 réus foram considerados culpados e sentenciados a um total de 2.665 anos de prisão, sem contar as 19 sentenças de prisão perpétua concedidas aos mais importantes chefes da Sicília, entre os quais estavam Michele "Il Papa" Greco e, *in absentia*, Totò Riina e Bernardo Provenzano. Sentenças de prisão perpétua também foram concedidas a vários assassinos da "Sala da Morte" (ver p. 175): Vincenzo "The Tempest" Sinagra e seu irmão Antonio, bem como Salvatore Rotolo. O primo de Sinagra, também chamado Vincezo Sinagra, forneceu a maioria das evidências nessa parte do julgamento.

A sua recompensa foi uma pena de 21 anos de prisão.

Outros foram cuidados pela "justiça da Máfia". Mario Prestifilippo, que ainda estava à solta durante o julgamento, foi morto a tiros na rua antes da exposição dos veredictos. Antonio Ciulla foi absolvido apesar de cinco *pentiti* testemunharem que ele dirigia um círculo de heroína no norte da Itália, mas a felicidade dele teve vida curta. Para celebrar, ele parou para comprar champanhe e doces ao sair da prisão de Ucciardone, mas foi baleado e morto antes que chegasse à sua casa. Pelo menos 18 dos absolvidos foram mortos.

Alguns réus já estavam presos por outros delitos, de modo que o veredito do tribunal de pouco valeu. Luciano Leggio foi absolvido de chefiar a família Corleone detrás das grades e de ordenar a morte do juiz Terranova, mas não seria solto de sua

O juiz Giovanni Falcone, sua mulher Francesca e três guarda-costas morreram na via expressa perto de Palermo, depois de uma bomba na beira da estrada ter explodido quando passavam, em 23 de maio de 1922.

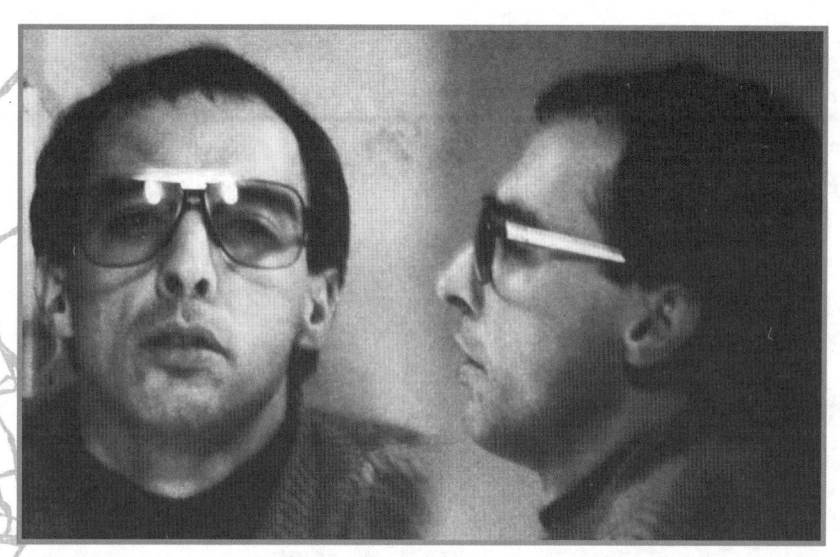

Pietro Aglieri, considerado o mandante do assassinato do juiz italiano antimáfia Paolo Borsellino.

cela de prisão. E Giuseppe Calò continuaria a cumprir duas sentenças de prisão perpétua, mesmo tendo sido absolvido do assassinato de Roberto Calvi.

No entanto, muitos dos condenados não ficaram atrás das grades. O político corrupto Salvo Lima entregou a auditoria de recursos a Corrado Carnevale, que ficou conhecido como *l'ammazzasentenze*, ou "o matador de sentenças", depois de anular 400 sentenças. Ele foi suspenso do gabinete depois do julgamento de Andreotti e condenado a seis anos de prisão por conspirar com a Máfia, mas sua condenação foi derrubada por recurso e ele voltou a atuar como juiz.

Em 1989, apenas 60 dos condenados no Maxiprocesso ainda estavam presos; ainda assim, sua estadia estava sendo facilitada. Entretanto, quando Caponneto abdicou, Falcone não assumiu sua posição. Em vez disso, foi trabalhar para o ministério da justiça em Roma, onde esboçou a legislação que permitiria fundar uma organização nacional contra a Máfia.

No entanto, a "primavera de Palermo" parecia ter chegado ao fim. Isso ficou claro quando um pequeno executivo chamado Libero Grassi deu uma entrevista à televisão em que denunciava a extorsão da Máfia e recusava-se publicamente a pagar o dinheiro de proteção.

Pouco depois, ele foi morto a tiros na frente de sua casa e ninguém, com a exceção de sua família próxima, ousou comparecer ao

Os destroços retorcidos do carro em que o juiz antimáfia Paolo Borsellino morreu quando uma bomba controlada a distância explodiu em Palermo, em julho de 1992, algumas semanas após a morte de seu aliado Falcone.

funeral. Todavia, o clamor público impediu que Andreotti libertasse outros mafiosos condenados no primeiro Maxiprocesso.

No verão de 1991, o Tribunal de Cassação consideraria recursos que ficou conhecido como "teorema de Buscetta", segundo o qual os participantes da Comissão tinham aprovado todos os assassinatos durante aquele período e, portanto, eram deles culpados. Depois da pressão do parlamento, do ministério da justiça e do judiciário, Carnevale foi impedido de se tornar presidente do tribunal. Outro juiz assumiu sua posição e as sentenças foram mantidas.

Totò Riina, que tinha esperanças de ter sua sentença à prisão perpétua derrubada, estava louco por vingança. Em primeiro lugar, Salvatore Lima, o homem da Máfia em Roma, foi morto a tiros e, na sequência, foi a vez de Giovanni Falcone. Em 23 de maio de 1992, Falcone e sua mulher estavam visitando sua casa de campo em Palermo. Eles viajaram em segredo em um avião do governo e foram recebidos no aeroporto por uma escolta policial, mas, enquanto o comboio seguia pela autoestrada em direção a Capaci, uma bomba no aqueduto sob a via expressa explodiu. A explosão foi forte o bastante para matar os policiais no primeiro carro e Falcone e sua esposa no segundo. A bomba foi detonada por Pietro Aglieri e Giovanni Brusca, que recebeu então o nome de *lo scannacristiani* (o homem que mata cristãos).

Houve aclamação entre os internos da prisão de Ucciardone e alguém ligou para o jornal de Palermo *Giornale di Sicilia* para dizer que a bomba era um "presente de casamento para Nino Madonia", o filho mais velho da família Madonia, que tinha se casado na capela de Ucciardone na manhã daquele dia.

Para a opinião pública, porém, foi a gota d'água. Quando as fotos do local da bomba saíram nas primeiras páginas de jornais do mundo todo, o parlamento italiano requereu um dia de luto e a sessão foi suspensa até depois do funeral. Quarenta mil pessoas foram a Palermo para a cerimônia; uma greve geral foi convocada, fechando todas as lojas e firmas; pessoas penduraram cartazes em suas janelas com frases antimáfia; e os políticos que compareceram foram chamados aos gritos de "assassinos" e "cúmplices".

Bosselino foi transferido para Marsala, onde, porém, ele também foi abordado por *pentiti*. Então, em 19 de julho de 1992, menos de dois meses após a morte de Falcone, ele deu seu último suspiro nas mãos da Máfia. Sabia-se que ele iria visitar sua mãe em Palermo naquele dia, então, um carro-bomba foi estacionado à frente da casa dela. Quando o carro explodiu, Borsellino e seus seis guarda-costas foram mortos. Mesmo isso não impediu, porém, que outros *pentiti* se apresentassem.

Sete mil soldados tiveram de ser enviados à Sicília para manter a ordem. Em janeiro do ano seguinte, os carabineiros prenderam Totò Riina quando ele passeava de carro por Palermo, onde morava como fugitivo havia 23 anos. Existem duas versões destoantes sobre a sua captura. A primeira gira em

O chefe da Máfia, Totò Riina.

torno de Baldassare di Maggio, que atuava como chefe interino da *cosca* de San Giuseppe Jato, enquanto Giovanni Brusca e seu pai, Bernardo, estavam presos. Quando Giovanni foi solto, Di Maggio temeu ser eliminado, mesmo tendo cometido inúmeros assassinatos para Riina, que tentou assegurá-lo que ele não seria jogado fora como "um bagaço de laranja", mas Di Maggio sabia que Riina era perigosíssimo quando parecia condescendente e, por isso, fugiu. Ele foi capturado sob acusações de pouca importância em Novara, uma cidade no norte da Itália. Certo de que Riina pretendia matá-lo, tornou-se *pentito*. A outra versão diz que Riina foi denunciado por Bernardo Provenzano, para que ele pudesse pôr as mãos em materiais comprometedores guardados no apartamento de Riina.

Riina já havia angariado duas sentenças de prisão perpétua quando foi julgado e condenado por diversos homicídios, incluindo os de Falcone e Borsellino, assim como Provenzano. Em 1998, ele recebeu outra prisão perpétua pelo homicídio de Salvo Lima.

O Don Fantasma

A prisão de Riina significava que Bernardo provenzano era o novo chefe dos chefes da Sicília. Luciano Leggio havia afirmado a respeito dele: "Ele atira como um deus, pena que tenha o cérebro de uma galinha". Mas Leggio estava na prisão havia mais de 30 anos quando Provenzano foi preso. Antes conhecido como "u tratturi" [o trator] por seus homicídios implacáveis, Provenzano ficou conhecido entre os criminosos de Corleone como "o contador", pela maneira burocrática como geria seu império criminal.

Durante a guerra de Corleone, Provenzano foi indiciado pelo homicídio dos homens de Navarra, então, em 1963, tornou-se foragido. Assim, escaparia à prisão e também à inevitável vingança. Com Leggio preso, Provenzano tornou-se o segundo no comando, abaixo apenas de Riina. Além de continuar aumentando sua imensa reputação de pistoleiro, Provenzano lidava bem com o dinheiro ganho no tráfico de heroína e em outras empreitadas criminosas. Ele também assumiu o comando de Bagheria, o subúrbio palermitano onde se situava a "Sala da Morte, tendo-o como seu feudo pessoal. O fugitivo vivia com sua esposa e seus dois filhos em um luxuoso esconderijo no parque da setecentista Villa Valguarnera, cercado por associados que também construíram suas casas na área. Riina e os Greco não moravam longe. Para evitar a captura, Provenzano ia a reuniões em uma ambulância.

Com a prisão de Riina em 1993, ficou claro que ele nunca voltaria a ser um homem livre, então, Provenzano o sucedeu. A essa altura, ele estava escondido havia tanto tempo que os outros mafiosos não tinham como ter certeza se ele estava vivo ou não, ainda mais pelo fato de que sua mulher e seus filhos saíam do esconderijo eventualmente. Seus filhos nunca se envolveram com a Cosa Nostra; ele foi muito firme nesse ponto. Provenzano, então, pôs fim às especulações com o simples recurso de escrever ao promotor de Palermo, uma manobra que gerou enorme publicidade. Mas nem todos se convenceram. Os membros da Máfia que ainda não o tinham visto começaram a chamá-lo de "O Fantasma".

Provenzano também tinha seus rivais. O primeiro deles era o cunhado de Riina, Leoluca Bagarella, que se acredita ser responsável por mais de 300 homicídios. Buscetta disse que ele sofria de "problemas mentais". Ele havia assassinado o sobrinho de Buscetta por ser parente de um *pentito*. Acredita-se também que ele tenha enforcado sua esposa porque o irmão dela, Giuseppe Marchese, tornou-se informante. Com a morte de Riina, ele tentou assumir o comando de uma seção de Corleone. No entanto, em 1995, foi pego e sentenciado à prisão perpétua sob diversas acusações de homicídio.

O segundo era Giovanni Brusca. Provenzado deu conta dele matando ou cooptando seus aliados. Então, em 1996, Brusca também foi preso. Ele já havia sido sentenciado *in absentia* à prisão perpétua pelos homicídios de Falcone e Borsellino. Embora estivesse no tribunal, admitiu ter plantado a bomba sob a via expressa para Capaci e a detonado por controle remoto. Ele também confessou muitos outros homicídios, incluindo o de Giuseppe di Matteo, filho de 11 anos de idade de um rival, depois de mantê-lo em cativeiro subterrâneo por dois anos. O corpo foi então dissolvido em ácido. A Brusca nunca foi concedida plenamente a condição de *pentito*. No entanto, depois de oito anos preso, repercutiu a notícia de que ele teria a concessão de liberdade por uma semana a cada 45 dias para poder ver sua esposa e seu filho.

Como chefe dos chefes, Provenzano tinha aprendido a lição com o ataque pleno de Riina contra o Estado.

Sob o comando de Provenzano, a Máfia manteve pouca visibilidade, evitou ataques contra alvos importantes e tentou resolver disputas territoriais por meio de negociação.

A *Pax Mafiosa* era tão completa que havia boatos de que Provenzano tinha feito um acordo com as autoridades, oferecendo paz em troca de sua liberdade. Seu paradeiro era conhecido por um pequeno número de associados de confiança. Ele nunca usava o telefone por medo de que pudesse ser grampeado e comunicava-se por pequenos bilhetes chamados de *pizzini*, os quais eram dobrados em quadrados de 1 centímetro, selados com fita adesiva e entregues pessoalmente. Ele contactava a sua própria família dessa maneira. Ao envelhecer, foi se tornando mais religioso e seus bilhetes frequentemente continham linguagem teísta, mesmo quando faziam referência a atos violentos. Ao dar o consentimento a um assassinato, por exemplo, podia simplesmente dizer: "Que a vontade de Deus seja feita". Houve até a teoria de que ele usasse citações bíblicas como código. Além disso, de acordo com a primeira mulher da Cosa Nostra, Giuseppa Vitale, ele chegava a se vestir como bispo eventualmente.

A última fotografia conhecida de Provenzano datava de 1959, o que significava que ele podia se deslocar relativamente sem restrições. Ele chegou a fazer duas viagens a uma clínica no sul da França usando documentos falsos, onde foi tratado de um tumor de próstata. Mas as autoridades estavam fechando o cerco. Na madrugada de 25 de janeiro de 2005, portas foram derrubadas em toda a cidade de Palermo em uma operação que envolveu mais de mil policiais e carabineiros. Era o resultado de uma investigação que durava três anos. Quarenta e seis pessoas suspeitas de terem auxiliado o chefe da Máfia fugitivo foram presas. A ideia era isolar Provenzano dos que o apoiavam. Somente um associado próximo, Stefano Lo Verno, foi mantido à solta. A polícia pensou que alguém deveria levar comida a Provenzano e, por isso, seguiu Lo Verno de perto. Mas as autoridades desistiram depois de notarem que ele não fez qualquer tentativa de contatar o chefe nos dias que se seguiram. Lo Verno foi então preso, assim como outros 84 suspeitos em março.

> "Ao envelhecer, foi se tornando mais religioso. Ao dar o consentimento a um assassinato, podia simplesmente dizer: 'Que a vontade de Deus seja feita'."

Para alguns dos mafiosos presos, os investigadores eram a menor das preocupações. O ajudante mais próximo de Provenzano, Francesco "Ciccio" Pastoia, ficou atemorizado ao descobrir que sua casa estava cheia de escutas quando ele se gabara de trair Provenzano. Temendo que a Máfia pudesse fazer algo contra sua família, ele se enforcou com um lençol. Posteriormente, sua sepultura foi violada e seus restos mortais, incendiados.

Um informante levou as autoridades a uma cópia da carteira de identidade forjada de Provenzano, a qual apresentava uma fotografia atual. A foto foi então mostrada no *Chi l'ha visto?* ("quem viu?"),

Policiais italianos escondem os rostos ao escoltar o fugitivo Bernardo Provenzano.

programa de TV italiano que apresenta os criminosos mais procurados do país. Como isso não levou a nada, as autoridades montaram uma nova força-tarefa dedicada à captura de Provenzano. Sem novas pistas, tudo que eles podiam fazer era manter a mulher e os filhos de Provenzano sob vigilância constante. Mas Provenzano havia retornado a Corleone. Ele confiava nos pastores, que mantinham um estilo de vida tradicional, e morava em uma casa de campo suprida por Giovanni Marino, um fazendeiro que fabricava ricota e não tinha nenhuma relação com a Máfia.

Com Provenzano fora do caminho, abriu-se um vazio no poder. Salvatore Lo Piccolo, chefe de Palermo, que estava foragido havia 20 anos, começou a cortejar os sobreviventes do clã Inzerillo, que fugiram da Sicília nos anos 1980. Mas o *capo* Antonio "Nino" Rotolo, aliado de Riina, temia pelo retorno deste. Ele havia sido sentenciado à prisão perpétua, mas foi diagnosticado com uma doença cardíaca e lhe foi concedida a permissão de cumprir a sentença em prisão domiciliar.

A HISTÓRIA DA MÁFIA

A quinta onde o chefe da Máfia siciliana, Bernardo Provenzano, foi preso.

No entanto, o *capo* supostamente enfermo foi visto pulando uma cerca de jardim para presidir reuniões em uma choupana de construção que seus associados haviam varrido com equipamentos antiescutas. Mas a equipe de vigilância se precavera simplesmente desligando suas escutas durante a varredura. Quando as religaram, ouviram Rotolo ler em voz alta os bilhetinhos (*pizzini*) de Provenzano. Rotolo queria matar Lo Piccolo e seu filho Sandro, mas Provenzano queria manter a paz. Em seguida, uma conversa entre dois irmãos de Provenzano foi grampeada, revelando que ele morava em Corleone.

Era impossível montar uma operação de vigilância na pequena cidade interiorana. Qualquer estranho seria notado. Entretanto, os investigadores conseguiram instalar uma minicâmera em um poste do outro lado da rua da casa em que a esposa de Provenzano morava. Eles descobriram a coleta e entrega de uma sacola de roupas. Depois de sair da casa, a sacola era passada de mão em mão, tornando quase impossível segui-la. Mas, após meses de observação, um dos mafiosos que carregavam a sacola parou para comprar ricota de Giovanni Marino, cuja casa foi então colocada sob vigilância.

Notou-se que, toda manhã, às 7 horas, Marino abria a porta que dava para a cabaninha no quintal, mas ninguém saía, até que, certa manhã, eles notaram um braço entregando alguma coisa.

No dia 11 de abril de 2006, as autoridades entraram. Dentro, estava Provenzano, que não ofereceu resistência. Ele parabenizou os captores e perguntou-lhes se havia sido traído por informantes. Os policiais lhe garantiram que não. Eles notaram que as roupas dele estavam em malas e que ele dormia em um saco de dormir, totalmente vestido e pronto para a fuga. Sua acomodação humilde era decorada por quadros religiosos. Sobre uma mesinha, repousava a Bíblia em que ele havia feito anotações ao longo dos anos. Ao lado dela, uma máquina de escrever Brother, papel e a fita adesiva para seus *pizzini*, além de fraldas geriátricas, por conta de seu problema prostático.

Nenhum julgamento foi necessário, pois Provenzano já havia sido julgado *in absentia* inúmeras vezes. Não lhe era permitido contato com ninguém exceto por seu advogado e ele fica sob vídeo vigilância constante na prisão de segurança máxima em Terni. A única pausa nessa rotina foi quando ele apareceu em uma videoconferência com Riina, em que foram questionados sobre assassinatos ocorridos na Itálita nos anos 1980.

Salvatore Lo Piccolo é escoltado por policiais italianos depois de sua prisão em Palermo, em 5 de novembro de 2007.

Uma guerra entre Salvatore Lo Piccolo e "Nino" Rotolo foi evitada quando Rotolo e 51 mafiosos importantes foram presos em junho de 2006. As prisões foram seguidas pelo assassinato de vários aliados de Rotolo. Acreditava-se que as mortes tivessem sido executadas por Sandro Lo Piccolo, filho de Nino. Então, em novembro de 2007, Salvatore e Sandro Lo Piccolo foram presos em um esconderijo perto de Palermo, ao lado de outros dois chefes da Máfia. Calogero, também filho de Salvatore, assumiu o comando, mas foi preso em 16 de janeiro de 2008, durante a Operação *Addiopizzo*.

Desde os Maxiprocessos, a Máfia siciliana sofreu alguns fortes golpes, mas ninguém pode dizer o que o retorno dos Inzerillo acarretará. Com o recuo da Máfia, a Camorra e a Ndrangheta cresceram para preencher o vazio. Nos Estados Unidos, a captura da Comissão e, na sequência, de John Gotti também colocou a Máfia norte-americana em uma situação perigosa. No entanto, seu lugar vem rapidamente sendo ocupado pela Máfia russa e por outras gangues asiáticas e latino-americanas. A família Lucchese se enfraqueceu a tal ponto que, segundo o que uma escuta telefônica revelou, dois de seus principais *capos* fizeram uma aliança com os Blood, uma gangue afro-americana. A Máfia tradicional pode estar em declínio, mas, ao que parece, o crime organizado veio para ficar.

ARREPENDIMENTO

Poucos dos *pentiti* demonstraram real arrependimento. Nino Gioè, porém, que acompanhou Giovanni Brusca no assassinato de Giovanni Falcone, mostrou uma mudança genuína de caráter na prisão, a qual pode ter sido consequência do fato de algumas conversas suas terem sido grampeadas pela polícia, fazendo-o quebrar a *omertà* inadvertidamente. Qualquer que fosse o motivo, ele deixou de se barbear e de lavar as roupas, de modo que os que o cercavam temiam que ele estivesse à beira da ruína. Em 23 de julho de 1993, ele se enforcou em sua cela. Em sua nota de suicídio, escreveu:

Nesta noite, encontrarei a paz e a serenidade que perdi há 17 anos [quando ele foi "feito"]. Quando as perdi, tornei-me um monstro. Eu era um monstro até pegar a caneta e escrever estas linhas (…). Antes de partir, peço o perdão de minha mãe e de Deus, pois o amor deles não tem limites. O resto do mundo jamais será capaz de perdoar-me.

Marcha contra a Máfia, Milão, 20 de março de 2010: esse protesto acontece anualmente em memória das vítimas da Máfia.

ADDIOPIZZO

A base do poder da Máfia sempre foi o *pizzo*, a pequena "taxa" extorquida de todas as lojas para o lucro dos mafiosos. Quando cinco formandos decidiram abrir um bar em Palermo, no verão de 2004, a Máfia, como de costume, foi exigir sua taxa, mas, dessa vez, os futuros donos do bar se recusaram a pagá-la. Em vez disso, revidaram colando cartazes pela cidade que diziam: *"Um intero popolo che paga il pizzo è um popolo senza dignità"* ("Todo um povo que paga o *pizzo* é um povo sem dignidade").

Isso pareceu acordar a população e, assim, eles montaram o Comitê Addiopizzo, que significa "adeus *pizzo*".

Eles organizaram protestos e estamparam camisetas em que o lema *"consumo critico"* ("consunção grave") saía de um círculo preenchido por uma cruz.

De acordo com um estudo publicado em 2008, quase 1 bilhão de euros, 1,3% do produto interno bruto da Sicília, ía para as mãos da Máfia anualmente.

As lojas pagavam, em média, 457 euros por mês, enquanto os hotéis e restaurantes eram cobrados em cerca de 578 euros. Empresas de construção costumavam pagar 2 mil euros por mês.

Em março de 2008, o Supermercato Punto Antipizzo, que se recusava a pagar o *pizzo*, abriu as portas. A essa altura, os nomes de 241 empresas que haviam se recusado a contribuir com o *pizzo* apareciam no *site* da Addiopizzo. A Addiopizzo Travel foi formada em seguida, para que os turistas que visitassem a ilha não tivessem de dar dinheiro à Máfia.

O movimento também chegou à Alemanha, onde a campanha "Mafia? Nein danke!"* teve início depois que seis italianos foram mortos por assassinos da 'Ndrangheta em frente a um restaurante em Duisburgo. Em pouco tempo, inúmeros restaurantes italianos que tinham sido forçados a pagar o dinheiro de proteção entraram para o Addiopizzo.

Na Sicília, mulheres estão à frente do movimento e sofrem ameaças constantes dos mafiosos. As casas de alguns membros chegaram a receber cartas-bombas. Mesmo assim, os jovens sicilianos estão agora dispostos a enfrentar a Máfia, zombando abertamente de gângsteres locais quando estes são presos.

Leis novas implicam que mafiosos presos são despojados de suas propriedades. Parte delas é entregue ao movimento Addiopizzo ou a cooperativas agrícolas. A casa da família Provenzano é ocupada atualmente por grupos clericais que trabalham nos campos e vinhedos confiscados da Máfia ao redor de Corleone.

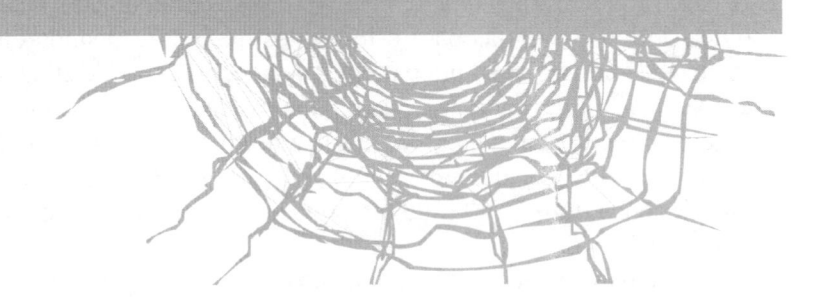

---

*N.T.: "Máfia? Não, obrigado!".

Epílogo

Em 20 de janeiro de 2011, 800 agentes do FBI prenderam 127 supostos membros da Máfia em Nova York, Nova Jersey e na Nova Inglaterra. Membros de todas as cinco famílias nova-iorquinas foram presos, bem como líderes da família DeCavalcante, com base em Nova Jersey, e do clã Patriarca, que operava a partir de Providence, em Rhode Island e Boston. Um golpe particularmente forte foi sofrido pela família Colombo, que teve todos os seus líderes presos, com exceção dos que já estavam na cadeia. O FBI chamou essa operação de "a maior captura de mafiosos na história do FBI". As acusações íam de agiotagem, incêndio criminoso, chantagem, tráfico de drogas, extorsão sindical e jogos ilegais a homicídios, alguns dos quais datavam dos anos 1980.

O promotor-geral norte-americano Eric Holder disse esperar que as prisões fossem, no mínimo, desestruturar as atividades da Máfia, que persitiam apesar de anos de esforços governamentais para aniquilá-las. "Estamos comprometidos e determinados a erradicar o crime organizado nos Estados Unidos", afirmou Holder.

> "MANOCCHIO, DE 83 ANOS DE IDADE, FOI PRESO ACUSADO DE COLETAR PAGAMENTOS DE DONOS DE BOATES."

Uma das mais importantes capturas foi a de Luigi "Baby Shanks" Manocchio, o famoso chefe de 83 anos da família criminal Patriarca, da Nova Inglaterra, que foi preso em Fort Lauderdale, na Flórida. As acusações alegavam que Manocchio coletava pagamentos de donos de boates em troca de proteção da Máfia.

Holder afirmou que os homicícios incluíam não apenas "ataques clássicos da Máfia para eliminar possíveis rivais", mas também assassinatos sem motivo. As acusações foram levadas contra Bartolomeo Vernace, capitão da família Gambino, em função de seu suposto papel em um tiroteiro duplo no Shamrock Bar, no Queens, distrito de Nova York, em 1981, o qual começou por conta de uma bebida derramada. Promotores acreditavam que, em retaliação, Vernace disparou as balas que causaram as mortes de John d'Agnese, que estava atrás das grades, e Richard Godkin.

As prisões marcaram uma mudança na estratégia do FBI, que, desde o 11 de Setembro, vinha concentrando seus esforços no combate ao terrorismo, oferecendo liberdade para a Máfia se reagrupar.

Assim como o terrorismo, o crime organizado é agora um fenômeno mundial. De acordo com telegramas diplomáticos publicados pelo Wikileaks, em dezembro de 2010, a Rússia é vista como um "Estado praticamente mafioso". As instituições políticas, incluindo o primeiro-ministro Vladimir Putin, foram consideradas pelos diplomatas norte-americanos como estando em associação com as oligarquias e o crime organizado em busca do lucro do tráfico de armas, da lavagem de dinheiro, da chantagem protetiva, da extorsão e de outras contravenções. De acordo com os telegramas vazados dos Estados Unidos, estimava-se que os subornos girassem em torno de 300 bilhões de dólares por ano. Maletas cheias de dinheiro eram encaminhadas a contas bancárias perto da costa, no Chipre, e é não raro difícil distinguir entre as atividades do governo e da Máfia russa.

Instituições responsáveis pela aplicação da lei, incluindo a polícia, a segurança do Estado e a procuradoria, protegem ativamente as redes criminosas. Agências russas de espionagem empregam chefes da Máfia para executar operações criminais como o tráfico de armas. Subornos desenfreados atuam como um sistema de impostos paralelo para o enriquecimento de policiais, dirigentes e oficiais do sucessor da KGG, o Serviço Federal de Segurança da Federação Russa (FSB). Os telegramas acusavam o próprio Putin de acumular dinheiro durante seu mandato no gabinete e escondê-lo no estrangeiro.

O crime organizado nasceu na Rússia antes da queda do Comunismo, a partir de 1988, quando a União Soviética passou a permitir empresas privadas, sem pôr em ordem leis que controlassem a economia de mercado como existia no Ocidente. Por exemplo, tranca-ruas tomaram conta de um mercado aberto perto da estação de trem de Rijskaia, em Moscou. Com a derrocada do controle central, oficiais corruptos privatizaram empresas estatais para ganho pessoal. Veteranos da KGB e das guerras no Afeganistão e na Chechênia se viram desempregados e recorreram ao crime.

Em 1993, a maioria dos bancos estava nas mãos da Máfia russa e mais de três quartos das empresas pagavam dinheiro de proteção. Sequestros, bombas e assassinatos entre quadrilhas se multiplicavam. Naquele ano, 1.400 pessoas foram mortas em Moscou. Os criminosos não tinham escrúpulos em matar donos de lojas que não pagassem pela proteção, tampouco banqueiros, políticos ou jornalistas que se opusessem a

Epílogo

O funeral do padrinho russo Vyacheslav Ivankhev no cemitério de Vagankhovskoye, em Moscou, outubro de 2009. Ele morreu no hospital depois de um ataque de franco-atirador.

eles. De acordo com Alexander Litvinenko, o delator envenenado com polônio, em Londres, em 2006, o maior cartel criminoso era formado por ex-membros da KGB, os quais ele chamava de Quadrilha de Lubyanka, uma vez que a sede da KGB era conhecida como Lubyanka. Entre os membros, estava o ex-oficial da KGB, Vladimir Putin. Ele era sócio da empresa imobiliária SPAG, que se acredita ter sido usada por mafiosos de São Petesburgo para lavagem de dinheiro.

Por intermédio dos contatos ultramarinos da KGB, a Máfia russa tornou-se internacional, controlando o tráfico de drogas a partir do Afeganistão e fazendo conexões com a Cosa Nostra siciliana, com as Tríades chinesas e com os cartéis de drogas latino-americanos. Eles também montaram operações na área de Brighton Beach, no Brooklyn, Estados Unidos. No entanto, em 1997, o chefe da operação em Nova York, Vyacheslav Ivankhev, também conhecido como Yaponchik, ou "japonezinho", foi condenado em um caso de extorsão no valor de 5,6 milhões de dólares.

Graças à emigração em massa, acredita-se que a Máfia russa tenha tomado conta do submundo em Israel, em que criminosos russos fabricam provas falsas de ascendência judaica para morar no país.

Assim como o crime organizado nos Estados Unidos, a Máfia russa não é uma entidade única, mas se divide em diversas quadrilhas individuais. A quadrilha Izmaylovskhaya, localizada no distrito de Izmaylovo, é considerada o grupo mais antigo e mais importante da Máfia em Moscou. Ela também tem tentáculos em Tel-Aviv, Berlim, Paris, Toronto, Miami e Nova York. Com hierarquias quase militares e uma disciplina interna rigorosa, ela se envolve em extorsões e assassinatos de aluguel, além de ter se infiltrado em empresas legais.

A Solntsevskaya Bratva (ou Irmandade Solntsevskaya) opera a partir do distrito de Solntsevo, em Moscou. Ela está envolvida em lavagem de dinheiro, prostituição, fraudes de cartão de crédito, tráfico humano, comércio de armas e outras atividades ilegais. Também está presente em Toronto e São Francisco, e acredita-se que inclua mais de 5 mil membros. Nos anos 1990, juntou forças com a quadrilha Orekhovskhaya para se opor à invasão da Máfia chechena. Em 2005, 11 membros foram sentenciados a até 24 anos por conta de 18 homicídios brutais.

A quadrilha Tambov tem assumido o comando das operações em São Petersburgo. Em 2008, alguns de seus membros foram presos na Espanha, na Bulgária e em Berlim. A operação policial na Espanha apreendeu também 307 mil dólares em dinheiro e 23 cartões de luxo, além de congelar 12 mil euros em contas bancárias no país. O promotor búlgaro afirmou que mais de 1 bilhão de euros oriundos do tráfico de drogas, prostituição e extorsões protetivas tinha sido lavado na Estônia e na Bulgária. O restante do dinheiro sujo teria sido lavado em Berlim.

Também surgiram quadrilhas em outras partes da antiga União Soviética. A gangue Potato Bag era um grupo de vigaristas de Odessa que operavam na comunidade imigrante em Brighton Beach. A maior quadrilha não russa é a Máfia chechena, que, além do tráfico de drogas, tem ligações com fundamentalistas islâmicos.

Nos anos 1990, a Máfia russa também se infiltrou na Associação de Veteranos do Afeganistão. Seu presidente foi morto e a associação, dividida em duas facções. O diretor de uma delas, Valery Radchikov, sobreviveu a uma tentativa de assassinato em 1995. No ano seguinte, o líder da outra facção, Sergei Trakhirov, sua mulher e outras 11 pessoas foram mortas em uma explosão de bomba durante um funeral no cemitério.

Embora forças policiais de outros países possam fazer o melhor para tentar pôr a Máfia russa em xeque, as autoridades russas não se esforçam para deter o crescimento do crime organizado. Agora que a Cosa Nostra teve suas asinhas cortadas, tanto na Sicília como nos Estados Unidos, a Máfia russa está em uma boa posição para assumir o comando.

A Yakuza

O Japão tem sua própria Máfia doméstica, a Yakuza. Ela nasceu entre traficantes do Período Edo, 1603-1868, quando o país era governado pelo shogum, em Tóquio. Era-lhes concedida a permissão para portar espadas, bem como a nobreza e a classe de samurais. Depois de assumirem o controle dos jogos ilegais e da agiotagem, adotaram o nome Yakuza, de *ya-ku-za*, ou oito-nove-três, uma má cartada em *oichi-kabu*, o equivalente japonês do *blackjack*. Na sequência, expandiram ao acolher os *burakumin*, os descendentes da classe que antes era marginalizada por ser considerada impura em virtude de sua associação com a morte: executores, agentes funerários, açougueiros e coureiros.

Assim como a Cosa Nostra, a Yakuza tem uma organização que se aproxima de linhagens familiares, na qual membros comuns são considerados filhos adotivos do chefe da gangue. Esse relacionamento é formalizado em um ritual em que "filho e pai adotivos" bebem saquê do mesmo copo. Os recrutas, então, abandonam seus laços com as famílias biológicas.

A disciplina é rigorosa. Como penitência, os membros são forçados a cortar partes de seus próprios dedos e entregar as partes decepadas ao chefe. Isso começa com a ponta do dedo mínimo no caso de uma primeira ofensa e prossegue articulação por articulação ao longo das mãos. O ritual de punição é um resquício da época em que os membros da Yakuza portavam espadas, uma vez que essa amputação progressiva enfraquecia gradualmente o porte da arma na vítima. Tatuagens por todo o corpo também são comuns entre os membros. Eles as mantêm cobertas em público, mas jogam *oicho-kabu* sem camisa para mostrá-las aos outros membros.

Membro da Yakuza com os dedos encurtados

A estrutura da Yakuza é complexa, com uma hierarquia rigorosa de chefe, subchefes de seção e conselheiros. Há cinco gangues principais, das quais a maior é a Yamaguchi-gumi, fundada por Harukichi Yamaguchi, um japonês de ascendência coreana. Ela teve início em 1915, em Kobe, e acredita-se que tenha mais de 55 mil membros, maior do que os outros quatro grupos juntos. Ela se divide em 850 clãs, além de outros milhares de membros afiliados. Operando na Ásia e nos Estados Unidos, os Yamaguchi-gumi estão entre os criminosos mais ricos do mundo, ganhando bilhões com extorsão, jogos de azar, prostituição, armas, drogas, fraudes e propinas imobiliárias, manipulação do mercado de ações e pornografia virtual. Estima-se que sua renda gire em torno de 20 bilhões de dólares por ano.

A Sumiyoshi-kai ou Sumiyoshi-rengo é o segundo maior grupo da Yakuza no Japão, com estimados 20 mil membros. Fundada em 1950, opera a partir do distrito de Sumiyoshi, em Osaka. Na manhã de 5 de janeiro de 2007, seu chefe Ryoichi Sugiura foi morto a tiros no carro em Tóquio. Em poucas horas, os escritórios da Yamaguchi-gumi foram incendiados em retaliação.

A Inagawa-kai tem 15 mil membros e foi fundada em Yokohama, em 1958, embora seu quartel-general seja hoje em Tóquio. Tradicionalmente, faz dinheiro com jogos ilegais.

A Aizukotetsu-kai opera a partir de Kyoto e tinha 7 mil membros. Nos anos 1990, seu líder, Tokutaro Takayama, combateu a legislação antiyakuza política e judicialmente, sem sucesso. Em 2005, formou uma aliança com a Yamaguchi-gumi.

A Toa-kai tem cerca de 5.400 membros, predominantemente nipo-coreanos. Ela foi fundada em 1948 e logo se tornou a mais poderosa quadrilha em Tóquio. Suas atividades incluem chantagem, extorsão, jogos ilegais, cassinos, homicídios, prostituição e contrabando.

No entanto, recentemente, a polícia tem começado a impingir sanções severas contra a Yakuza desde a descoberta de seu envolvimento no mundo da luta de sumô. Em novembro de 2010, Kiyoshi Takayama, considerado o segundo no comando da Yamaguchi-gumi, foi preso acusado de extorquir 400 mil dólares de empresas de construção.

Índice Remissivo e Créditos

A

Accardo, Tony 78, 190
Adonis, Joe 53, 100, 101, 102, 107, 108, 128, 187, 191
Aiello, Giuseppe "Joe" 72, 82, 96, 97
Alberti, Gerlando 171
Alfano, Enrico "Erricone" 45, 214, 215
Alongi, Giuseppe 22
Amatuna, Samuzzo "Samoots" 71, 82
Anastasia, Albert 8, 97, 102, 104, 109, 116, 117, 121, 125, 126, 127, 128, 129, 130, 143, 200, 201, 218
Andreotti, Giulio 174, 177, 178, 179, 180, 229, 233, 234
Angersola, George 91
Angersola, John 91
Angleton, James Jesus 146
Annenberg, Moses 128
Anselmi, Alberto 69, 70, 71, 72, 76, 78, 79

B

Badalamenti, Antonio 161, 164, 171, 172, 173, 174, 179, 210, 211, 214, 215
Badalamenti, Gaetano 161, 164, 171, 172, 173, 174, 179, 210, 211, 214, 215
Bagarella, Calogero 170, 237
Bagarella, Leoluca 170, 237
Bala, Jorge Asaf y 209
Barbera, Angelo La 161, 162, 163, 164, 165, 170, 177
Barbera, Salvatore La 161, 162, 163, 164, 165, 170, 177
Barko, Louis 76
Basile, Emanuele 90, 229, 230
Basile, Frank 90, 229, 230
Batista, Fulgencio 183, 184
Beati Paoli 13
Berlusconi, Silvio 180
Berman, Otto 116, 117
Betillo, David "Little Davie" 117, 120
Bilotti, Thomas 217, 218, 219, 223
Bingham, Theodore 48
Bishop, William H. 50, 53
Boccia, Ferdinand 121, 143
Bonanno, Bill 8, 10, 11, 12, 97, 101, 104, 109, 111, 112, 114, 125, 148, 152, 153, 154, 160, 161, 164, 172, 201, 208, 212, 215, 216, 220, 226
Bonanno, Giuseppe 8, 10, 11, 12, 97, 101, 104, 109, 111, 112, 114, 125, 148, 152, 153, 154, 160, 161, 164, 172, 201, 208, 212, 215, 216, 220, 226
Bonanno, Joe 8, 10, 11, 12, 97, 101, 104, 109, 111, 112, 114, 125, 148, 152, 153, 154, 160, 161, 164, 172, 201, 208, 212, 215, 216, 220, 226
Bononolo, Paolo 45, 46
Bontade, Stefano 161, 172, 174, 175, 179, 180, 229
Bonventre, Vito 96, 212, 214
Bordonato, Lucio Tasca 140, 146
Borsellino, Paolo 7, 159, 229, 230, 231, 233, 234, 235, 236, 237
Branchi, Giovanni 50
Brown, "Cokey Flo" 118

Bruno, Angelo 197, 198, 199, 200, 216
Brusca, Giovanni 235, 236, 237, 242
Buonomo, Amadio 56, 57
Buscemi, Giuseppe "Pidduzzo" 25
Buscetta, Tommaso 8, 15, 16, 146, 158, 159, 161, 163, 164, 165, 170, 174, 175, 178, 179, 214, 230, 231, 232, 234, 237

C

Caifano, Marcello 194, 195
Calascibetta 14
Calderone, Antonie 135, 172
Calò, don 55, 136, 137, 138, 139, 140, 141, 144, 146, 161, 177, 178, 181, 233
Calò, Giuseppe 55, 136, 137, 138, 139, 140, 141, 144, 146, 161, 177, 178, 181, 233
Calvi, Roberto 180, 181, 233
Camorra 22, 23, 29, 30, 31, 32, 36, 45, 46, 55, 56, 57, 58, 59, 63, 67, 93, 94, 208, 210, 242
Campbell, Judith 203, 204
Capone, Al 8, 47, 61, 67, 68, 69, 70, 71, 72, 73, 74, 75, 76, 77, 78, 79, 80, 81, 82, 84, 88, 89, 90, 91, 96, 97, 104, 111, 112, 114, 119, 126, 128, 152, 163, 190, 202, 209
Capone, Frank 8, 47, 61, 67, 68, 69, 70, 71, 72, 73, 74, 75, 76, 77, 78, 79, 80, 81, 82, 84, 88, 89, 90, 91, 96, 97, 104, 111, 112, 114, 119, 126, 128, 152, 163, 190, 202, 209
Capone, Ralph 8, 47, 61, 67, 68, 69, 70, 71, 72, 73, 74, 75, 76, 77, 78, 79, 80, 81, 82, 84, 88, 89, 90, 91, 96, 97, 104, 111, 112, 114, 119, 126, 128, 152, 163, 190, 202, 209
Caponigro, Antonio 198
Cappiello, Nicolo 35
Carillo, Tom 58
Carmenciti, Stephen 39
Carollo, Benedetto 18, 19
Carter, Eunice 117
Caruso, Damiano 25, 26, 168, 170
Caruso, Giuseppe 25, 26, 168, 170
Castellammarese, gangue 5, 92, 95, 98, 99, 128, 143, 152

Castellano, Giuseppe 140, 141, 198, 200, 201, 215, 217, 218, 219, 220, 223
Castellano, Paul "Big Paulie" 140, 141, 198, 200, 201, 215, 217, 218, 219, 220, 223
Catalano, Salvatore 212, 215
Catania, Giuseppe 39, 40
Cavataio, Michele 170, 171
Cellini, Dino 184, 197
Chapman, Lyle 86
Chiesa, Carlo Alberto 179, 180, 229
Chilante, Felice 95
Chinnici 13, 231
Ciaculli, clã 156, 157, 164, 165, 170, 171
Circella, Nick 194
Cirillo, Ciro 32
Ciulla, Antonio 232
Cloonan, Barney 86
Cohen, Mickey 126, 189, 190, 191
Cohen, Sam 126, 189, 190, 191
Coll, Vincent 105, 114, 115
Colombo, Joe 114, 152, 154, 160, 201, 215, 216, 220, 226, 227, 245
Colonna, niccolò Turrisi 15, 16, 17, 18
Colosimo, "Big Jim" 67, 68, 69, 73
Comissão 5, 110, 111, 117, 126, 127, 129, 152, 153, 154, 161, 163, 164, 165, 172, 173, 174, 175, 198, 215, 216, 219, 220, 229, 234, 242
Conigliaro, Antonio 156, 157
Conta, Frank 89
Contorno, Salvatore 175, 230, 231, 232
Coppola, Frank 150, 160, 212
Corallo, Tony 215, 217
Cosa Nostra 15, 22, 99, 102, 103, 105, 111, 112, 159, 173, 178, 179, 201, 237, 238, 247, 248, 249
Cosmano, "Sunny Jim" 68
Costa, Gaetano 4, 174, 187, 213
Costello, Frank "The Prime Minister" 53, 102, 104, 107, 108, 117, 121, 122, 123, 124, 125, 126, 127, 128, 129, 130, 143, 191, 192, 212
Cotroni, Giuseppe "Pep" 208, 209
Cottone, Antonio 157, 159, 160

Cottone, Nino 157, 159, 160
Craxi, Bettino 180, 181, 231
Crispi, don Francesco 28
Cristina, Giuseppe di 170, 172
Cuccia, Ciccio 132
Cuiringione, Anthony 75
Cutolo, Raffaele 32

D

D'Alba, Antonio 25
D'Alba, Vincenzo 25
Daley, Richard 203
Dalitz, Morris "Moe" 91, 192, 193
D'Andrea, Antonio 82, 94
D'Andrea, Phil 82, 94
Daniello, Ralph "The Barber" 60, 62, 63
D'Aquila, Salvatore "Toto" 93, 94, 95, 96
Davis, Richard "Dixie" 85, 116, 201
DeCicco, Frank 220
Dellacroce, Aniello 201, 216, 217, 218
DeMarco, Joe 57, 58, 59, 60
DeMarco, Salvatore 57, 58, 59, 60
DeStefano, Sam 195, 196
Dever, William 73, 74
Dewey, Thomas E 114, 115, 116, 117, 118, 119, 120, 121, 122, 123, 127, 128
Dia de São Valentim, massacre 74, 77, 78
Diamond, Jack "Legs" 94, 114, 115
DiGregorio, Gaspar 153, 154
DiSimone, Frank 152
Doherty, James 73
Domingo, Bastiano 97, 99
Doto, Giuseppe "Joe Adonis" 53
Droetto 10
Drucci, Vicent "The Schemer" 71, 76, 82

E

Emmanuel, rei Vitor 117
Esposito, Giuseppe 57, 58, 60, 62, 63
Esposito, Johnny "Lefty" 57, 58, 60, 62, 63
Esquadrão Italiano (Departamento de Polícia de Nova York) 39, 42, 43, 45
Estados Unidos 6, 7, 19, 26, 27, 29, 34, 35, 41, 43, 44, 50, 53, 62, 64, 66, 67, 69, 77, 79, 85, 91, 93, 99, 100, 104, 106, 107, 114, 120, 124, 125, 128, 137, 138, 143, 147, 150, 152, 157, 159, 160, 164, 174, 175, 183, 184, 185, 187, 191, 194, 197, 201, 204, 205, 208, 209, 210, 212, 214, 226, 229, 242, 245, 246, 247, 248, 249

F

Falcone, giovani 7, 159, 200, 214, 229, 230, 231, 232, 233, 234, 235, 236, 237, 242
Fanaro, Giuseppe 93
Fanfani, Amintore 177
Favara, John 21, 22, 24, 218
Ferrantelli, Domenico de Michele 54
Ferrarello, Gaetono 133
Ferrigno, Steven 99
Ferro, Vito 8, 41, 43, 50, 53, 54, 96, 134
Fetto, John "The Painter" 58
Fevrola, Frank 60, 62
Fischetti, Charlie 73
Flamingo, Hotel 188, 190, 191
Fontana, Giuseppe 21, 30, 31, 93
Fontana Nuova 21, 30, 31, 93
Fratellanza 21
Freeman, Harry 126
Friel, Tom 86
Frugone, Frank L. 45

G

Galante, Tom 125, 160, 164, 208, 209, 212, 213, 216, 217
Galatolo, Gaetano 160
Gallo, Joe 130, 143, 227
Gallo, Larry 130, 143, 227
Gallo, Willie 130, 143, 227
Gallucci, Giosue 55, 56, 57, 60
Gallucio, Frank 67
Gambino, Carlo 94, 104, 125, 129, 130, 152, 159, 160, 174, 198, 200, 201, 209, 210, 215, 216, 218, 219, 220, 221, 223, 224, 226, 230, 245
Gambino, família 94, 104, 125, 129, 130, 152, 159, 160, 174, 198, 200, 201, 209, 210, 215, 216, 218, 219, 220, 221, 223, 224, 226, 230, 245
Gambino, John 94, 104, 125, 129, 130, 152, 159, 160, 174, 198, 200, 201, 209, 210, 215, 216, 218, 219, 220, 221, 223, 224, 226, 230, 245
Gardner, Bill 86
Gargantas Cortadas 13
Garibaldi, Giuseppe 11, 51
Gaudio, Caetano del 56, 57, 58, 60
Gaudio, Nicolo del 56, 57, 58, 60
Gelli, Licio 180, 181
Genna, Angelo 69, 70, 71, 72, 73, 82
Genna, família 69, 70, 71, 72, 73, 82
Genna, James 69, 70, 71, 72, 73, 82
Genna, Mike "The Devil" 69, 70, 71, 72, 73, 82
Genovese, Vito 8, 53, 62, 98, 99, 100, 102, 104, 107, 108, 109, 121, 124, 125, 129, 130, 137, 139, 142, 143, 152, 160, 192, 197, 200, 201, 206, 208, 212, 215, 217, 220, 223
Gentile, Nick "Zu Cola" 82, 94, 95, 140, 160
Getty III, John Paul 172
Giacalone, Anthony 206
Giammona, Antonio 17, 18, 19, 27
Giancana, Sam 192, 194, 203, 204
Gigante, Vincente "The Chin" 125, 130, 220, 224
Giglio, Salvatore 208
Gioè, Nino 242

Gioia, Giovanni 177
Giolitti, Giovanni 51, 54
Giuliano, Boris 15, 16, 145, 146, 147, 148, 149, 150, 151, 178, 229
Giuliano, Rudolph 15, 16, 145, 146, 147, 148, 149, 150, 151, 178, 229
Giuliano, Salvatore 15, 16, 145, 146, 147, 148, 149, 150, 151, 178, 229
Giunta, Joe 79
Gordon, Waxey 187
Gotti, John 8, 218, 219, 220, 221, 222, 223, 224, 225, 242
Gotti, John Jr. 8, 218, 219, 220, 221, 222, 223, 224, 225, 242
Gotti, Peter 8, 218, 219, 220, 221, 222, 223, 224, 225, 242
Grado, Gaetano 170
Grassi, Libero 233
Gravano, Sammy 219, 220, 222, 223, 224, 225
Greco, "Ciaschiteddy" 156, 157, 159, 160, 161, 163, 164, 170, 171, 172, 173, 174, 175, 179, 229, 230, 231, 232, 236
Greco, Francesco 156, 157, 159, 160, 161, 163, 164, 170, 171, 172, 173, 174, 175, 179, 229, 230, 231, 232, 236
Greco, Giuseppe 156, 157, 159, 160, 161, 163, 164, 170, 171, 172, 173, 174, 175, 179, 229, 230, 231, 232, 236
Greco, Giuseppe "piddu u tinenti• 156, 157, 159, 160, 161, 163, 164, 170, 171, 172, 173, 174, 175, 179, 229, 230, 231, 232, 236
Greco, Giuseppe "Pino" 156, 157, 159, 160, 161, 163, 164, 170, 171, 172, 173, 174, 175, 179, 229, 230, 231, 232, 236
Greco, guerras 156, 157, 159, 160, 161, 163, 164, 170, 171, 172, 173, 174, 175, 179, 229, 230, 231, 232, 236
Greco, Michele 156, 157, 159, 160, 161, 163, 164, 170, 171, 172, 173, 174, 175, 179, 229, 230, 231, 232, 236
Greco, Pietro 156, 157, 159, 160, 161, 163, 164, 170, 171, 172, 173, 174, 175, 179, 229, 230, 231, 232, 236
Greco, Salvatore 156, 157, 159, 160, 161, 163, 164, 170, 171, 172, 173, 174, 175, 179, 229, 230, 231, 232, 236
Greenbaum, Gus 190
Guérini, Antonie 208, 210
Gurino, Vito "Chicken Head" 126
Gusenberg, Frank 78
Guzik, Jake "Greasy Thumb" 77, 79
Guzik, Sam "Big Belly" 77, 79

H

Haffenden, Charles R. 121, 122
Hennessy, David C. 63, 64
Hill, Virginia 38, 186, 187, 188, 189, 190
Hoffa, Jimmy 192, 204, 205, 206
Holder, Eric 245
Holy House, gangue 39
Hoover, Hervert 79, 127
Hughes, Howard 192, 193

I

I mafiusi di la Vicaria Rizzotto) 15
I Mafiusi (Rizzotto) 15
Impastato, Giuseppe "Peppino" 172, 173
Indelicato, Anthony "Bruno" 216, 217
Intocáveis (Ness) 83, 90, 91
Inzerillo, Giuseppe 161, 172, 174, 229, 230, 239, 242
Inzerillo, Pietro 161, 172, 174, 229, 230, 239, 242
Inzerillo, Salvatore "Totuccio" 161, 172, 174, 229, 230, 239, 242
Inzerillo, Santo 161, 172, 174, 229, 230, 239, 242
Ivankhev, Vyacheslav
  máfia japonesa 7

J

Johnson, Nucky 128, 197, 203, 227
Jovens Turcos 105, 106, 109, 152, 177, 200

K

Kefauver, Estes 125
Kennedy, Joe 7, 124, 201, 202, 203, 204, 205, 207, 218
Kennedy, John F. 7, 124, 201, 202, 203, 204, 205, 207, 218
Kennedy, Robert 7, 124, 201, 202, 203, 204, 205, 207, 218
King, Mike 86, 192, 201

L

Labruzzo, Frank 152
Laduca, Vito 43
Lahart, Marty 85
Langella, Gennaro 215, 217
Lansburgh, Morris 190, 191
Lansky, Meyer 8, 100, 101, 105, 106, 107, 108, 109, 111, 114, 122, 123, 124, 125, 128, 129, 130, 183, 184, 185, 186, 187, 188, 189, 190, 191, 192, 193, 197, 201, 209
Lanza, "Socks" 121, 122
LaPluma, Frank 98
LaSalle, Steve 58
Lauritano, Leopoldo 57, 58, 61
Laxalt, Paul 193
Leach, John A. 87
Lecchi, Antonio 36
Leeson, Joe 86
Leggio, Luciano 165, 166, 167, 168, 172, 173, 232, 236
Leonardi, Francesco 50
Leonetti, Phil 200, 223
Lepke, Louis 8, 126, 127, 128, 152
Levine, Samuel "Red" 105, 126
Licandro, Salvatore 160
Li Causi, Girolamo 144, 148
Ligambi, "Uncle Joe" 200
Ligammari, Giovanni 215
Lima, Salvo 177, 178, 180, 233, 234, 236
Lingle, Alfred "Jake" 74, 80
Litisconsórcio, lei 114, 118
Littleton, Martin 62
Litvinenko, Alexander 247
LoCascio, Frank 223, 224
Lo Cicero, Calogero 154
Lolordo, Pasqualino "Patsy" 82
Lombardi, Charles 58
Lombardo, Antonio "The Scourge" 76, 82, 196
Lonardo, "Big" Angelo 91, 94
Lonardo, Joseph 91, 94

Lo Piccolo, Salvatore 239, 240, 241, 242
Lopipero, Pasquale 36
Lo Porto, Vincenzo 25, 26
Lo Verno, Stefano 238
Luca, Ugo 57, 60, 150
Lucchese, Giuseppe 7, 100, 101, 104, 105, 108, 109, 114, 152, 160, 175, 201, 215, 216, 226, 242
Lucchese, Tommy 7, 100, 101, 104, 105, 108, 109, 114, 152, 160, 175, 201, 215, 216, 226, 242
Luciano, Charles "Lucky" 8, 53, 95, 96, 97, 100, 101, 102, 104, 105, 106, 107, 108, 109, 111, 112, 114, 117, 118, 119, 120, 121, 122, 123, 124, 125, 127, 128, 129, 137, 139, 140, 143, 144, 152, 160, 161, 165, 172, 186, 188, 189, 201, 208, 209, 232, 236
Lumia, Domiano 138, 139
Lupo-Morello, gangue 43, 55

M

Maas, Peter 99, 222
Madden, Owney 105, 113, 118
Madonia, Benedetto 41, 43, 235
Máfia 5, 6, 7, 8, 10, 11, 12, 15, 16, 17, 20, 21, 22, 23, 24, 25, 26, 27, 28, 29, 30, 31, 32, 34, 35, 36, 40, 42, 46, 48, 49, 54, 55, 56, 57, 63, 64, 67, 69, 70, 82, 84, 85, 91, 93, 94, 95, 96, 98, 100, 102, 111, 112, 114, 116, 117, 120, 124, 125, 126, 129, 130, 131, 132, 133, 134, 135, 136, 137, 138, 139, 140, 141, 144, 146, 148, 150, 151, 152, 154, 155, 156, 157, 159, 160, 161, 162, 163, 164, 165, 166, 167, 170, 172, 173, 174, 175, 176, 177, 178, 179, 181, 183, 184, 186, 187, 190, 192, 193, 194, 195, 196, 197, 198, 199, 202, 203, 204, 206, 208, 209, 210, 212, 213, 214, 215, 216, 217, 219, 220, 227, 229, 231, 232, 233, 234, 235, 237, 238, 239, 240, 242, 243, 244, 245, 246, 247, 248, 249
Mafia Leadership Fighting Crime (OSS) 140
Máfia russa 242, 246, 247, 248
Maggio, Baldassare di 236
Magliocco, Joe 152, 226
Mala del Brenta 32
Manfredi, Alfredo "Al Mineo" 93
Mangano, Vincent "The Executioner" 94, 104, 111, 129, 200

Mangiapane 137, 138
Manna, Louis 220
Manocchio, Luigi "Baby Shanks" 245
Manzella, Cesare 163, 164, 173
Mão Branca, gangue 45, 46
Mão Branca, Sociedade da 45, 46
Mão Negra 5, 33, 35, 36, 37, 38, 43, 45, 46, 47, 48, 49, 51, 52, 53, 66, 67, 68, 82, 94
Maranzano, Salvatore 95, 96, 97, 98, 100, 101, 102, 103, 104, 105, 107, 108, 109, 111, 124, 152, 200
Marchese, Filippo 175, 237
Marchese, Giuseppe 175, 237
Mascarello, Joseph 39
Masseria, Giuseppe "Joe The Boss" 53, 82, 95, 96, 97, 99, 100, 101, 102, 104, 107, 108, 109, 111, 124, 128, 130, 143, 186, 200
Massino, Joey "The Ear" 215, 220
Matranga, gangue 63
Mattarella, Bernardo 148, 161, 164, 177, 178
Mauro, Salvatore 94
Maxiprocessos 159, 242
McClellan, John L. 48, 99, 194, 204, 205
McElroy, James 222
McGurn, "Machine-Gun" Jack 78
McSwiggin, William 73, 74
Mealli, Michael 58, 61
Merlo, Mike 70, 82
Miceli, Salvatore di 13
Milazzo, Gaspare 96
Mineo, Al 93, 97, 99, 100
Mineo, família 93, 97, 99, 100
Modica, Philip 221
Molinelli, Pascal 210
Mollica, Carmine 56
Moncada, Filippo 170, 171
Moran, George "Bugs" 69, 71, 73, 76, 77, 78
Morano, Pellegrino 57, 58, 61
Morello, Calogero 42, 43, 53, 55, 56, 57, 58, 59, 60, 62, 93, 94, 95, 96, 97, 100, 109
Morello, Ciro 42, 43, 53, 55, 56, 57, 58, 59, 60, 62, 93, 94, 95, 96, 97, 100, 109

Morello, família 42, 43, 53, 55, 56, 57, 58, 59, 60, 62, 93, 94, 95, 96, 97, 100, 109
Morello, Giuseppe 42, 43, 53, 55, 56, 57, 58, 59, 60, 62, 93, 94, 95, 96, 97, 100, 109
Morello, Nicolo 42, 43, 53, 55, 56, 57, 58, 59, 60, 62, 93, 94, 95, 96, 97, 100, 109
Moresco, Victoria 67
Moretti, Willie 104, 143
Mori, Cesare 7, 132, 133, 134, 135, 136, 141, 144
Moro, Aldo 179
Murder, Inc. 8, 117, 126, 127, 128, 186, 187
Mursuneso, Carmine 39
Mussolini, Benito 5, 7, 54, 121, 131, 132, 133, 136, 140, 143, 144, 147, 152

N

Navarra, Michele 165, 168, 236
Navy Street, gangue 57, 58, 59, 60, 62, 93, 94
Nazzaro, Generosi "Joe Chuck" 56, 57, 60
Ndrangheta 32, 244
Ness, Eliot 83, 84, 88, 89, 90, 91
Nicotera, Giovanni 20, 21
Nitti, Frank "The Enforcer" 80, 82
North Side, gangue 70, 71, 73, 75, 76
Notarbartolo, Leopoldo 27, 28, 29, 30, 31, 93
Notaro, Mike 59, 62
Noto, Francesco 25, 27
Nova Orleans, conflitos 34, 43, 63, 94
Nuova Camorra Organizzata 32
Nuzzolese, Raniero 136

O

O'Banion, Dean 69, 70, 71, 73, 76, 82
O'Connor, John 221, 222
O'Donnel, Myles 73, 197
Operação Submundo

omertà (código de honra) 6, 7, 16, 17, 24, 25, 29, 32, 71, 95, 99, 111, 120, 148, 171, 175, 242

P

P2 180
Pagano, Tom 58
Palizzolo, don Raffaele 27, 30, 31, 48
Pantaleone, Michele 55, 139, 144
Paretti, Aniello 60, 62
Paretti, Tony "The Shoemaker" 60, 62
Parkerson, William S. 64
Pastoia, Francesco "Ciccio" 238
Pastorinhos 13
Pati, Pasquale 45, 46
Pecorelli, Carmine 179, 180
Perrano, Joseph 97
Petrilli, Dominic "The Gap" 109
Petrosino, Giuseppe "Joe" 7, 8, 39, 40, 42, 43, 44, 45, 47, 48, 49, 50, 51, 52, 53, 54, 55
Petto, Tomasso "Petto the Ox" 40, 41, 42, 43
Piancone, Michael 210
Piazza, Angela 21, 50, 53, 54, 163
Piazza, Montalto, família 21, 50, 53, 54, 163
Piccolo, Anthony "Tony Buck" 200, 239, 240, 241, 242
Piecyk, Romual 220
Pinzolo, Joe 109
Pisa, Calcedonio di 163, 170
Pisciotta, Gaspare 150
Pizzo (dinheiro de proteção) 7, 12, 243
Poletti, Charles 139, 140
Pollaro, Gaspare 97
Portella della Ginestra, massacre 147, 148, 151, 177
Priemo, Giuseppe de 40, 41, 43
Prisco, Aniello "Zapo the Gimp" 56
Profaci, Joe 100, 101, 102, 104, 109, 111, 129, 153, 157, 160, 226
Provenzano, Bernardo 8, 63, 165, 166, 168, 169, 170, 171, 172, 206, 232, 236, 237, 238, 239, 240, 241, 244

Provenzano, gangue 8, 63, 165, 166, 168, 169, 170, 171, 172, 206, 232, 236, 237, 238, 239, 240, 241, 244
Provenzano, Tony 8, 63, 165, 166, 168, 169, 170, 171, 172, 206, 232, 236, 237, 238, 239, 240, 241, 244
Puccio, Pioggio 51, 52, 175
Puccio, Vincenzo 51, 52, 175
Putin, Vladimir 246, 247

R

Raft, George 184, 185, 187, 188, 190, 192
Rastelli, Phil "Rusty" 215
Reina, Bernardina 94, 96, 100, 104, 108, 109, 143
Reina, Caetano "Tommy" 94, 96, 100, 104, 108, 109, 143
Reina, família 94, 96, 100, 104, 108, 109, 143
Reles, Abraham "Kid Twist" 127, 128, 186, 188
Ricci, Andrea 57, 59
Riccioli, Angelo 136
Riccobene, "Harry the Hunchback" 199
Ricord, Auguste 207, 209
Ricord, Joseph 207, 209
Riina, Salvatore 8, 165, 166, 168, 170, 172, 174, 175, 179, 232, 234, 235, 236, 237, 239, 241
Rio, Frank 74, 76, 79, 116, 143, 197
Rizzotto, Giuseppe 15, 165, 166
Rizzotto Placido 15, 165, 166
Robsky, Paul 86
Roche, Pat 82
Romano, Salvatore 36, 57, 116
Romano, Tony 36, 57, 116
Rose, John Forester 20, 63, 126
Roselli, Johnny 204
Rosen, Joseph 117, 127
Rosenthal, Frank "Lefty" 195, 196
Rothstein, Arnold 107, 112, 113, 124
Rotolo, "Nino" 232, 239, 240, 242
Ruby, Jack 124
Ruggiero, Angelo 221
Rupolo, Ernest "The Hawk" 143

Russo, Giuseppe Genco 137, 161, 164, 177
Russomano, John 56
Russon, Joseph 140

S

Saietta, Ignazio (Lupo the Wolf) 41, 42, 53, 82
Salemi, coronel 94, 135, 138, 139, 178
Salemi, Vinzenzo 94, 135, 138, 139, 178
Salerno, Alfred 39, 55, 198, 215
Salvemini, Gaetano 51, 54
Salvo, Ignazio 176, 177, 178, 179, 180, 230, 233, 236
Salvo, Nino 176, 177, 178, 179, 180, 230, 233, 236
Sangiorgi, Ermanno 23, 24, 25, 26, 27, 30, 31, 156
Sano, Emanuela di 24
Sano, Giuseppa di 24
Sassi, Nick 58
Satarano, G. 37
Scaglione, Pietro 168, 171
Scalise, Frank 69, 70, 71, 72, 76, 78, 79, 97
Scalise, Giovanni 69, 70, 71, 72, 76, 78, 79, 97
Scarfo, Nicodemus "Little Nicky" 197, 198, 199, 200, 223
Scarpato, Gerdo 102
Scelba, Mario 148
Schiro, Nicolo "Cola" 93, 96, 97, 104, 152
Schultz, Dutch 104, 105, 114, 115, 116, 117, 128, 187
Schwimmer, Reinhardt 78
Scirrca, Angelo 91
Scordato, Giuseppe 13
Seager, Sam 85
Sedway, Moe 190
Segunda Guerra Mundial
  sociedades secretas 12, 14
    movimento separatista 147
Sferrazzo, Tano 36
Sgroia, Alphonso "The Butcher" 59, 60, 61
Sicília 6, 7, 8, 10, 11, 12, 13, 14, 15, 16, 17, 20, 21, 23, 24, 26, 27, 28, 32, 34, 42, 43, 44, 48, 49, 50, 53, 55, 63, 69, 72, 93, 94, 95, 96, 106, 111, 132, 135, 136, 137, 138, 139, 141, 146, 147, 148, 150,

152, 155, 156, 157, 164, 168, 174, 177, 178, 179, 208, 209, 210, 211, 212, 214, 229, 232, 235, 236, 239, 243, 244, 248
Siegel, Benjamin "Bugsy" 8, 100, 101, 102, 106, 107, 108, 109, 185, 186, 187, 188, 189, 190, 191
Siino, Francesco 27
Sinatra, Frank 192, 201, 203, 226
Small, Len 73
Smiley, Allen 189, 190
Spano, Antonio "Cavallero" 72
Spilotro, Anthony 195, 196, 197
Spilotro, Michael 195, 196, 197
Spinelli, Pasquarelli 47, 56
Spinelli, Salvatore 47, 56
Spingola, Henry 72
Staley, Edna 90, 91
Stanfa, Giovanni 200
Stenson, Joseph 69
Strauss, Harry "Pittsburg Phil" 126, 195
Sugiura, Ryoichi 250
Sullivan, Daniel 79, 206
Sullivan, Mankey 79, 206
Sutera, Francesco 171
Svodova, Steve 89

T

Tambov, gangue 248
Tancl, Eddie 73
Terranova, Bernardo 42, 53, 57, 58, 60, 61, 62, 93, 94, 98, 102, 168, 229, 232
Terranova, Cesare 42, 53, 57, 58, 60, 61, 62, 93, 94, 98, 102, 168, 229, 232
Terranova, Ciro 42, 53, 57, 58, 60, 61, 62, 93, 94, 98, 102, 168, 229, 232
Terranova, família 42, 53, 57, 58, 60, 61, 62, 93, 94, 98, 102, 168, 229, 232
Terranova, Nicolo 42, 53, 57, 58, 60, 61, 62, 93, 94, 98, 102, 168, 229, 232

Terranova, Salvatrice 42, 53, 57, 58, 60, 61, 62, 93, 94, 98, 102, 168, 229, 232
Terranova, Vincenzo 42, 53, 57, 58, 60, 61, 62, 93, 94, 98, 102, 168, 229, 232
Testa di Lana 13
Testa, Phil "Chicken Man" 13, 198, 199
Testa, Salvatore 13, 198, 199
Thompson, "Big Bill" 73, 74
Tieri, Frank 198
Torino, Joe 128
Torre, Pio La 229
Torrio, Johnny 67, 68, 69, 70, 71, 72, 73, 100, 107, 128
Trafficante, Santo 204, 209
Tresca, Carlo 143
Trigona, Giovanna d'Ondes 26
Turi 137, 139

U

Ubriaco, Camillo "Charles" 58, 60, 61
Unione Siciliana 70, 75, 79, 82, 94, 208

V

Valachi, Joseph "Joe Cargo" 97, 98, 99, 104, 164
Valenti, Rocco 58, 93, 94, 95
Valenti, Sassi 58, 93, 94, 95
Valenti, Umberto 58, 93, 94, 95
Valvo, Amelia 60
Verizzano, Giuseppe 58, 59, 62
Vernace, Bartolomeo 245
Vernotico, Anna 143
Vésperas Sicilianas, insurreição 5, 9, 10
Viale Lazio, massacre 170, 171
Viserti, Joe 94
Vitale, Giuseppa 238
Vizzini, Giovanni 8, 55, 136, 137, 144, 146, 161, 177
Volini, Carlo 46, 47

Vollero, Alessandro 57, 58, 59, 60, 61
Volstead, lei (1919) 66, 71, 73, 90

W

Weinberg, Abrahan "Bo" 116, 187
Weiss, Earl "Hymie" 69, 70, 71, 73, 75, 76, 117, 126
Whalen, Grover 108
Whitaker, Audrey 25, 27
Whitaker, Joshua 25, 27
Wilkerson, Herbert 80
Wilson, Frank 79, 83, 89, 90
Winter, Dale 68
Workman, Charlie "The Bug" 117

Y

Yakuza 7, 249, 250
Yale, Frankie 67, 68, 70

Z

Zaraca, Antonio 56
Zwillman, Abner "Longy" 193

Créditos das Fotos

Shutterstock: 6, 11, 14, 20, 92, 155, 173, 182, 228 e 243.
Corbis: 7, 9, 16, (2x), 33, 41 (acima), 51, 61, 98, 105, 106, 107, 109, 110, 112, 124, 134, 137, 153, 158, 195, 200, 211, 230, 232, 233, 234, 235, 239, 240 e 249.
Getty: 9, 17, 28, 41 (abaixo), 42, 44, 65, 67, 68, 74, 75, 76, 77, 81, 82 (2x), 85, 99, 103, 104, 108, 113, 116, 118-119, 128, 129, 141, 142, 145, 149, 162, 166-167, 169, 181, 185, 186, 189, 191, 192, 199, 200, 201, 202, 203, 205, 207, 213, 214, 216, 217, 219, 226, 228, 231, 241 e 247.
Topfoto: 23, 49, 52, 63 e 133.
ED Archives: 26, 37, 40, 66, 84, 85, 86, 87, 89, 94, 115, 121, 126 (2x), 131, 182 e 183.
Biblioteca Pública de Nova York: 59.
Imagens da Capa: todas as imagens principais são da Corbis, com exceção da fotografia no canto inferior esquerdo, que é da Topfoto.

MADRAS® Editora — CADASTRO/MALA DIRETA

Envie este cadastro preenchido e passará a receber informações dos nossos lançamentos, nas áreas que determinar.

Nome _____
RG _____ CPF _____
Endereço Residencial _____
Bairro _____ Cidade _____ Estado _____
CEP _____ Fone _____
E-mail _____
Sexo ❏ Fem. ❏ Masc.   Nascimento _____
Profissão _____ Escolaridade (Nível/Curso) _____

Você compra livros:
❏ livrarias   ❏ feiras   ❏ telefone   ❏ Sedex livro (reembolso postal mais rápido)
❏ outros: _____

Quais os tipos de literatura que você lê:
❏ Jurídicos   ❏ Pedagogia   ❏ Business   ❏ Romances/espíritas
❏ Esoterismo ❏ Psicologia   ❏ Saúde   ❏ Espíritas/doutrinas
❏ Bruxaria   ❏ Autoajuda   ❏ Maçonaria   ❏ Outros:

Qual a sua opinião a respeito desta obra? _____
_____

Indique amigos que gostariam de receber MALA DIRETA:
Nome _____
Endereço Residencial _____
Bairro _____ Cidade _____ CEP _____

Nome do livro adquirido: ***A História da Máfia***

Para receber catálogos, lista de preços e outras informações, escreva para:

MADRAS EDITORA LTDA.
Rua Paulo Gonçalves, 88 – Santana – 02403-020 – São Paulo/SP
Caixa Postal 12183 – CEP 02013-970 – SP
Tel.: (11) 2281-5555 – Fax.: (11) 2959-3090
www.madras.com.br

Este livro foi composto em Times New Roman, corpo 11,5/13.
Papel Offset 75g
Impressão e Acabamento
Orgráfic Gráfica e Editora — Rua Freguesia de Poiares, 133
— Vila Carmozina — São Paulo/SP
CEP 08290-440 — Tel.: (011) 6522-6368 — comercial@terra.com.br